江苏省高校哲学社会科学研究项目（2019SJA1928）：高质量
发展阶段中国制造业OFDI的产能治理效应研究
国家社会科学基金重大项目（24&ZD092）：建设金融强国的
内涵、目标和路径研究

经济管理学术文库·管理类

绿色金融对
经济高质量发展的影响研究

Study on the Impact of Green Finance on
High-quality Economic Development

曹献飞／著

经济管理出版社
ECONOMY & MANAGEMENT PUBLISHING HOUSE

图书在版编目（CIP）数据

绿色金融对经济高质量发展的影响研究 / 曹献飞著.
北京 ：经济管理出版社，2024. -- ISBN 978-7-5096
-9950-8

Ⅰ. F832

中国国家版本馆 CIP 数据核字第 2024SC5004 号

组稿编辑：张巧梅
责任编辑：张巧梅
责任印制：张莉琼
责任校对：陈 颖

出版发行：经济管理出版社
　　　　　（北京市海淀区北蜂窝 8 号中雅大厦 A 座 11 层　100038）
网　　址：www. E-mp. com. cn
电　　话：（010）51915602
印　　刷：北京晨旭印刷厂
经　　销：新华书店
开　　本：720mm×1000mm/16
印　　张：13. 75
字　　数：257 千字
版　　次：2024 年 10 月第 1 版　　2024 年 10 月第 1 次印刷
书　　号：ISBN 978-7-5096-9950-8
定　　价：88. 00 元

前 言

随着改革开放的不断深化，中国经济实现了跨越式的增长，人民生活水平也得到了显著提升，逐步迈向了高品质的生活阶段。然而，在这种追求经济快速增长的粗放型模式下，我国同时也面临着环境污染加剧和能源过度消耗的严峻挑战。随着全球经济格局的不断调整，中国正步入一个转型新时期，致力于在经济增长与环境保护之间找到新的平衡点。这意味着中国经济发展将不再单纯追求速度，而是更加注重可持续发展，将环境保护和资源节约置于与经济增长同等重要的位置，实现经济高速发展向高质量发展的转变。

党的二十大报告强调，推动经济社会绿色化和低碳化发展是实现高质量发展的关键。报告明确指出，要坚定不移地推动制造业向更高层次、更智能化、更环保化的方向发展，并强调绿色环保将成为中国经济的新增长引擎。同时，中国经济发展的逻辑也在发生变化，从单纯追求速度转向了更加注重质量与效益。在这一转型过程中，绿色金融作为连接环境保护与经济发展的桥梁，其重要性日益凸显。它不仅能够引导资金流向环保、节能、清洁能源等绿色产业，促进这些领域的创新与发展，还能通过市场机制优化资源配置，提高资源使用效率，为经济的高质量发展提供强大的金融支撑和动力源泉。在全球视野下，环境问题的紧迫性和严峻性已成为国际共识，各国政府及国际组织纷纷加大对环境保护与可持续发展的关注与投入力度。绿色金融作为新兴的金融模式，更在实践中展现出其巨大的潜力，中国作为世界第二大经济体和最大发展中国家，面对日益严峻的环境压力，更应积极实践绿色金融，以创新的金融手段推动经济高质量发展。

中国在实现建设社会主义现代化国家的宏伟目标时，将经济高质量发展作为关键任务，并将在未来相当长的时间内作为我国发展的核心主题，深刻体现了国家对发展全面性与可持续性的坚定追求。在此背景下，习近平总书记提出的"绿水青山就是金山银山"这一绿色发展理念，深刻揭示了经济发展与环境保护之间的辩证关系，为绿色金融的兴起与发展提供了坚实的理论基础和强大的思想动力。尽管绿色金融在促进我国经济平稳增长方面展现出其独特的优势与潜力，为我国经济增长注入了绿色动能，但仍面临体制机制尚不完善、法律法规支撑不足、政策体系有待进一步完善等问题。这些问题的存在不仅制约了绿色金融的创新与发展，也影响了其在经济高质量发展中应有作用的发挥。因此，只有通过深入探索绿色金融如何具体影响经济可持续发展，才能够为我国更好地制定和完善相关政策，以确保为我国经济高质量发展提供更加坚实的绿色金融支撑。

本书第一章为绪论，首先介绍了本书的研究背景和研究意义，其次概括介绍了本书各章的内容安排以及研究方法和创新点。第二章为文献综述与理论基础，首先从绿色金融的内涵、测度及作用三个方面评述了绿色金融相关文献；其次，从经济高质量发展内涵、测度及影响因素三个方面评述了经济高质量发展相关文献；再次，评述了绿色金融对经济高质量发展的影响相关文献；最后，系统总结了与本书研究密切相关的理论基础。第三章为我国绿色金融发展现状分析，首先介绍了我国绿色金融总体发展历程；其次，介绍了我国绿色信贷、债券等绿色金融产品的发展概况；再次，介绍了我国绿色金融发展水平的测度方法；最后，测度分析了我国绿色金融总体发展水平，并进行了区域比较分析。第四章为我国经济高质量发展现状分析，首先介绍了我国经济高质量发展历程；其次，介绍了我国经济高质量发展水平的测度方法；再次，分维度分析了我国经济高质量发展情况；最后，测度分析了我国经济高质量发展总体水平，并进行了区域比较分析。第五章为绿色金融与经济高质量发展：理论分析与实证检验，首先对绿色金融和经济高质量发展两个核心概念进行了辨析；其次，理论分析了绿色金融促进经济高质量发展的作用机制；再次，对我国绿色金融与经济高质量发展水平进行了耦合协调分析；最后，采用空间计量模型实证检验了绿色金融对我国经济高质量发展的影响。第六章为绿色金融与经济高质量发展：产业结构优化视角，首先回顾了产业结构优化方面的相关文献；其次，理论分析了绿色金融促进产业结构优化的作用机制；再次，从产业结构合理化和高级化两个方面测度分析了我国产业结构优化情况；最后，采用空间计量模型实证检验了绿色金融对我国产业结构优化的影响。第七章为绿色金融与经济高质量发展：碳减排视角，首先回顾了碳减排方面的相关文献；其次，理论分析了绿色金融促进碳减排的作用机制；再次，测度分析了我国碳排放情况；最后，采用准自然实验法实证检验了绿色金融对我国碳减排的影响。第八章为研究结论与政策建议，首先总结了本书前文中理论分析和实证检验所得出的结论；其次，根据研究结论提出了富有针对性的政策建议。

本人指导的硕士研究生张颖、王文萱、陈炜、刘勇、刘曼在本书的撰写过程中提供了帮助，在此一并表示感谢。

目　录

第一章 绪论

第一节 研究背景与意义

一、研究背景

随着改革开放的不断深化，中国经济实现了跨越式的增长，人民生活水平也得到了显著提升，逐步迈向了高品质的生活阶段。然而，在这种追求经济快速增长的粗放型模式下，我国同时也面临着环境污染加剧和能源过度消耗的严峻挑战。随着全球经济格局的不断调整，中国正步入转型新时期，致力于在经济增长与环境保护之间找到新的平衡点。这意味着中国经济发展将不再单纯追求速度，而是更加注重可持续发展，将环境保护和资源节约置于与经济增长同等重要的位置，实现经济高速发展向高质量发展的转变。

党的二十大报告强调，推动经济社会绿色化和低碳化发展是实现高质量发展的关键，同时明确指出，要坚定不移地推动制造业向更高层次、更智能化、更环保化的方向发展，并强调绿色环保将成为中国经济的新增长引擎。同时，中国经济发展的逻辑也在发生变化，从单纯追求速度转向了更加注重质量与效益。在这一转型过程中，绿色金融作为连接环境保护与经济发展的桥梁，其重要性也日益凸显。它不仅能够引导资金流向环保、节能、清洁能源等绿色产业，促进这些领域的创新与发展，还能通过市场机制优化资源配置，提高资源使用效率，为经济的高质量发展提供强大的金融支撑和动力源泉。在全球视野下，环境问题的紧迫性和严峻性已成为国际共识，各国政府及国际组织纷纷加大对环境保护与可持续发展的关注与投入力度。绿色金融作为新兴的金融模式，更在实践中展现出其巨大的潜力，中国作为世界第二大经济体和最大的发展中国家，面对日益严峻的环境压力，更应积极实践绿色金融，以创新的金融手段推动经济高质量发展。

中国在实现建设社会主义现代化国家的宏伟目标时，将经济高质量发展作为关键任务，并将在未来相当长的时间内作为我国发展的核心主题，深刻体现了国家对发展全面性与可持续性的坚定追求。在此背景下，习近平总书记提出"绿水青山就是金山银山"这一绿色发展理念，深刻揭示了经济发展与环境保护之间的辩证关系，为绿色金融的兴起与发展提供了坚实的理论基础和强大的思想动力。尽管绿色金融在促进我国经济平稳增长方面展现出其独特的优势与潜力，为我国经济增长注入了绿色动能，但仍面临着体制机制尚不完善、法律法规支撑不足、政策体系有待进一步完善等问题。这些问题的存在不仅制约了绿色金融的创新与发展，也影响了其在经济高质量发展中应有作用的发挥。因此，只有通过深入探索绿色金融如何具体影响经济可持续发展，才能够为我国更好地制定和完善相关政策，以确保为我国经济高质量发展提供更加坚实的绿色金融支撑。

　　为了达到环境与经济的共赢发展，绿色金融的核心思想应聚焦于促进两者的和谐共生。为了支持如清洁能源、节能环境保护、绿色交通及生态建设等项目，绿色信贷和绿色债券这类金融资产可以提供必要的财务支持与资本注入。这些绿色项目的实施不仅显著改善了生态环境质量，还推动了相应行业的技术创新和行业升级。它们促进了环保技术的研发与应用，加快了产业结构向更加绿色、低碳、高效的方向转型，为经济社会的可持续发展注入了新的活力与动力。同时，这些绿色项目还孕育了新的经济增长点，为经济模式的转型升级开辟了广阔空间。绿色金融通过市场机制的创新与运用，有效激励了企业与个人积极参与绿色市场的转型进程。例如，通过碳交易和绿色认证的方式，企业在减少碳排放和提升资源运用效率方面所付出的努力，有可能获得经济上的回报或市场上的认可。这种机制有效激励了市场主体的绿色创新和环境友好行为，推动了整个社会向更加绿色、低碳的生活方式转变。此外，绿色金融也是实现我国长远发展战略的重要工具。尤其是"双碳"目标的提出使绿色金融的作用更加凸显，通过引导资金流向绿色领域，有效减少了温室气体的排放，还通过促进绿色科技和产品的研发与应用，加快了我国在全球绿色经济格局中的布局和领先速度。

　　绿色金融作为推动我国经济迈向高质量发展的重要引擎，其积极作用日益显现并且不容忽视。它不仅深度参与并有效缓解了我国面临的一系列环境挑战，通过引导资金流向低碳、环保、节能等绿色产业，显著改善了生态环境质量，还能够实现经济的持续健康发展。通过构建更加完善的政策体系框架，为绿色项目的融资提供了坚实的制度保障。加强绿色金融产品的研发与服务创新，不断提升在环境风险评估、绿色项目识别与管理等方面的专业能力，增强金融机构的市场竞争力。此外，我国还能够通过加强与各国在绿色金融领域的政策对话、技术交流与项目合作，共同探索绿色金融发展的新路径、新模式。我国将能够更加充分地发挥绿色金融的潜力与优势，推动经济、社会与环境的全面协调可持续发展，为实现中华民族伟大复兴的中国梦注入绿色动能。

二、研究意义

（一）理论意义

绿色金融作为一个新兴且日益重要的学术领域，虽然已经取得了显著进展，但其理论体系仍处于一个不断演进与完善的动态过程中。本书深入分析绿色金融与经济高质量发展之间的内在联系，不仅丰富了绿色金融理论的研究框架，而且填补了当前研究中关于两者关联性的研究短板，为推进经济高质量发展建立了坚实的理论基础。进一步细化了对绿色金融如何驱动、支持及引领经济高质量发展的探讨，研究其内在的作用机制、互动关系及具体实现路径。这不但加深了对绿色金融功能的理解，也为促进经济从数量型增长向质量效益型转变提供了理论支持。

研究绿色金融的经济效应不仅是对其自身价值的深入挖掘，更是对高质量经济发展理论体系的丰富与拓展。通过构建科学合理的分析框架，运用计量经济学等方法系统评估绿色金融政策的实施效果，发挥其促进经济增长、优化产业结构、改善环境质量等多方面的积极作用。这不仅可以推动绿色金融领域的理论进展，还能为我国经济高质量发展提供坚实的理论和实践基础。更为重要的是，绿色金融的理论研究与实践探索相互促进，共同推动着我国经济高质量发展，理论研究的不断深入为绿色金融的实践创新提供了坚实的理论支撑，而实践中的成功经验和问题反馈又不断推动着理论体系的完善与发展。这种良性循环不仅加速了绿色金融领域的理论进展，也为我国经济高质量发展建立了坚实的理论和实践基础，这将有助于实现更广泛的环境与经济整合，推动社会的可持续发展。

（二）现实意义

绿色金融在推动我国经济高质量发展中扮演着至关重要的角色，其重要性不仅体现在对生态环境的直接改善上，还深刻地渗透于经济结构转型、产业升级乃至国家发展战略等多个层面。首先，绿色金融通过其强大的资金导向作用，直接促进了各种环保项目和可再生能源项目的实施，这些项目不仅有效遏制了环境污染的加剧，还推动了自然资源的合理利用与保护，为我国达成"双碳"目标提供了坚实基础。此外，绿色金融通过精准的资金配置，积极引导社会资本流向环保型企业和产业，从而加速了经济结构的深度调整与优化升级，这一过程中传统的高能耗、高污染产业逐渐向环保、低碳、高效的新型产业转变，这一转变不仅提升了我国经济的整体质量和效益，还促进了高技术、高附加值产业的快速发展。

更为重要的是，绿色金融的发展对于我国实现经济高质量发展、推动社会可持续发展具有深远的战略意义。它不仅是我们应对全球气候变化、履行国际责任的重要举措，更是提升我国国际竞争力、彰显大国担当的关键，在全球绿色转型的浪潮中，绿色金融正成为我国连接全球范围绿色市场的桥梁和纽带，也为国际间的绿色合作与交流提供了广阔的平台。

第二节　研究内容、方法与创新点

一、研究内容

第一章，绪论。本章首先介绍了本书的研究背景和研究意义，其次概括介绍了本书各章的内容安排，以及研究方法和创新点。

第二章，文献综述与理论基础。本章首先从绿色金融的内涵、测度及作用三方面评述了绿色金融相关文献；其次，从经济高质量发展内涵、测度及影响因素三方面评述了经济高质量发展相关文献；再次，评述了绿色金融对经济高质量发展的影响相关文献；最后，系统总结了与本书研究密切相关的理论基础。

第三章，我国绿色金融发展现状分析。本章首先介绍了我国绿色金融总体发展历程；其次，介绍了我国绿色信贷、债券等绿色金融产品的发展概况；再次，介绍了我国绿色金融发展水平的测度方法；最后，测度分析了我国绿色金融总体发展水平，并进行了区域比较分析。

第四章，我国经济高质量发展现状分析。本章首先介绍了我国经济高质量发展历程；其次，介绍了我国经济高质量发展水平的测度方法；再次，分维度分析了我国经济高质量发展情况；最后，测度分析了我国经济高质量发展总体水平，并进行了区域比较分析。

第五章，绿色金融与经济高质量发展：理论分析与实证检验。本章首先对绿色金融和经济高质量发展两个核心概念进行了辨析；其次，理论分析了绿色金融促进经济高质量发展的作用机制；再次，对我国绿色金融与经济高质量发展水平进行了耦合协调分析；最后，采用空间计量模型实证检验了绿色金融对我国经济高质量发展的影响。

第六章，绿色金融与经济高质量发展：产业结构优化视角。本章首先回顾了产业结构优化方面的相关文献；其次，理论分析了绿色金融促进产业结构优化的作用机制；再次，从产业结构合理化和高级化两方面测度分析了我国产业结构优化情况；最后，采用空间计量模型实证检验了绿色金融对我国产业结构优化的影响。

第七章，绿色金融与经济高质量发展：碳减排视角。本章首先回顾了碳减排方面的相关文献；其次，理论分析了绿色金融促进碳减排的作用机制；再次，测度分析了我国碳排放情况；最后，采用准自然实验法实证检验了绿色金融对我国碳减排的影响。

第八章，研究结论与政策建议。本章首先总结了本书理论分析和实证检验所得出的结论；其次，根据研究结论提出了富有针对性的政策建议。

二、研究方法

本书主要采用文献研究法、规范分析法和实证分析法，研究我国绿色金融对经济高质量发展的影响。

第一，文献研究法。系统收集国内外学者关于绿色金融与经济高质量发展相关文献资料，梳理分析研究脉络和研究现状，将其中对本书研究有借鉴意义的部分进行鉴别、归纳、总结。

第二，规范分析法。借鉴已有文献研究成果，界定绿色金融、经济高质量发展等核心概念，理论分析绿色金融促进经济高质量发展、产业结构优化、碳减排的作用机制，并提出相应的研究假设。

第三，实证分析法。构建科学测度方法，测度分析我国绿色金融、经济高质量发展、产业结构优化和碳排放水平，综合采用耦合协调分析、灰色关联分析、空间计量分析和准自然实验等方法实证检验绿色金融对经济高质量发展的影响。

三、创新点

第一，研究视角创新。中国经济在跨越式增长的同时，也面临着经济增长与环境保护之间的平衡问题，从经济高速发展向高质量发展的转变是维持经济可持续发展的必然要求，而推动经济社会绿色化和低碳化发展是实现高质量发展的关键因素。绿色金融作为连接环境保护与经济发展的桥梁，不仅能够引导资金促进环保、节能、清洁能源等绿色产业的创新与发展，还能通过市场机制优化资源配置，提高资源使用效率，为经济高质量发展提供强大的金融支撑和动力源泉。本书深入分析绿色金融与经济高质量发展之间的内在联系，加深了对绿色金融功能的理解，也为促进经济从数量型增长向质量效益型转变提供了理论支持。

第二，研究方法创新。本书综合使用多种分析方法，一是分别基于绿色金融和经济高质量发展的内涵，利用熵权法从绿色信贷、债券、保险、投资和碳金融等维度全面测度分析了我国绿色金融发展水平，从创新、协调、绿色、开放和共享发展等维度全面测度分析了我国经济高质量发展水平；二是在理论分析绿色金融与经济高质量发展之间关系的基础上，利用耦合协调分析、灰色关联分析考察了绿色金融与经济高质量发展、产业结构优化之间的关系，并利用空间计量分析、准自然实验等前沿方法实证检验了绿色金融对经济高质量发展、产业结构优化及碳排放的影响。

第二章　文献综述与理论基础

第一节　绿色金融相关研究

一、绿色金融的内涵

"绿色金融"（Green Finance）是实现生态、经济、社会可持续发展的重要金融政策，也被称为"可持续金融"（Sustainable Finance）、环境金融（Environmental Finance）。在工业大规模生产时代之后，资源滥用和环境破坏之间的矛盾逐渐显露出来，仅靠市场机制无法解决这种矛盾，因此绿色金融的理念逐渐形成。绿色金融的兴起是对环境、能源和可持续发展问题的回应，反映了这些问题在经济社会中的重要性。国内外学者对其进行了深入研究，Salazar（1998）认为绿色金融关注的是经济效应与环境之间的联系，环境可持续发展离不开绿色金融的支持，绿色金融能够促进金融机构与生态环境产业协调融合发展，对生态环境有正向影响，其目的是驱动人们对生态环保的金融创新、满足环保产业的融资需求。Labatt 和 White（2002）研究发现，绿色金融在经济活动中将环境因素考虑在内，并使经济主体的环境效应和质量达到最优和资源的减少，最大限度地维护生态平衡。Cowan（1999）研究发现绿色金融为绿色经济领域提供资金支持，实现了环境可持续发展与金融行业需求的和谐统一，在企业逐利和环境保护之间找到了一个平衡。Jeucken（2006）认为金融机构承担着推动经济、环境和社会可持续性发展的核心责任，遵循经济、环境和社会的可持续性，在促进生态保护和生态稳定方面具有显著作用。Weber 等（2010）认为绿色金融不仅可以为环保产业提供资金，还可以对环保产业的技术创新提供支持，鼓励企业创新技术，优化资源配置，使流动性风险降到最低。

国内绿色金融领域的学术研究晚于国外。高建良（1998）首次提出绿色金融的概念，认为金融机构应响应国家政策，将生态、经济和社会可持续性作为业务开展的核心理念，以促进经济的和谐发展。和秀星（1998）也认为金融机构应通过信贷政策，优先考虑对绿色技术产业的扶持。何建奎等（2006）认为绿色金融是金融机构通过绿色产品创新、生态环境改善从而推动经济社会可持续发展，并能在经济发展和环境保护中达到平衡点。安伟（2008）认为绿色金融的本质是宏观调控政策，遵循市场经济原则，旨在促进节能减排、经济资源环境协调可持续发展，绿色金融通过转变经济发展方式，推动产业结构转型，促进绿色创新产业发展。

二、绿色金融的测度

由于各个时期对绿色金融的理解存在差异，因此国内外尚未形成统一的标准测算方法。有部分学者采用单个指标来衡量一个地区的绿色金融水平，例如，Li和 Hu（2014）、Clark 等（2018）根据"赤道原则"，利用绿色贷款规模衡量一个地区的绿色金融发展水平，赤道原则是一套非官方的、自愿性的原则，由全球部分金融组织依据国际金融机构所制定的环境与社会规范创立一套措施，用来监督和控制项目融资过程中可能产生的风险。黄建欢等（2014）引入了生态效能的理念，目的在于评定绿色金融的成熟度，并推动经济与环境的平衡增长。中央财经大学绿色金融国际研究院开发了地方绿色金融发展指数，从政府政策推动和市场效果两个维度进行评价，反映了地方政府推动绿色金融政策的积极性和市场效果。宁伟和佘金花（2014）、何凌云等（2018）、邵川（2020）采用了绿色信贷的余额和比例作为评价地区绿色金融成熟度的指标，绿色信贷余额反映了一个地区绿色信贷的总体规模，而绿色信贷比则显示了绿色信贷在总信贷中的占比，这两者共同反映了一个地区绿色金融的发展状况，不同地区的绿色信贷发展存在差异。

尽管绿色信贷是绿色金融最重要的组成部分，但随着绿色债券、绿色保险、绿色投资、碳金融等发展，仅采用绿色信贷来衡量绿色金融的方法是片面的。Thompson 和 Cowton（2017）研究发现 ESG 整合已成为资产管理行业的重要趋势，反映了全球对可持续发展的关注，并提出了加强监管、应用高新技术等建议，以推动 ESG 整合的发展，还研究了绿色金融如何促进企业可持续发展，包括企业获取绿色融资后的环境绩效改善、社会责任履行以及治理结构的优化等。由此，一些研究人员采用建立评估框架的方法来量化绿色金融的成熟度。Oliver 等（2000）提出了一个多维度的评估模型，该模型涵盖绿色贷款、环境友好型债券以及生态保险等关键领域，用以评估金融机构提供的绿色金融解决方案的性能。Martinez 等（2020）注重绿色金融技术的进步，尤其是在金融科技领域中绿色金融创新如何助力金融服务的绿色转型。Peterson（2021）主要注重绿色金融监管和评价体系的构建，这对绿色金融产品和服务的质量与效果有帮助。Mihálovits和 Tapaszti（2018）认为绿色证券能够激发资本流向环境友好型项目，拓展环保领域的范围，吸引投资，弱化企业相关金融风险和提高环境的抗风险能力。Galetti 等（2006）研究了消费者对绿色金融产品的需求和偏好，以及消费者行为对绿色金融市场发展的影响，认为刺激消费多样化能够促进绿色创新需求，推动绿色金融产业，进而推动产业结构优化升级。

曾学文等（2014）结合中国经济背景，从绿色债券和可持续投资等五个维度制定了一套绿色金融评价指标，用以评估绿色金融的进展，发现绿色信贷在所有指标中占据主导地位，而且中国各地区在绿色金融发展上存在差异。李晓西等（2014）依据绿色贷款、环境保险和可持续投资三个关键领域，发展了一套评估工具，用以衡量全国范围内各地区绿色金融的成熟度，揭示了国内各地区在绿色金融实践上存在的差异性。董晓红和富勇（2018）主要从绿色信贷、绿色基金、碳金融三个层面构建绿色金融指标体系，并衡量不同地区的绿色金融发展水平，研究发现绿色信贷在绿色金融中规模占比最大。翁智雄等（2015）研究发现，中国当前绿色金融产品存在类别服务较少、发展速度缓慢、融资约束等问题，且绿色金融带给企业的收益不高，只有当绿色金融产品带来的回报率高时，企业对绿色金融的积极性才会提高；当环境污染的危害降低时，才会吸引更多的企业将更多的资金投入绿色金融产品，而未来的绿色金融产品和服务需要多样化。庞加兰等（2023）研究发现中国绿色金融发展指标表现为波动式增长，能源结构得到优化，绿色金融发展对能源结构优化显著产生正向影响，显著降低了能源强度并促进了能源转型，但气候风险可能降低绿色金融对能源转型的促进作用。李朋林和张肖东（2024）运用加速遗传算法的投影寻踪模型衡量绿色金融的成熟度，并利用空间杜宾模型探讨了绿色金融如何影响碳排放的强度以及其潜在的空间外溢效应。肖黎明和李秀清（2020）将绿色投资作为衡量我国绿色金融发展水平的测度之一，绿色投资是一种着眼于可持续发展、环境保护和社会责任的新型投资方式，它不仅关注经济回报，还强调对环境的保护和社会价值的实现，绿色投资强调经济、社会、生态三者之间的和谐发展，追求经济利益的同时，积极承担社会责任，实现可持续发展。

三、绿色金融的作用

随着经济的发展，国内外对绿色金融领域的关注持续增加，近年来我国对绿色金融发展的研究开始逐渐深入。绿色金融在资源配置方面起到优化作用，对资源要素进行合理配置，能够使生态环境、经济发展、社会治理齐头并进，使产业结构更符合绿色环保的理念，其可以通过各种金融工具和政策，引导和撬动金融资源向低碳、环保和绿色转型的项目倾斜，支持绿色发展。Klioutchnikov 和 Kliuchnikov（2021）认为绿色金融通过改变个人和企业的行为来改善环境，促进绿色技术的创新，减少资源的滥用。绿色信贷政策通过提供资金支持，鼓励企业进行绿色投资，改善环境绩效，同时提高企业的绿色创新绩效和 ESG 绩效；商业银行积极探索个人绿色消费信贷业务，激励个人采取绿色低碳生活方式；金融机构通过优化机制体制，强化绿色金融的发展战略，积极参与国际交流与合作；绿色金融产品和服务不断创新，为个人和企业提供多样化的绿色金融选择。Zakari 和 Khan（2021）认为绿色金融与生态、经济、社会可持续发展有联系，绿色金融通过为环保项目提供资金支持，直接促进了生态环境的保护和改善；绿色金融引导资本流向绿色、低碳产业，推动产业结构优化升级，促进经济从高污染、高能耗向绿色、循环、低碳发展模式转型；绿色金融支持资源节约型和环境友好型项目，提高资源利用效率，减少浪费，助力实现经济发展与资源环境保护的协调；绿色金融鼓励技术创新和研发投入，为经济可持续发展提供新的动力；绿色金融强调企业社会责任，鼓励投资者考虑环境、社会和治理（ESG）因素，推动企业在追求经济利益的同时关注社会责任和环境保护。Thompson 和 Cowton（2017）研究了 ESG 标准如何融入金融决策，提高金融市场的透明度，推动经济结构的绿色转型，通过构建 ESG 标准，绿色金融不仅可以推动环保项目的发展，还能引领经济高质量发展。

绿色金融能够强化企业和金融机构的环境信息披露，提高市场透明度，帮助金融机构更准确地把控风险、促进绿色投资。高锦杰和张伟伟（2021）认为企业将资金转向环保产业，减少企业融资成本和金融风险，为生态、经济、社会可持续发展提供了有利的条件，提升了经济增长潜力，同时抑制污染性投资。投资环保产业可以提升企业的公众形象，树立企业的社会责任品牌，吸引更多的消费者和合作伙伴；环保产品和服务通常具有独特的市场优势，能够满足消费者对绿色产品的需求，增强企业的市场竞争力；投资环保产业有助于减少企业因环境污染或资源消耗而面临的法律风险和财务风险。丁攀等（2021）认为，随着劳动力、资本、技术等生产要素在绿色产业内快速流动，资源配置有效提高，推动经济绿色化转型，产业也逐渐从劳动密集型向资本、技术密集型转变，减少资源滥用。李晓西等（2015）认为，随着绿色金融的发展，监管机构需要不断创新监管方法，以适应绿色金融产品的特殊性和复杂性，利用绿色金融绩效评估和利息补贴激励措施，促使金融机构扩大对环保资产的投资，并加强环境风险的控制，从而增强金融行业促进绿色和低碳经济增长的效能。金祥义等（2022）认为，绿色金融是影响中国出口增长的重要因素，促进中国出口贸易发展，在全球范围内，绿色金融作为一种跨国家、跨地区的金融工具，有助于各国共同应对气候变化等全球性环境问题，为海洋保护项目和海洋可再生能源开发提供资金，支持海洋经济的绿色转型。国家能够在全球绿色经济中占据有利地位，提高国际竞争力，政府通过制定绿色金融政策，为金融机构和市场参与者提供明确的发展方向和激励措施，引导经济活动更加符合环保和可持续发展的要求。陆菁等（2021）认为，通过绿色债券、绿色信贷等金融工具，支持绿色建筑和可持续城市规划项目，可提高建筑能效和城市环境质量，绿色金融支持的基础设施和建筑项目通常具有更好的抗灾能力，有助于减少自然灾害带来的损失。牛海鹏等（2020）认为，金融机构通过发展绿色金融产品和服务，可以吸引更多的投资者，提高自身的市场竞争力，同时通过绿色信贷、绿色保险等绿色金融产品，鼓励消费者选择环保产品和服务，促进绿色消费模式的形成和推广。提供绿色金融产品和服务可以帮助金融机构树立积极的品牌形象，展示其对环境保护和社会责任的承诺。发展绿色金融可以促使金融机构创新其产品和服务，金融机构可以更有效地将资本分配到那些对环境和社会有益的项目上，提高资本的使用效率。

第二节　经济高质量发展相关研究

一、经济高质量发展的内涵

我国经济进入新常态以来，发展方式由注重经济增长速度转变为注重经济高质量发展，经济高质量发展是一个综合性的概念，它强调在经济增长的同时，实现经济结构的优化、生产效率的提升、创新能力的提升、环境的可持续性以及社会的全面进步。经济高质量发展要求产业结构、产品结构、区域结构等不断优化，以适应经济发展的新趋势和需求。Barro 等（2003）认为，经济高质量发展仅靠 GDP 解释是片面的，还需要从生态保护和建设、经济社会发展，社会稳定等层面对经济高质量发展进行分析。Smith 和 Zhang（2019）认为，科技创新在经济发展中占有核心地位，通过研发投入、人才培养和知识产权保护等手段，激发创新活力，推动传统产业通过技术改造和创新实现升级，同时培育和发展新兴产业，形成新的经济增长点，促进产业的可持续发展，从而支撑经济向高质量方向发展。Thomas 等（2001）将经济增长的质量视为其发展的核心，全面审视经济进步时需考虑人才资源、民众福祉和生态保护等多个维度。Taylor 和 Brown（2021）认为，在提高经济规模的同时，要注重民众的生活质量和确保社会公平正义，政策制定者不仅要关注经济增长，还要关注经济增长成果的合理分配和公平普惠全体人民，实现城乡之间、经济与社会之间、人与自然之间的协调发展，实现社会成员的共同参与和共享，建立终身学习体系，提供多样化的教育和培训机会。Johnson 和 Li（2020）认为，应该注重长远发展，平衡当前利益与未来需求，确保资源的可持续利用和环境的长期发展，加强知识产权的创造、运用、保护和管理，激励创新，保障创新者的合法权益。Green 和 Harris（2022）认为，应该积极参与国际规则的制定，推动国内标准与国际标准对接，提升国际竞争力，加强品牌意识，通过打造具有国际竞争力的自主品牌，提升产品和服务的附加值，制定和实施应对气候变化的政策和措施，推动经济向低碳、绿色、循环发展转型。

随着对经济高质量发展的研究深入，徐学敏（1998）认为，经济增长的质量主要是通过生产要素的效率来衡量的。丁任重等（2016）认为，提高公共服务的覆盖面和质量，确保所有公民都能享受到基本的公共服务，通过法律手段保护生态环境，严格执行环保标准，促进绿色生产和消费，完善资本市场制度，增强市场的透明度和稳定性，为企业创新和扩张提供资金支持。金碚（2018）认为，以人为核心，推动城镇化的高质量发展，提高城市的综合承载能力和居民生活质量，制定和实施应对人口老龄化的策略，包括养老保障体系的完善和老年人就业机会的提供。邬晓霞等（2020）认为，要合理地加快经济增长速度，在经济增长的同时，要优化产业结构及推动绿色技术创新，推动产业政策与竞争政策相协调，在支持绿色产业的同时，维护市场竞争秩序，防止恶意垄断。田秋生（2018）认为，在保证经济高质量发展的同时，也要注重人们在物质和精神上的需求，促进医疗卫生体系完善，提高医疗服务质量和效率，推动体育产业的发展，发挥体育在促进健康、增强国民体质、推动经济发展等方面的作用，提高公共服务的质量和效率，满足人民群众日益增长的美好生活需要。

二、经济高质量发展的测度

关于经济高质量发展水平的测度，国内外因所处环境不同，测算方式及评价指标仍没有统一的方法。经济高质量发展的指标数据源于多方面，包括但不限于国家统计局、各行业统计年鉴等，对原始数据进行标准化处理，以确保评价的公正性和准确性。国外的学者在经济、社会、制度、环境四方面选取多维指标构建评价体系来评估经济高质量发展水平。Barro 等（2003）采用了因子分析技术来评估经济增长的质量，并揭示了其与经济增长数量的不同之处。Poveda（2011）采用人类发展指数（HDI）的方法，通过考虑健康寿命、教育获得和生活质量等因素，对哥伦比亚的经济进步进行了评估与分析。通过这三个维度的指标，结合相应的权重和计算方法，可以得出哥伦比亚的人类发展指数。根据联合国开发计划署的分类，HDI 值可以进一步分组，以识别不同国家的发展水平。Rofikoh 等（2017）发现，政府的支持性政策和资源分配对于促进经济的优质增长具有关键作用，提高政策制定的公共参与度和透明度，确保经济高质量发展的决策过程受到公众监督。政府通过制定和实施长期战略规划，明确经济发展的方向和重点，引导资源向关键领域和战略产业集中。政府通过产业政策扶持关键产业和战略性新兴产业的发展，促进产业结构优化升级；政府通过环境政策和规制，促使企业和项目采取更环保的生产方式，推动绿色发展。Schirnding 等（2002）认为，建立一套衡量经济高质量发展的指标体系需融合理念和方法两个关键维度，这两个维度是相互依存和交织的。理念层面上，重点是理解高质量发展的深层含义，并以发展的理念为基础，确保衡量体系的全面性、实用性、多样性、稳固性和适应性；方法层面上，强调以统计学原理为指导，确保衡量指标的清晰度、可获得性和易于理解。

开发一套严谨合理的评估标准和指标是衡量经济高质量进展的核心要素。主成分分析法等多元统计分析法常用于构建经济发展质量指数，通过无量纲化处理原始数据，并确定各基础指标的权重。陈诗一和陈登科（2018）在构建经济高质量水平评价指标时主要选取劳动生产率，李平等（2017）则选取全要素生产率，但是单一的指标难以全面评估经济高质量发展水平。王伟等（2020）主要围绕着创新、协调、绿色、开放、共享五方面进行分析，依据其内涵建立指标，对经济高质量发展进行综合测度分析。刘亚雪等（2020）从国际角度对世界经济高质量发展水平进行测度和评估，通过与世界主要发达国家的相关指标进行比较，指出我国经济高质量发展的薄弱环节，为推动经济高质量发展提供参考。韩叙等

（2023）指出，经济高质量发展在不同国家、不同区域存在差异，这可能与国家、区域的资源禀赋、产业结构和政策导向有关，通过比较不同国家、区域的高质量发展水平，可以揭示国家、区域的发展不平衡性，并为制定国家、区域发展战略提供依据。由于各国与地区在资源、工业基准和不同发展阶段存在显著差异，国家之间需要展开合作，根据国家的特色和优势，充分发挥这些优势促进经济高质量发展。黄顺春等（2020）采用定量研究技术深入探讨了经济的优质增长，并在全球化环境中考察了国际互动对这一增长的促进作用，认为在制定衡量经济优质增长指标体系时，必须同时纳入国内发展和全球互动的视角。马茹和罗晖（2019）在深层次研究经济高质量发展内涵的基础上，构建了中国经济高质量发展水平测度评价体系，该框架证实了中国各地区在优质供给、需求、效率、经济运作和国际交流等关键领域的整体发展趋势及其特点。

三、经济高质量发展的影响因素

随着中国特色社会主义迈入新纪元，中国经济同样迎来了发展新篇章。当前，经济增长模式已从以往的快速扩张转变为追求卓越的质量提升，在经济增长速度提高的同时，考虑到政策、市场、社会、技术等多个层面。在发展过程中，众多学者从不同角度研究影响经济高质量发展的因素，并为制定有效的政策和措施提供理论支持和指导，促进经济增长，实现其质量的提升、效率的增强、公平性的提高以及可持续性的进步。

Smith 和 Zhang（2019）认为，技术进步是推动经济高质量发展的关键因素，包括研发投入、技术引进和创新体系建设，促进了产业的可持续发展。技术进步可以提高生产效率，降低生产成本，使企业能够以更低的成本生产更多的商品和服务；技术发展激发创新，推动新产品、新服务和新业务模式的产生，增强经济的活力和竞争力；技术进步促使产业结构优化升级，帮助传统产业通过技术改造实现现代化，同时催生新兴产业的发展；技术领先的企业或国家在国际市场上更具竞争力，能够出口高附加值的技术密集型产品。Rofikoh 和 Rokhim（2017）认为，政府的政策导向对经济高质量发展具有重要影响，包括产业政策、财税政策、金融政策等，确保经济高质量发展带来的好处能够触及广大人民的需求。政府通过制定和实施长期战略规划，明确经济发展的方向和重点，引导资源向关键领域和战略产业集中；通过产业政策，政府可以支持关键产业和战略性新兴产业的发展，促进产业结构优化升级；政府通过研发补贴、税收减免等措施激励企业增加研发投入，推动技术创新和知识转移；政府通过财政支出和税收政策，影响消费、投资和储蓄，调节经济周期，促进经济稳定增长。Johnson 和 Li（2020）认为，环境政策的强化和绿色金融的扩展对经济高质量发展具有重要的影响，环境规制的严格性和执行力度，推动了企业采取更加环保的生产方式，促进了绿色经济的发展。环境保护和可持续发展战略的实施，有助于实现经济增长与生态环境的和谐共生。Green 和 Harris（2022）认为，对外开放水平的提升包括国际贸易、外资引进和国际合作，能够促进经济的全球竞争力，全球贸易环境、贸易协定和市场准入条件对国家的出口导向型产业和国际竞争力有着重要作用。开放是发展进步的必由之路，深化的国际交流与合作为国内市场引入了丰富的高品质商品，迎合了人们对更高层次生活品质的向往，并激发了国内消费市场的活力。同时，开放政策还促进了市场一体化、产业融合、创新驱动和规则对接，形成了一个积极的互动循环。这不仅有助于提升国内大循环的效率，还能增强国际大循环，形成开放型世界经济，推动构建全球发展命运共同体。

韩叙等（2023）认为，技术共享和贸易便利化是推进经济高质量发展的重要因素，为了促进经济高质量的发展，应该加强国际之间的技术交流和资源的流通。技术共享可以加速知识和技术的传播速度，帮助企业快速获取和应用最新技术，提高生产效率和创新能力；通过共享技术，企业可以减少研发投入，降低创新门槛，促进更多企业参与到技术创新中；开放的技术共享平台和便利的贸易环境可以激发市场活力，促进新企业进入和创新；贸易便利化可以降低贸易成本，提高出口竞争力，增加国际市场份额；贸易便利化通过降低进口商品价格，增加商品多样性，提高消费者福利；技术共享和贸易便利化可以促进新产业的发展，增加就业机会，提高劳动力市场的灵活性。吴明辉和李志伟（2021）通过综合评价经济高质量发展水平指标体系，全面评估了中国经济高质量发展水平，揭示了各地区在经济高质量发展中的现状和问题。基于对经济高质量发展的测度，可以提出相应的政策建议，如加强创新能力培养、优化产业结构、增强资源利用的效能、倡导环境友好型发展、促进各地区均衡进步，旨在实现经济的全方位、和谐与长期稳定增长。李新和王明（2023）认为，技术创新在推动经济高质量发展中占着重要地位，通过构建创新质量测度指标体系，结果检验技术创新能够显著提升经济发展的质量，促进产业升级。技术创新可以提高生产流程的效率，降低生产成本，使企业能够更快、更经济地生产商品和服务；技术创新是创新生态系统中的关键因素，能够促进研发、孵化、加速和商业化等一系列创新活动；技术创新可以改善工作条件，提高工作安全性，减少重复性和体力劳动；技术创新有助于缩小地区发展差距，通过技术转移和扩散带动欠发达地区的经济增长；技术创新使国家在全球市场中占据有利地位，提高出口产品的技术含量和附加值；技术创新为政府制定经济政策提供了新的思路和工具，帮助政府更好地应对经济和社会挑战；技术进步激发新产品的创造，满足了市场需求，推动了消费升级和产业转型。王仁曾和詹姝珂（2023）认为，教育体系的改革和创新，提高了教育质量，满足了经济发展对高技能人才的需求；健康和公共卫生体系的完善，保障了劳动力的健康状况，提高了社会生产力；消费者权益的有效保护，提高了市场效率，促进了公平竞争和消费者信任，消费需求的升级对经济高质量发展具有基础性作用，通过提高居民消费水平和优化消费结构，促进供需平衡。有效的知识产权管理、保护和利用，激励了创新活动，增强了企业的竞争力。

第三节　绿色金融对经济高质量发展影响相关研究

早期研究主要关注绿色金融与经济增长的关系，发现在经济发展到一定水平后，绿色投资能够促进经济增长。绿色信贷等金融活动对经济增长具有正向影响，但需要适度发展以避免资源浪费。通过促进资本积累、运用杠杆效应和实现行业协同，绿色金融有助于提升经济结构的合理性。政策层面上，绿色金融的倡导对于引领经济结构向更环保的方向转型至关重要，这要求在维护传统产业的同时，也要扶持绿色产业的成长。此外，绿色金融体系通过强化监管、政策激励和鼓励绿色消费，为经济的生态转型提供了动力。绿色金融在改善生态环境、促进绿色技术创新方面具有显著效果。

Scholtens（2017）认为，绿色金融在一定程度上缓解了环境的压力，金融机构在构建有利于环境保护的金融市场中扮演着重要角色，资助环境友好型计划，促进经济朝着生态可持续转型发展。绿色金融通过引导资金流向环保项目和清洁能源项目，支持这些项目的发展，减少对化石燃料的依赖；通过环境风险评估和管理，绿色金融帮助企业和项目规避可能对环境造成损害的风险；绿色金融为清洁技术和可再生能源技术的研发和商业化提供资金，推动环境友好型技术的发展。Falcone 等（2020）研究发现，绿色金融有助于推动产业结构的升级和转型，特别是通过为新兴产业提供资金支持，加速传统产业的绿色改造，提高整个经济的绿色竞争力。绿色金融为绿色技术创新提供资金渠道和风险管理，支持研发和带动经济创新发展，绿色技术的创新是推动经济高质量发展的关键因素。Sachs 等（2019）认为，绿色国债和绿色银行这些金融工具在确保经济持续增长中占据重要地位，研究了如何将绿色金融更好地整合进入传统金融市场，提高市场参与者对绿色金融产品的认识和接受度。绿色国债作为一种政府债务工具，可以为国家的绿色项目筹集资金，支持环保和可持续发展项目；通过发行绿色国债，政府可以引导私人资本投资于绿色领域，促进绿色产业的发展；绿色银行通过提供绿色贷款和投资，帮助分散环境项目的风险，吸引更多的投资者参与；绿色银行专注于为环保项目提供资金支持，推动环境友好型技术的研发和应用；绿色银行的发展有助于金融机构建立绿色品牌形象，提高其在绿色金融市场的竞争力；绿色国债和绿色银行的推广有助于增强公众对环境保护的意识，促进可持续发展的理念。

Taghizadeh 和 Yoshino（2019）认为，绿色金融在推进绿色技术的进步和应用中扮演着重要角色，绿色金融工具如绿色债券和绿色银行贷款为清洁能源等领域提供了资本支持，推动了经济的转型和升级，企业在追求经济效益的同时，应加强社会责任的履行，通过绿色金融活动支持环境保护和社会可持续发展。Zhang 等（2019）研究中国绿色债券对金融机构的财务状况及环境的作用，发现绿色债券对财务状况和环境保护有显著的正向影响。绿色债券因其专注于环保项目，通常受到政策支持和社会认可，有助于金融机构扩大资金来源，提高资产质量，从而可能提升金融机构的财务表现；绿色债券要求资金投向具有环境效益的项目，这促使金融机构在项目选择和风险评估中更加注重环境风险管理，从而可能降低贷款违约风险；绿色债券的发行为环保项目提供了必要的资金支持，有助于推动节能减排、清洁能源、绿色交通等项目的发展，实现环境质量的改善；参与绿色债券发行的金融机构能够提升其在社会责任和可持续发展方面的形象，增强其品牌价值和市场竞争力。

Lebelle 等（2017）考察绿色金融在国际层面的合作机会，如跨国绿色投资、国际绿色金融标准制定等，发现绿色金融在国际市场中所展现的适宜性和实际效果，在刺激可持续投资及塑造环境策略中有显著作用，并为绿色经济行为带来了有力的市场后盾。不同的国家和地区如何实行绿色金融政策的成果，借鉴国际上绿色金融发展的成功经验，结合中国实际情况，可以为中国绿色金融政策的制定和实施提供参考。Shahbaz 等（2013）研究发现，通过向环保项目提供资金与技术援助，绿色金融激励企业进行生态创新，这不仅有助于提升环境质量，也促进了地区经济的可持续增长；绿色金融通过支持技术创新，尤其是环境友好型技术的研发和应用，促进经济向更加可持续的方向发展。这种支持不仅包括资金支持，还包括风险管理和担保机制。Climent 等（2011）认为，通过开发如绿色基金和证券等环保金融工具，绿色金融有助于推动经济的优质增长，实现产业的结构性变革与提升，同时增强企业的生态竞争力。绿色金融产品如绿色基金和绿色证券能够将资金引导至环保、节能、清洁能源等绿色产业，支持这些产业的发展和扩张；绿色债券等金融工具可以为绿色项目提供相对较低成本的资金，降低企业的融资成本，促进其投资于绿色技术和项目；通过投资绿色项目和采用绿色生产方式，企业能够提高自身的绿色竞争力，满足市场对环保产品和服务的需求；绿色金融产品通过支持绿色产业的发展，实现经济增长与环境保护相协调，推动经济向更加可持续的方向发展。Zhou 等（2020）研究发现，经济水平的多样性可能影响绿色金融在环境治理中的效果，而绿色金融的实施有助于提升生态保护标准及推动经济的可持续增长；绿色金融在不同地区对经济高质量发展的影响存在差异，这可能与地区经济发展水平、产业结构、政策环境等因素有关，这提示政策制定者需要考虑地区特性，制定差异化的绿色金融政策。

Barbier 和 Markandya（2013）研究发现，财务系统的创新对环境保护项目发展具有重要作用，企业可以申请绿色信贷来资助其环保项目，这有助于企业减少对环境的负面影响，促进可持续发展；通过发行绿色债券，企业可以获得资金以支持其环保项目和社会责任项目，同时提高企业的绿色竞争力；企业可以通过ESG 投资来提升其在环境保护和社会责任方面的表现，吸引更多的投资者。Franklin 和 Poon（2020）认为，绿色金融在促进经济高质量发展的同时可助力企业创新和提供资金，带动经济发展，提高企业绿色竞争力，促进产业结构的升级和转型。建立绿色担保机制，为绿色技术创新项目提供信用支持，降低金融机构的贷款风险。支持技术转移机构，促进绿色技术从研究机构向商业应用的转化。绿色金融提供的风险管理工具，如绿色保险和绿色担保，可以帮助企业分散和管理与绿色项目相关的风险，鼓励企业进行创新尝试；绿色金融市场的发展有助于新技术的商业化和推广，通过技术转移和扩散，加速企业创新成果的应用；绿色金融有助于实现国家的环境政策和可持续发展目标，通过资金支持加速企业向绿色、低碳经济转型。

国内对如何评价绿色金融对于经济高质量发展的作用，一直是学界重视的议题。文书洋和林则夫（2022）采用一般均衡模型分析了绿色金融的效应，揭示了它如何通过更新企业的经营哲学和决策策略，为新兴绿色企业提供必要的资金与技术援助，同时为污染性企业的环保技术升级提供支持，加快了传统行业的绿色转型，为经济的可持续性发展注入了动力，加快传统企业的绿色改造，促进经济向更加可持续的方向发展。赵晓薇等（2019）利用面板数据模型进行宏观与微观两方面的研究，分析绿色金融政策对经济优质增长的作用和影响，研究发现绿色金融政策对推动经济的结构性调整和环保措施有显著的作用，有利于经济高质量发展。王瑞等（2015）构建了一个全面的评价体系，其模型考虑到经济增长速度和环境污染等因素，分析绿色金融对整体经济的高品质成长所产生的影响，为评估绿色金融如何共同推进经济高品质增长提供了理论支撑。建立健全的法律和制度框架，为绿色金融的发展提供稳定的预期和规范，保障投资者权益，促进市场透明度。宁伟和佘金花（2014）采用向量自回归（VAR）模型对绿色金融对经济持续增长的促进效果进行了实证探究，结果证实了绿色金融能有效推动经济的优质增长。林昌华（2020）利用结构方程模型评估了绿色金融对提升经济质量的效应，揭示了包括金融环境和金融结构在内的多个维度对经济增长质量的正面影响。

王遥等（2016）从优化资源配置角度分析了绿色金融对经济高质量发展的作用和影响，认为绿色金融通过提供优惠的融资条件，如绿色贷款、绿色债券等，将资金引至可持续发展项目，促进环保和生态文明建设；绿色金融支持传统产业的绿色转型，激励企业进行技术创新和产业升级，提高经济的绿色竞争力；绿色金融通过市场化手段，调节资金流向绿色低碳领域，提高资源使用效率，改善生态环境质量。陈智莲等（2018）认为，绿色金融通过推动产业结构调整与升级，向低碳、环保和可持续的产业提供资金支持，引导资本流向绿色经济领域，促进产业结构的绿色转型；为绿色项目提供优惠的信贷条件，包括较低的利率和灵活的还款计划，降低企业的融资成本，研究发现其显著促进了经济向更高层次的质量增长。刘海英等（2020）认为，绿色金融通过绿色技术创新能够正向影响经济高质量发展，绿色金融提供必要的资金支持，帮助企业和研究机构开展绿色技术的研发工作；通过绿色投资基金、绿色债券等金融工具，分担绿色技术创新过程中的风险，吸引更多的投资者参与；绿色技术产品提供市场准入支持，包括降低市场准入门槛、提供市场推广服务等，通过金融手段支持绿色技术创新的知识产权保护，确保技术创新的合法权益得到维护。

王志强和王一凡（2020）认为，绿色金融通过绿色保险产品，如绿色汽车保险，为绿色消费品提供保险保障，同时可能提供保费优惠，增加消费者对绿色产品的兴趣；开发与绿色消费相关的金融产品，如绿色信用卡、绿色储蓄账户等，为消费者提供更多支持绿色消费的金融选择，从而促进经济高质量发展。曹明弟（2017）研究发现，绿色贷款对促进经济的持续增长、产业的现代化改造和环境的减排降耗具有积极的促进作用，其发展有助于加速经济的绿色转型和长期稳定发展；绿色信贷在发放过程中需要考虑环境因素，做出适当的贷款决策，有利于银行等金融机构积极履行社会责任，防范金融风险；绿色信贷有助于增强我国金融业的国际竞争力，通过支持绿色产业和企业，以及提供绿色金融产品和服务来建立金融业的环保和可持续发展价值观的品牌形象。陈国庆和龙云安（2018）研究揭示了各地区绿色金融与推动经济持续进步之间的关联性，绿色金融对促进经济的高质量增长具有显著的正向作用，并且这种作用在不同地区表现出一些差异性。在东部地区绿色金融对推动经济持续增长的作用尤为突出；相较之下，中西部地区在促进产业升级和减少能源消耗及排放方面的成效更为明显。

第四节　相关理论基础

一、外部性理论

外部性理论是经济学术语，也被称为外部成本、外部效应或溢出效应。该理论的核心在于描述一个经济行为主体在进行经济活动时，无意间对其他经济行为主体的福利产生的有利或不利影响，且这种影响并未通过市场价格机制得到反映或补偿。外部性指的是当经济活动中某参与者的行为，对未直接参与该活动的其他参与者产生了影响，这种影响可能是正面的也可能是负面的，而这种外部影响又不能通过市场价格进行买卖。简而言之，就是某些效益被给予，或某些成本被强加给没有参加这一决策的人。经济学家们对外部性的定义基于不同视角，但总体上可以归结为两类：一类是从外部性的产生主体角度来定义，如萨缪尔森和诺德豪斯的定义；另一类是从外部性的接受主体来定义，如兰德尔的定义。外部性可以根据不同的标准进行分类，主要包括正外部性（外部经济）与负外部性（外部不经济）、生产的外部性与消费的外部性、代内外部性与代际外部性。

当一个经济参与者的行为为其他未参与该行为的第三方创造了额外的价值或利益，而这些额外的价格或利益并没有通过市场机制得到适当的回报或补偿。它有非排他性和非竞争性的特点，非排他性是指产品在消费过程中所产生的利益不能为某个人或某些人所专有，阻止非参与者从公共产品中获益在技术上是不切实际的，或者由于排除成本过高，使这种做法在经济上不可行。简单来说，即个人在使用某些产品时，不能防止其他人共享这些产品，并且即便个人不想使用该产品，也无法避免被其影响。某些产品或服务由于其自身的特性，使其在技术上无法将未付费者排除在消费之外。例如，公路、公园等公共设施，一旦建成，任何人都可以自由使用，无法在技术上进行排他。即使某些产品或服务在技术上可以排他，但排他的成本可能过高，以至于在经济上不合理。例如，为公路设置收费站虽然可以排他，但高昂的建设和管理成本可能使这种做法得不偿失。某些产品或服务由于具有公共性质，其消费不应该被排他。例如，国防、法律等公共产品，其受益范围应该覆盖全体社会成员，不应该因为个人或某些群体的不付费而将其排除在受益范围之外。非排他性是公共产品的一个重要特性，它反映了公共产品在消费过程中的特殊性质。了解非排他性有助于更好地理解公共产品的供给和消费机制，从而制定更加科学合理的公共政策。同时，非排他性也说明在设计公共产品时需要考虑其受益范围和使用效率等问题以确保公共资源的合理配置和有效利用。

非竞争性意味着，当一位用户消费某物品时，不会减少其他用户对该物品可用的数量。换言之，对于新增用户，他们消费该物品的额外成本是零。即公共产品一旦被创造，更多的消费者加入并不会导致生产成本上升，也就是说，无须额外投入资源就能满足更多用户的需求。所谓的非竞争性，指的是在公共产品的分发过程中，新增消费者并不会导致边际成本的增加。这表明，无论消费者的数量如何变化，公共产品的消费量都保持不变，允许多人同时享用同一资源，而不会降低其可用性或品质；某人对公共产品的享用，既不排斥也不妨碍其他人同时享用，也不会因此而减少其他人享用该商品的数量和质量；一旦公共产品被提供，其供给量对于所有消费者来说是稳定的，不会因为消费者的增加而减少。竞争性描述了消费者之间在共享同一产品时的相互争夺，即一个人的消费行为可能会限制或减少其他人的消费机会。相对地，非竞争性则表明公共产品具有无限的共享性，其消费不受消费者人数的限制，允许多人同时使用而不会减少产品本身的消费量或降低其质量。非竞争性是公共产品的一个重要特征，它对于理解公共产品的供给和消费机制具有重要意义。由于公共产品的非竞争性特点，私人市场往往无法有效提供这些产品，因此需要政府等公共部门来承担这一责任。同时，非竞争性也提醒我们在设计公共产品时需要考虑其受益范围和使用效率等问题以确保公共资源的合理配置和有效利用。

生产的外部性是指厂商的生产活动对他人（包括厂商和个人消费者）产生的非市场性的影响，这种影响并未通过市场价格机制得到反映或补偿。它分为生产的正外部性和负外部性，生产者的经济行为产生了有利于他人的良好影响，而自己却不能从中得到报酬。例如，果园种植的果树不仅给果农带来了收益，还美化了环境，为周边居民提供了休闲场所，这种环境美化对周边居民来说就是一种正外部性；负外部性是生产者的经济行为产生了不利于他人的不良影响，但没有给他人补偿。例如，工厂排放的污染物对周边环境和居民健康造成了损害，但工厂并未为此支付相应的补偿。生产的外部性可能导致资源配置偏离帕累托最优状态，造成市场无效率。正外部性可能使实施有益行为的主体得不到应有的激励，而负外部性则可能使实施有害行为的主体逃避应有的惩罚。

消费外部效应指的是消费者的购买和使用行为对第三方（包括其他企业和消费者）造成的非市场交易的影响，这种影响同样未通过市场价格机制得到反映或补偿。它包括消费的正外部性和负外部性，正外部性是消费者的经济行为产生了有利于他人的良好影响，而自己却不能从中得到报酬。例如，接种疫苗不仅保护了接种者本人免受疾病侵害，还通过群体免疫效应减少了疾病的传播风险，对其他人产生了正外部性。负外部性是消费者的经济行为产生了不利于他人的不良影响，但没有给他人补偿。例如，吸烟者在公共场所吸烟不仅损害了自己的健康，还通过二手烟危害了他人的健康，但吸烟者并未为此支付相应的补偿。消费的外部性同样可能导致资源配置的低效率。正外部性可能使实施有益消费行为的主体得不到足够的激励，而负外部性则可能使实施有害消费行为的主体没有承担应有的成本。生产的外部性与消费的外部性是经济学中描述经济活动非市场性影响的重要概念。它们分别揭示了生产活动和消费活动对除行为主体以外的其他经济主体可能产生的有利或不利影响。理解这两种外部性有助于更全面地认识经济活动的复杂性和多样性，进而制定更加科学合理的经济政策以促进资源的优化配置和社会的可持续发展。

二、可持续发展理论

可持续发展理念强调在满足当前世代需求的同时，确保不损害未来世代满足其需求的能力，其核心原则包括公平、持久性和普遍性。公平性强调机会选择的平等性，包括代内公平（即同一代人之间的公平）和代际公平（即不同代人之间的公平）。持续性指生态系统受到某种干扰时能保持其生产力的能力，要求合理开发和利用自然资源，保持资源的持续利用和生态系统的可持续性。共同性原则突出了可持续发展的全球维度，要求世界各国协同努力，达成既尊重各自利益又保护全球生态环境与发展机制的国际共识。可持续发展理念包含两个核心要素：首先是满足，特别是贫困人群的基本生活需求；其次是限制，即避免对后代环境需求能力造成损害的制约。其终极目标是实现一个全面、和谐、公正、高效且多维度的发展前景。它旨在实现经济、社会和环境的全面协调发展，确保人类活动与自然环境的和谐共处。可持续发展对于保障人类福祉和地球健康至关重要。随着人口增长和资源消耗的加剧，实现可持续发展成为人类面临的共同挑战。可持续发展有助于保护环境、促进经济增长和减少社会不平等，为当前和未来的世代创造一个更加繁荣、公正和可持续的未来。可持续发展通常涉及以下三个维度：经济、社会和环境。这三个维度相互关联，共同构成了可持续发展的整体框架。

经济可持续性强调在保持经济增长的同时，确保资源的有效利用和经济活动的长期可行性，不损害后代满足自身需求的能力。提高资源利用效率是经济可持续性的核心，通过减少浪费、循环利用资源和采用更高效的技术，确保资源的长期供应。经济可持续性不仅要关注经济增长，更要关注社会福祉的提升。经济可持续性有质量效益型、全面节约型、整体协调型特征，质量效益型特征是经济可持续发展强调生态效益、经济效益和社会效益的有机统一。这需要借助科技创新、有效管理、结构优化、内涵深化、集约化经营等手段，持续提升经济的效率和质量，同时提升人们的生活水平和生存条件，以及改善生态环境的质量。全面节约型经济强调以资源节约为生产和消费体系的核心，目标是构建一个资源消耗低的国民经济体系。它抵制过度开发和不合理消费行为，倡导资源的循环利用，提倡合理和高效地开发资源，以减少资源消耗，提升资源的使用效率、生产效率以及人口的生态承载能力。经济可持续发展的根本特征是以生态环境良性循环为基础，与资源环境承载能力相协调。它要求经济发展必须考虑到生态系统的承载能力和环境容量，实现经济发展与环境保护的和谐统一。经济可持续性对于全球和各国的发展都具有重要意义。它不仅能够保障当前世代的生存和发展需求得到满足，还能够为未来世代留下良好的生态环境和丰富的资源基础。

三、环境库兹涅茨曲线

环境库兹涅茨曲线揭示了经济发展与环境污染之间的复杂关系。在国家经济初期阶段，污染水平相对较低。随着人均 GDP 的增长，污染程度往往随之上升，表现为经济增长初期环境恶化加剧。然而，一旦经济达到特定水平，人均收入的继续增长将导致污染水平逐渐下降，环境状况开始改善。这一概念最初由 Panayotou 在 1993 年提出，是对库兹涅茨 1955 年关于人均收入与收入不平等关系的倒"U"型曲线的借鉴，用以阐释人均收入与环境质量的关联。环境库兹涅茨曲线以人均收入为横坐标，以环境质量为纵坐标，呈现出一种倒"U"型的关系。即随着人均收入的增加，环境质量先恶化后改善。曲线上的拐点是环境质量开始改善的关键点，标志着经济发展与环境保护之间的转折点。在经济发展初期，由于工业化和城市化的推进，初期环境污染程度并不严重，但随着人均收入的提高，环境压力逐渐增大。然而，一旦经济跨越了特定的发展阈值，也就是所谓的转折点，人均收入的继续增加将伴随着环境污染程度的降低，环境状况开始逐步好转。随着收入水平的提高，人们对环境质量的需求增加，愿意为改善环境付出更多努力，如购买环境友好产品、支持环保政策等。政府加强环境规制是改善环境质量的重要手段之一。随着经济增长和公众环保意识的提高，政府会出台更严格的环境保护法规和政策。市场机制在调节资源配置和环境保护方面也发挥着重要作用。随着经济发展和资源稀缺性的增加，市场参与者会更加重视环境质量，通过价格机制等手段促进资源的节约和环境的保护。充足的减污投资是改善环境质量的重要保障。在经济发展过程中，随着资本积累的增加，用于减污的投资也会相应增加，从而改善环境质量。

经济学者通过三个主要视角来阐释环境库兹涅茨曲线：首先是经济规模和结构变化的影响，其次是环境需求与收入水平的关联，最后是政府政策和环境规制对污染趋势的作用。随着经济规模的扩大和结构的调整，资源利用效率提高，环境污染减少。随着收入的增加，人们对环境质量的需求增加，愿意支付更多的环境服务费用。随着经济的发展，政府有能力和意愿加强环境保护政策和规制，减少污染排放。环境库兹涅茨曲线对于制定环境保护政策具有重要意义，它表明在经济发展的不同阶段，需要采取不同的环境保护措施。在经济发展初期，需要加强污染控制和环境规制；在经济发展达到一定水平后，需要通过技术创新和产业结构调整来实现环境质量的改善。环境库兹涅茨曲线的理论也存在局限性。例如，它无法揭示存量污染的影响，且在长期内可能呈现"N"型曲线，即在达到特定收入水平后，收入与污染间又呈现同向变动关系。

四、帕累托最优

帕累托最优是指资源分配的一种状态，在这种状态下，无法通过重新分配资源使得至少一个人变得更好而不使其他人变得更差。换言之，达到帕累托效率意味着不存在进一步的帕累托改进空间，也就是说，在不减少任何个体利益的情况下，无法进一步提升至少一个人的福利水平。所有资源都被充分利用和分配，且所有消费者都在其偏好下达到了最高满足度。生产者生产的产品数量达到最大，即生产可能性边界上的点。市场上的商品供给与需求达到平衡，没有过剩生产或需求不足。帕累托最优应该兼顾公平性和效率，即在提高效率的同时，也要考虑资源分配的公平性。

帕累托最优通常需要满足交换最优、生产最优、产品混合最优三个条件。交换最优是指在没有进一步的交易能够使至少一个人变得更好而不使任何人变得更差的情况下，资源在不同个体之间的分配达到的最优状态。在交换最优状态下，所有个体的边际替代率（MRS）必须相等。边际替代率是指消费者愿意放弃一种商品以换取另一种商品的数量比率。交换最优意味着在给定资源和偏好的情况下，每位消费者都实现了其效用最大化，即消费者无法通过改变其消费组合来提高自己的满足度。交换最优通常在完全竞争市场中实现，其中消费者和生产者都是价格接受者，无法单方面影响市场价格。价格机制在交换最优中起到关键作用，通过价格信号协调供求关系，引导资源向更高价值的用途流动。交换最优为政策制定者提供了一个理论框架，帮助他们理解和改进市场交换的效率。

生产最优是指在没有使其他生产者产量减少的前提下，无法通过重新配置生产资源来使任何一个生产者的产量增加。这要求生产资源在不同生产者之间的分配达到一种最优状态，即资源的边际技术替代率（MRTS）相等。对于任意两个生产不同商品的制造商，他们在生产过程中使用的两种生产要素（如劳动力和资本）的边际替代率必须达到一致。这意味着，在生产者之间重新配置这些生产要素，不会使任何一个生产者的产量增加，同时也不会减少其他生产者的产量。生产者必须在其生产可能性边界上进行生产。生产可能性边界是指在给定的技术和资源条件下，生产者所能生产的最大产品组合。在生产最优状态下，生产者将充分利用其资源和技术能力，达到生产可能性边界上的点。生产最优的内涵在于资源的有效利用和产出的最大化。它要求生产者在生产过程中，不仅要考虑自身的产量和效益，还要考虑资源在整个经济系统中的配置效率。通过优化资源配置，生产者可以在不损害其他生产者利益的前提下，实现自身产量的最大化。生产最优理论在经济学和管理学中具有广泛的应用。在企业管理中，企业主需要合理配置生产资源，以提高生产的效率和产量。政府也可以通过政策干预和市场机制设计，来优化整个经济系统中的资源配置，实现生产最优状态。例如，通过税收、补贴、产业政策等手段，政府可以引导企业向高效、环保、可持续的生产方式转变。通过优化资源配置，生产者可以在不损害其他生产者利益的前提下，实现自身产量的最大化。这不仅有助于提高整个经济系统的生产效率，还有助于促进可持续发展和社会福利的提升。

产品混合最优是指经济体在生产多种产品时，产品的组合和数量必须能够最大限度地满足消费者的偏好，同时达到资源的最优配置。在这种状态下，不同商品间的边际替代率（MRS）必须与生产者在这些商品生产中边际产品转换率（MRT）保持一致，以此达到生产和交换的最优化。经济体产出产品的组合必须能够准确地反映消费者的偏好。这意味着制造商在确定生产哪些商品以及生产规模时，需要深入分析消费者的需求和偏好。任意两种商品之间的边际替代率（即消费者愿意用一单位某种商品去交换另一单位商品的数量）必须与生产者在这两种商品之间的边际产品转换率（即生产者用一单位生产要素去生产另一种产品时能得到的额外产量）相等。这是实现产品混合最优的关键条件。产品混合最优的内涵在于资源的有效配置和消费者福利的最大化。它要求生产者在生产过程中不仅要考虑自身的产量和效益，还要考虑如何通过优化产品组合来满足消费者的多样化需求。当产品混合达到最优时，消费者可以在给定的预算约束下购买到最符合自己偏好的商品组合，从而实现效用最大化。通过优化产品组合和生产计划，企业和政策制定者可以实现资源的有效配置和消费者福利的最大化。这对于促进经济发展和社会进步具有重要意义。

五、低碳经济理论

低碳经济理论起源于对全球气候变化和可持续发展问题的关注。随着工业化和城市化的迅速推进，温室气体排放量不断增加，导致全球气温上升、冰川融化、海平面上升等一系列环境问题。为应对这些挑战，各国政府、学术界和企业界开始探索低碳经济的发展模式。低碳经济理论正是在这样的背景下应运而生的。低碳经济作为一种全新的经济发展理念，正逐渐成为国际社会的共识与行动指南。它不仅是应对温室气体过度排放、减缓气候变化的有效途径，更是实现经济社会可持续发展的关键所在。自 2003 年起，英国政府在《能源白皮书》中首次阐述了"低碳经济"的理念，这一理念便引起了全球范围内的广泛关注与深入研究。

低碳经济的提出是对传统经济增长模式的深刻反思。在传统模式中，经济增长往往随着能源消耗的增加和环境污染的加剧导致资源枯竭和环境恶化，影响了经济的长期健康发展。为了打破这种不良循环，低碳经济理念应运而生，旨在寻求经济发展、社会进步与生态环境的可持续共融。

低碳经济本质上具有跨学科特性，深度整合了经济学、生态学和环境科学的原理，形成了一种综合性的理论体系。它关注生产、生态、科技和贸易等多个领域，强调在发展过程中全面考虑经济、社会和环境的多元影响。低碳经济追求通过综合优化资源配置和提升资源使用效率，实现经济高效增长的同时，有效控制碳排放，推动绿色发展。低碳经济在实践中强调能源消耗的节约性和对环境的友好度，致力于实现碳排放的大幅度减少。现代工业生产应当利用高效生产策略，降低能源使用和环境影响，推动可持续生产和环境友好型发展。在信息化快速发展的背景下，企业需要引进和应用先进的生产工艺与设备，提升能源利用率，并执行减排策略，以满足可持续发展的需求。

低碳经济理论的核心是通过实施减排措施，降低二氧化碳排放，促进经济的可持续增长和环境的长期健康的协调发展。其主要内容包括以下几个方面：首先，低碳经济强调能源结构的优化和调整。传统的化石能源如煤炭、石油和天然气在燃烧过程中会产生大量的二氧化碳，是温室气体排放的主要来源。低碳经济主张通过发展可再生能源如风能、太阳能、水能和生物质能，替代传统化石能源，从而减少碳排放。其次，低碳经济强调提高能源利用效率。通过技术创新和管理优化，提高能源利用效率，可以在不降低经济增长速度的情况下减少能源消耗和碳排放。最后，低碳经济强调技术创新。技术创新是实现低碳经济的重要途径。通过研发和推广低碳技术，如可再生能源技术、能源效率技术和碳捕集与封存技术（CCS），可以显著降低碳排放。可再生能源技术包括太阳能、风能、水能和生物质能等，这些技术可以替代传统的化石能源，减少碳排放。能源效率技术则通过提高能源利用效率，减少能源消耗，从而减少碳排放。碳捕集与封存技术则通过捕捉工业过程中的二氧化碳排放，并将其储存在地质构造中，减少大气中的二氧化碳浓度。

此外，低碳经济还强调政策和市场机制的作用。政府可以通过制定和实施一系列的政策措施，如碳税、碳交易、补贴和激励措施，推动企业和个人减少碳排放。碳交易市场是实现碳减排目标的有效手段之一，通过设定碳排放限额并允许企业之间进行碳排放权交易，促进企业主动减排。碳税则通过对碳排放征税，提高高碳排放企业的生产成本，鼓励企业采取减排措施。此外，绿色金融也是推动低碳经济发展的重要工具，推动绿色金融产品的发展，包括绿色信贷和绿色债券，引导资本向环境友好型产业投资支持低碳技术的研发和推广。

总之，低碳经济理论为实现经济发展与环境保护的协调提供了理论基础和实践指导。通过政府、企业、市场和公众的共同努力，低碳经济将在应对气候变化、推动可持续发展中发挥重要作用。

六、资本市场效率理论

资本市场效率理论认为，资本市场在资源配置中起到关键作用，通过有效的市场机制，可以实现资本的最优配置。绿色金融在资本市场中通过引导资金向绿色产业倾斜，促进了资源的高效分配，进而推动了产业结构的升级和优化。这种资金流向的调整不仅提高了资源利用效率，还有助于实现经济的绿色转型。在资本市场的效率分类中，通常将其细化为弱式效率、半强式效率和强式效率三种形态。资本市场效率理论深入探讨了在市场信息不对称的情况下，市场能否精确捕捉证券价格的真实价值及其伴随的风险。这个理论通常通过效率市场假说来阐释，并为我们提供了一个理解市场信息如何在股价中得到体现的高效框架。

弱式效率关注的是股票市场中公开信息的利用程度。在这种效率形态下，市场主要依据历史价格数据，即过去的股价和交易量来形成当前的股价。然而，这种形态忽视了其他相关信息，如公司基本面和行业趋势。

半强式效率进一步揭示了市场对公开信息的全面利用。在这个效率层次下，股票市场能够全面反映所有公开信息的内涵，包括公司财务报告和行业动态等。然而，私有信息仍然对股价产生一定影响。在半强型高效市场环境下，依靠公开信息进行分析和策略探索，通常很难轻易实现超过常规的收益，因为市场价格已经充分反映了这些公开信息。这种效率形态对于产业结构的调整具有重要意义。当市场能够全面反映公开信息时，投资者可以更加准确地评估不同产业的投资价值和风险，从而引导资金流向更具潜力的产业，推动产业结构的优化升级。

强式效率代表了市场信息的最高利用水平。在这个效率层次下，股票市场不仅反映了所有公开信息，还迅速吸纳了所有的私有信息。这些私有信息可能包括公司内部运营细节、股东和管理层的交易活动等敏感信息。在强有效市场中，由于私有信息被迅速整合到股价中，无论谁掌握这些私有信息，都无法在资本市场上获得额外的收益。这种效率形态对于维护市场公平和促进产业结构健康发展具有重要意义。当市场能够迅速吸纳私有信息时，内幕交易和操纵市场的行为将受到有效遏制，从而确保市场的公平性和透明度。同时，这也促使企业更加注重内部管理和信息披露质量，提高整个产业的运营效率和竞争力。

七、配第—克拉克理论

配第—克拉克理论的灵感来自英国古典经济学家威廉·配第的著作《政治算术》，是克拉克对这一理论进行的深入总结和实证研究。1940 年，克拉克在配第的学术基础上发表了著作《经济进步的条件》。在这本书中，克拉克对超过 40 个国家和地区在不同时间跨度内的三次产业的劳动力投入和产出数据进行了详尽的分析和归纳。配第—克拉克理论的形成过程主要覆盖了两个核心领域：收入弹性差异的影响和需求结构与供给结构的决定因素。

收入弹性差异的影响。农业是第一产业的核心，农产品的需求模式具有其独特之处。在不同的经济发展阶段中，农产品的价格与居民收入水平之间存在明显的关系。随着人们收入水平的逐步提升，他们对农产品的需求不会像对其他商品的需求那样同步上升。相反，在收入较高的情况下，人们对农产品的需求更多地取决于其边际消费倾向，即农产品的收入弹性会逐渐减少，通常低于第二产业（制造业）和第三产业（服务业）提供的工业产品和服务的收入弹性。

需求结构和供给结构的决定因素。由于第一产业、第二产业与第三产业之间存在巨大差异，导致不同行业间劳动报酬差距的拉大。随着我国经济的不断壮大和国民收入的稳步增长，我们可以预见劳动力资源和国民收入的分布将逐步从第一产业（农业）转向第二产业和第三产业。此外，投资回报差异（或技术进步差异）也扮演了重要角色。

技术进步与投资回报。产业结构与就业结构之间具有密切关系。在初级和次级产业中，技术发展速率和方法有显著不同。在第三产业中，不同行业间技术进步的方向、途径及效率差别较大。农业生产周期长，受自然环境等多重因素限制，农业生产技术的提升通常比工业进步更为困难。因此，我国农业生产技术的提高相对缓慢，而工业技术进步迅速，造成农业与工业间的产出效率差距不断拉大。

农业投资有一个固有的界限，即"报酬递减"的趋势。在工业化过程中，农业处于落后状态。而工业技术发展迅速，工业投资逐渐增长，产量提高，每单位成本降低，展现出"报酬递增"的趋势。因此，工业在取得经济增长的同时，其投资也获得较大回报。这种技术发展与投资回报的不同，为工业进步提供了更大推动力，导致更多的劳动者和资源从农业领域转向工业和服务行业。

配第—克拉克理论的验证可以通过时间序列分析和横断面数据分析得出结论。在一个国家的经济发展初期，农业劳动者在所有就业劳动力中的占比较高，而第二产业和第三产业的比例较低。随着人均国民收入的提高，农业劳动者比例下降，第二产业和第三产业的比例上升。不同国家或地区之间的就业结构也呈现明显差异，这一发展趋势在全球各地得到反映，进一步印证了配第—克拉克理论的广泛适用性和精确度。配第—克拉克理论关注的是经济发展过程中产业结构的演变，尤其是第三产业在国民经济中的比重逐渐增加。绿色金融在支持第三产业和高附加值产业发展方面发挥了重要作用，推动了产业结构的高级化和合理化。

根据配第—克拉克理论，随着经济发展，第三产业（服务业）和高技术产业在国民经济中的比重逐渐增加。绿色金融通过支持环保技术、可再生能源和绿色服务业的发展，促进了产业结构的演变。绿色金融不仅支持绿色制造业的发展，还大力推动绿色服务业的发展。绿色服务业包括环境咨询、绿色金融服务、环保技术服务等，这些服务业在经济中的比重不断增加，推动了产业结构的合理化和高级化。

八、库兹涅茨产业结构演变

库兹涅茨的产业结构论是经济学的核心理论之一，深入研究了国民收入和劳动力在各个产业中的分布模式随时间推移的规律，并探索了这种变化背后的驱动因素。美国经济学家西蒙·库兹涅茨在其著作《国民收入及其构成》中首次阐述了国民收入与产业结构紧密相连的理论。在这部经典作品中，库兹涅茨详尽地分析了两者之间的相互影响和联系。库兹涅茨产业结构演变理论提出，在经济发展的过程中，产业结构会经历从第一产业（农业）向第二产业（工业）再向第三产业（服务业）的转变。

库兹涅茨认为，在现代资本主义生产方式下，农业部门在国民经济中的重要性正在逐步降低。他指出，农业劳动生产率的变化主要受劳动投入和资本投入的影响，并且这两种因素都出现了下滑趋势。具体表现为，农业在国民总收入中的相对比例，以及农业劳动者在总劳动力中的相对比例都呈现出持续的下滑趋势。尽管农业生产效率有所提升，但其产值占比的减少并未完全抵消效率的提升。此外，农业部门的收入增长也在不断下降，其相对比重下降的幅度实际上超过了劳动力相对比重的下降，这导致农业劳动者数量的减少。

工业领域在国民经济中的角色正在逐步提升。库兹涅茨观察到，在工业化过程中，工业部门对经济增长起到了至关重要的作用。工业部门的国民收入相对占比逐渐增加，而劳动力相对占比基本维持稳定，从而表明工业部门对经济增长的贡献最大。从横截面的角度来看，这种趋势在各国都是普遍的；从纵向比较来看，发达国家和发展中国家均经历了工业发展、人口增加和劳动生产率提高相互制约的过程。尽管各国工业化程度不同，但总体上变化不显著。具体到我国，工业部门的劳动生产率和资本生产率都有显著上升，表明工业领域在国民经济中的领导地位逐渐增强，成为经济增长的关键驱动力。

服务业在国民经济中的重要性也在持续上升。在发达国家和发展中国家，服务业的就业份额均呈上升趋势。库兹涅茨发现，尽管服务业吸引了大量劳动力，其生产效率却相对较低，导致服务行业的相对国民收入通常呈现下降趋势。这表明，在经济增长过程中，服务部门的劳动供给弹性小于非服务部门的劳动供给弹性。然而，教育、科研和政府部门的劳动者在总劳动力中的占比增长最快，反映出现代社会对知识、技术和公共服务的高度重视。

库兹涅茨的产业结构论为我们理解产业结构演变提供了重要的理论框架和分析工具。通过研究不同产业间国民收入和劳动力分布结构的变化，我们可以更深入地了解经济发展的规律和趋势，为制定有效的经济政策提供科学依据。绿色金融在推动这一产业结构演变中，发挥了重要的支持作用。库兹涅茨产业结构演变理论强调，随着经济发展产业结构会逐渐从农业向工业再向服务业转型，绿色金融通过支持新兴绿色产业和高技术产业的发展，推动了这一转型过程。

第三章 我国绿色金融发展现状分析

第一节 我国绿色金融总体发展历程

生态文明建设在我国发展战略中占据着举足轻重的地位，它不仅是关乎中华民族永续发展和繁荣的重大议题，更是实现中华民族伟大复兴中国梦不可或缺的重要环节。在这一宏伟蓝图的绘制与实施过程中，发展绿色金融显得尤为关键，它不仅是促进生态文明建设的助推器，也是实现绿色高质量发展、构建美丽中国的重要环节。绿色金融因其自身存在显著的正面外部性，加上政策的有效引导，进而能够有效激发金融机构和生态产业的活力，最终实现环境效益与社会效益的和谐共生的局面。

对此，国内学者对绿色金融议题给予了极大的关注。王军华（2000）认为绿色金融通过引导资本流向，对国民经济结构进行调整，从而推动经济向生态型发展转型，因而将环境保护纳入金融活动的目标，是 21 世纪金融业发展的必然趋势，这一趋势不仅体现了金融业的社会责任，也是对可持续发展理念的积极响应和践行。马骏（2015）则从中国经济增长模式的角度出发，认为长期的粗放型增长已使环境承载能力逼近极限，环境危机日益凸显，因此建立绿色金融体系能够充分发挥其在实体经济中的资源配置功能，引导金融资源向绿色低碳领域流动，这不仅能够促进国内经济结构的绿色低碳转型，还能彰显中国为全球环境治理勇于担责的国际形象。

在绿色金融体系中，绿色信贷作为体系内关键的构成要素，在推动绿色金融产品创新上发挥着不可替代的作用，其重要性不言而喻。吴晟等（2020）深入剖析了绿色信贷的作用机制，认为建立绿色信贷信用担保授信机制和环境效益监测机制，对于激励企业进行生态创新、提升其市场竞争力具有不可估量的积极作用。鲁政委等（2020）则进一步提出，推动绿色信贷资产证券化，可以打破传统金融市场的界限，吸引更多非银行机构投资者参与绿色金融市场，为绿色发展提供更广阔、更多元的资金来源。王馨和王营（2021）认为绿色信贷不仅能促进企业绿色创新，还能通过影响投融资成本与效率、信息披露程度等多个维度，推动企业行为向绿色化转型。

学者们的理论探索为绿色金融的发展建立了坚实基础并提供了智力支持，而政策的支持与引导则为绿色金融的长远发展提供了关键动力，为绿色金融市场的繁荣创造了良好的外部环境。回顾中国绿色金融的发展历程，可以清晰地划分为如表3-1所示的四个阶段。

表 3-1 中国绿色金融发展历程

发展阶段	年份	事件
起步阶段	2005	国家环保总局发布《关于运用绿色信贷促进环保工作的通知》；"十一五"规划中提出减少污染物排放目标
	2006	"十一五"规划要求单位 GDP 能耗下降 20%
	2007	银监会发布《节能减排授信工作指导意见》；出台《节能减排综合性工作方案》
	2008	IFC 与兴业银行合作，诞生了中国市场上的第一个绿色信贷产品；兴业银行成为中国首家采纳"赤道原则"的金融机构；国家环保部门与银行监管部门签订信息共享协议；中国加入全球碳金融市场
初步发展	2009~2014	中国政府在哥本哈根气候大会上承诺，2020 年单位 GDP 的二氧化碳排放量将比 2005 年的水平降低 40%~45%；"十二五"规划提出单位 GDP 能耗下降 16% 等目标；颁布新《环境保护法》；银监会发布《绿色信贷指引》
规模化发展	2015~2019	中共中央政治局审议通过《生态文明体制改革总体方案》；"十三五"规划中"绿色发展"首次被作为国策提出；中国人民银行等七部委联合发布《关于构建绿色金融体系的指导意见》；中国正式开启绿色债券市场
"双碳"聚焦	2020 年至今	提出"双碳"目标，成立国家绿色发展基金；发布《2030 年前"碳达峰"行动方案》；绿色信贷余额达到 13.92 万亿元；参与《G20 可持续金融路线图》和《G20 可持续金融综合报告》撰写

资料来源：作者收集整理所得。

一、起步阶段（1995~2008 年）

在环境保护和节能减排的全球趋势中，中国政府展现出了超前的战略视角和坚定不移的决心。国家环保总局于 1995 年发布的具有开创性的文件《关于运用绿色信贷促进环保工作的通知》，标志着金融领域与环境保护工作的初次携手，为绿色金融的发展建立了基础。同年，中国人民银行也紧跟步伐，出台了《关于贯彻信贷政策与加强环境保护工作有关问题的通知》，更深入加强了金融政策在环境保护方面的导向作用，彰显了政府对绿色金融发展的高度重视。

随着"十五"规划（2000~2005 年）的实施，环境保护被正式纳入国家发展规划之中，成为国家发展战略的重要组成部分。规划提出了到 2005 年主要污染物排放总量比 2000 年减少 10% 的宏伟目标，这一目标的设定不仅体现了国家对环境问题的深刻认识和高度重视，更为后续的环保工作建立了坚实的基础，推动了环境保护事业的持续发展。

进入"十一五"规划（2006~2010 年），节能减排和环境保护的地位得到了前所未有的提升。规划中提出了更为严格、更具挑战性的目标——单位 GDP 能耗下降 20%、主要污染物排放总量减少 10%。2007 年公布的《节能减排综合性工作方案》更加快了实现这些目标的进程。该方案不仅提出了控制高耗能、高污染行业过快增长的具体措施，还加速了落后产能的淘汰进程，并实施了十大重点节能工程，为中国的绿色发展注入了新的活力，推动了经济结构的优化和升级。

同年，银监会出台了《节能减排授信工作指导意见》，明确要求银行制定针对高耗能、高污染行业的授信政策和操作细则，同时加大对节能减排行业和项目的支持力度。此项政策的出台标志着中国绿色金融政策在积极地尝试和探索后迈出了关键性的一步，给银行业金融机构提供了更加明确的指导和规范，促进了绿色金融在银行业的深入发展。

然而，节能减排项目在当时还是银行尚未开发的新领域，因此银行在绿色项目中的信贷投入也缺乏足够的热情。为了打开这一局面，国际金融公司（IFC）在全球环境基金、芬兰政府、挪威政府和中国财政部的共同支持下，特别为中国设计了节能减排融资项目（CHUEE），并开创了损失分担商业模式。此次项目与特定的国内商业银行共同开展，旨在能够为节能减排领域的相关贷款中提供本金损失分担的保障机制，并全面向项目参与各方提供必要的技术援助和专业支持。这一项目的实施不仅为节能减排相关贷款提供了重要的风险保障，还极大地激发了银行业对绿色项目信贷投入的积极性，推动了绿色信贷市场的快速发展。

2006 年，IFC 与兴业银行合作推出了中国市场上的首个绿色信贷产品——能效融资产品。这一产品的推出不仅填补了市场空白，为绿色金融产品的发展提供了重要的范例和参考，还标志着中国绿色金融实践迈出了坚实的一步。随后，IFC又与浦发银行和北京银行建立合作关系，共同支持气候变化应对领域的多个项目，涵盖了能效项目和新能源可再生能源项目等。这些合作项目的成功实施，进一步丰富了中国绿色金融的产品体系和市场内涵。

2008年，兴业银行在IFC的支持下，郑重承诺采纳国际绿色金融领域的黄金标准——赤道原则，从而成为中国首家采纳此项标准的金融机构。兴业银行遵循赤道原则倡导的方法论、框架结构及工具，逐步构建并不断优化环境与社会风险管理体系，这不仅标志着中国绿色金融的进一步实践和深化发展，还为中国银行业的绿色转型提供了宝贵的经验和借鉴。

通过这一系列的政策引导和实践探索，中国绿色金融从无到有、从小到大，逐步发展成为推动经济绿色转型、实现可持续发展的重要力量。

二、初步发展阶段（2009～2014年）

在全球对气候变化日益重视的背景下，2009年11月，在联合国哥本哈根气候大会召开前夕，中国政府首次正式对外宣布了温室气体排放控制的国家战略目标：即到2020年将单位国内生产总值（GDP）的二氧化碳排放量，相较于2005年的水平降低40%～45%。这一承诺标志着中国在全球气候行动中的积极参与和坚定决心。

进入2010年，"十二五"规划期间，中国进一步明确了节能减排的具体目标，即单位GDP能耗下降16%，主要污染物排放减少8%～10%。为了实现这些目标，中国政府相继出台了《"十二五"节能减排综合性工作方案》和《节能减排"十二五"规划》，为节能减排工作提供了明确的路线图和操作指南。2012年，党的十八大将生态文明建设纳入中国特色社会主义的总体布局，提出了"五位一体"的发展理念，其中包括经济建设、政治建设、文化建设、社会建设和生态文明建设。这一方针的确立为生态文明建设提供了政策上的支持和方向上的指引，明确提出了推进生态文明建设，努力实现美丽中国的目标。

2014年4月，新修订的《环境保护法》正式颁布实施，这部被誉为史上最严格环保法的新规，不仅加快了中国环境立法修法的进程，也体现了中国政府加强环境保护、推动绿色发展的决心。随着这些绿色政策的颁布和实施，中国的环境保护和绿色发展战略不断得到加强和深化。

在这样的背景下，中国的绿色信贷政策体系应运而生。2012年，银监会印发了《绿色信贷指引》，这份具有里程碑意义的文件标志着中国首个关于绿色金融的正式文件诞生。它不仅明确了绿色信贷的概念和范围，还为银行业金融机构在开展绿色信贷业务时提供了明确的方向和规范，成为构建和完善我国绿色信贷体系的纲领性文件。2013 年，银监会进一步下发了《关于绿色信贷工作的意见》，要求各银监局和银行业金融机构将绿色信贷理念融入到银行的日常经营活动和监管工作中，确保绿色信贷指引得到有效执行。同年，银监会还制定了《绿色信贷统计制度》，要求银行对涉及的环境风险企业贷款、节能环保项目及服务贷款进行详细统计，为绿色信贷的监管和评估提供了数据支持。2014 年，银监会进一步印发了《绿色信贷实施情况关键评价指标》，进一步深化绿色信贷实践并提升其影响力，并为绿色银行评级建立了坚实的基础和量化标准。这一系列政策的颁布和实施，形成了将《绿色信贷指引》作为引领核心，以绿色信贷统计制度和考核评价机制为两大支柱的绿色信贷政策体系，三者相辅相成，有效地规范我国银行业金融机构在绿色信贷领域的操作行为，还极大地促进了绿色信贷业务的蓬勃发展。

在监管政策的积极推动下，绿色金融市场迎来了越来越多的银行加入。继兴业银行、浦发银行和北京银行等早期参与者外，国家开发银行、中国工商银行等大型银行也积极投身于绿色金融的行列。2013 年，中国 21 家主要银行联合发布了《银行业绿色信贷共同承诺》，这一举措彰显了银行业对绿色信贷事业的坚定信念与协作的决心。随着参与者的逐渐增多，绿色金融产品的种类开始逐渐丰富，其涵盖范围也显著拓宽。从最初传统的能效项目、新能源和可再生能源项目，到污水处理、水域治理、二氧化硫减排、固体废弃物的处理和利用等环保与节能领域，绿色金融逐渐延伸到了环保和节能的各个角落。此外，银行业还不断创新，推出了一系列创新性的绿色金融产品，以满足市场中多元化的需求。在国际碳交易领域，碳金融产品如碳资产质押贷款、碳交易中介服务及清洁发展机制（CDM）项目融资等应运而生。而在国内，针对排污权交易市场的排污权抵押贷款等创新产品也相继问世，进一步丰富了绿色金融市场的产品线，为绿色项目提供了更加多样化的金融支持。

三、规模化发展阶段（2015~2019 年）

2015 年 4 月，中国绿色金融委员会正式成立，作为国家级的权威协调机构，它肩负起推动绿色金融发展的重要使命。它的核心工作不仅涵盖了编写关于绿色金融的优秀案例，开发环境影响评估系统，还包括探究建立绿色债券市场的可行性和实施路径，探索支持绿色投资的法律框架和机构建设，以及创新绿色产业融资模式。同时，它还大力推广绿色金融的理念和实践，致力于提升全社会对绿色金融的认知度和接受度。同年 9 月，中共中央政治局会议审议通过了《生态文明体制改革总体方案》，此项文件为绿色发展提供了坚实的政策基础和明确的改革方向。10 月，党的十八届五中全会正式将"绿色发展"加入到国家发展的核心理念，与"创新发展、协调发展、开放发展、共享发展"一同构成了指引中国"十三五"乃至更长远时期的科学发展理念体系。

2016 年 8 月，中国人民银行等七部委联合印发了《关于构建绿色金融体系的指导意见》，其明确了绿色金融的定义，并提出了包括大力发展绿色信贷、推动证券市场支持绿色投资、设立绿色发展基金等在内的八大具体举措。这一文件的颁布标志着中国绿色金融顶层框架体系的正式建立，中国也成为全球首个建立较为完整的绿色金融政策体系的国家。这一进展表明，中国在绿色金融领域已经迈出了坚实的步伐，开启了绿色金融体系建设的新篇章。

2018 年，银监会发布了《能效信贷指引》，进一步鼓励和指引金融机构发展绿色信贷业务。同时，中国人民银行也发布了《绿色金融债券公告》与《绿色债券支持项目目录》。随后，国家发展改革委、证券交易所、证监会和银行间市场交易商协会等监管机构也陆续发布了关于绿色债券发行的指引和指导意见，以推动绿色金融债、绿色公司债、绿色企业债、绿色债务融资工具等主要债券品种的创新发展。这些举措不仅丰富了中国绿色债券市场的产品体系，也提升了市场的活跃度和吸引力，使中国成为全球最大的绿色债券市场。

2019 年，中国进一步扩大了绿色金融改革创新试验区的范围，新增了江苏、浙江、广东、贵州和新疆等地区作为新的试验区。这些试验区将积极探索更多的绿色金融创新模式，为绿色金融的发展注入新的活力和创新动力。

四、"双碳"聚焦阶段（2020 年至今）

2020 年，中国迎来了绿色金融领域的重要里程碑。这一年，国家绿色发展基金的正式设立，标志着中国对绿色经济支持的重大承诺。此项发展基金总规模高达 880 亿元，精准聚焦于生态保护修复、污染防治攻坚战以及气候变化适应性增强等核心议题，旨在成为驱动绿色经济转型升级的强大引擎，引领中国经济迈向更加绿色、可持续的未来。同年，《绿色债券支持项目目录（2020 年版）》的发布进一步规范了绿色债券市场的发展。这一个由中国人民银行、国家发展改革委及财政部联合推出的目录详尽界定了包括清洁能源、节能环保、绿色交通在内的多类绿色债券支持项目范围，为市场提供了明确、可操作的融资指南，极大地促进了绿色资金的有效配置与流动,为绿色项目的蓬勃发展注入了强劲动力。2021 年,中国正式提出了 2030 年前实现"碳达峰"和 2060 年前实现"碳中和"的"双碳"目标。在此背景下,绿色金融被赋予了更加重大的历史使命,成为实现这一目标不可或缺的关键工具。它激励着国内金融机构与企业积极响应,大幅增加了对绿色低碳项目的投资与融资支持。自 2022 年起,中国绿色金融的发展步入了标准化、规范化的快车道。国家不断完善绿色金融标准体系,覆盖从绿色金融产品与服务的标准化设计到绿色项目评估认证的全过程,旨在构建一个更加透明、高效、可信的绿色金融市场环境,确保每一笔绿色投资都能精准对接实际需求,最大限度地发挥其生态效益与经济效益。

在国际舞台上,中国的绿色金融影响力日益凸显。通过参与如 G20 绿色金融研究小组等多边机制,中国正积极推动全球绿色金融国际规则的制定与完善,彰显了其在全球绿色金融领域中的领导力和影响力。通过这些合作,中国不仅推动了自身的绿色金融发展,也助力推进了全球绿色金融国际规则的制定与完善。

党的十八大以来我国绿色金融相关政策的颁布历程如表 3-2 所示。

表 3-2 绿色金融相关政策的颁布历程

年份	政策名称	意义
2012	《绿色信贷指引》	标志着中国绿色信贷政策体系的初步建立和发展
2013	《绿色信贷统计制度》	该制度要求银行统计关于环境风险企业贷款、节能环保项目贷款等
2014	《绿色信贷实施情况关键评价指标》	该指标成为绿色银行评级的依据和基础
2015	《能效信贷指引》	旨在落实国家节能低碳发展战略,进一步明确我国绿色信贷支持和限制的业务
2015	《生态文明体制改革总体方案》	首次提出建立绿色金融体系的总目标
2016	《关于构建绿色金融体系的指导意见》	明确了构建绿色金融体系的重点任务和具体措施,为绿色金融规范发展提供政策保障
2018	《关于开展银行业存款类金融机构绿色信贷业绩评价的通知》	优化绿色金融支持高质量发展和绿色转型的能力,进一步规范了对绿色信贷业绩评估的管理,驱动银行业存款类金融机构提升绿色信贷绩效
2021	《关于加快建立健全绿色低碳循环发展经济体系的指导意见》	指出大力发展绿色金融,完善绿色标准、绿色认证体系和统计监测制度,培育绿色交易市场机制
2021	《关于建立健全生态产品价值实现机制的意见》	旨在通过构建覆盖企业、社会组织和个人的生态积分体系,依据生态环境保护贡献赋予相应积分,并根据积分情况提供生态产品优惠服务和金融服务

续表

年份	政策名称	意义
2021	《银行业金融机构绿色金融评价方案》	旨在鼓励银行业金融机构积极拓展绿色金融业务，加强对高质量发展和绿色低碳发展的金融支持
2021	《关于完整准确全面贯彻新发展理念做好"碳达峰、碳中和"工作的意见》	要求深入发展绿色金融，建立更加完善的绿色金融标准体系
2024	《关于进一步强化金融支持绿色低碳发展的指导意见》	通过优化绿色金融标准体系支持绿色低碳发展

资料来源：作者整理所得。

第二节 我国绿色金融产品的发展概况

一、我国绿色信贷的发展概况

（一）我国商业银行绿色信贷发展背景

我国商业银行作为发展绿色信贷业务的重要角色，不仅是绿色金融体系的基石，更是促进经济转型升级、实现可持续发展的重要驱动力。这些商业银行致力于通过制定和执行绿色信贷政策，为符合环保标准、节能高效以及清洁能源领域的绿色项目与企业提供专项金融支持，有效引导社会资本向绿色领域倾斜，加速了我国经济结构的绿色化进程。而我国商业银行能够发挥如此重要的作用，主要得益于政策的引导与推动，以及商业银行自身的积极响应与创新实践。

绿色信贷的兴起，深刻体现了我国商业银行积极响应国际绿色金融趋势的决心。特别是赤道原则这一全球公认的绿色金融标准的引入，为我国绿色信贷实践树立了标杆。自2008年兴业银行率先采纳赤道原则，成为国内首个"赤道银行"以来，各商业银行纷纷加入这一行列，有的直接采纳赤道原则，有的则在此基础上结合我国国情，自主构建绿色信贷体系。通过制定更为细化、更具针对性的绿色信贷政策，商业银行不断创新绿色金融产品与服务，确保信贷资源精准投放至绿色、低碳领域，为推动我国经济的可持续发展注入了新的活力。

此外，政策层面的持续引导与强化也为商业银行的绿色信贷实践提供了坚实保障。随着《中国银行业绿色信贷共同承诺》的签署，包括国家开发银行、中国进出口银行在内的多家大型国有商业银行及股份制银行，共同承诺提升环境和社会责任意识。它们通过优化信贷结构、完善风险管理、加强信息披露等措施，促进银行业绿色信贷业务的规范化、专业化发展。这一举措不仅增强了银行业对绿色项目的支持力度，还推动了差异化监管政策的完善，确保了绿色金融在防范化解金融风险的同时，有力支持了产业结构的调整和过剩产能的化解。

在此过程中，建立健全绿色信贷管理和信息披露机制成为关键环节。我国商业银行通过提升信贷审批的环保标准、强化贷后环境绩效跟踪以及定期发布绿色信贷报告等方式，不断提升绿色信贷业务的透明度与可持续性。这些举措为投资者和社会公众提供了更加清晰、可靠的绿色投资信息，进一步促进了绿色金融市场的健康发展。

除了商业银行的自身努力，我国金融监管部门也积极响应全球可持续发展号召，发展绿色信贷，并相继出台了一系列旨在强化银行业社会责任与环境责任的法律法规与指导文件。2009 年发布的《中国银行业金融机构社会责任指引》标志着我国银行业在履行社会责任方面迈出了坚实的一步。该指引为银行业机构明确了社会责任的基本原则、主要内容及实施路径，促进了银行业机构在追求经济效益的同时，兼顾社会、环境等多方面的利益平衡。

随后，2012 年发布的《中国银行业社会责任工作评价体系》进一步细化了银行业社会责任的评价标准与方法，为银行业机构社会责任实践的量化评估提供了科学依据。随着全球对环境保护意识的日益增强，我国银行业在环境责任方面的探索逐步深入。2018 年，中国人民银行确定了第一批研制的绿色金融标准及实施方案，即由中国工商银行牵头，兴业银行、广州碳排放权交易所共同编制的《金融机构环境信息披露标准》。这一标准的出台，为金融机构环境信息的透明化、标准化披露建立了坚实基础，有效推动了绿色金融市场的健康发展。在此框架下，一大批环境信息披露试点的金融机构陆续发布《2020 年环境信息披露报告》，这不仅展示了自身在绿色金融领域的实践成果，也增强了市场对绿色金融产品的信任度与投资意愿。

进入 2021 年，中国人民银行发布了《金融机构环境信息披露指南（试行）》与《金融机构碳核算技术指南（试行）》两项重要文件。这两份指南不仅要求金融机构全面披露绿色金融的发展现状与未来规划，深入分析环境风险与机遇，还明确要求金融机构对其经营行为和投融资活动的环境影响进行量化评估，并清晰界定自身碳排放量及碳减排成效。这为金融机构精准实施绿色战略、优化资源配置提供了强有力的指导，也进一步推动了商业银行从传统的营利模式向绿色、可持续的发展模式转变。

这一系列举措的实施，不仅极大地缓解了绿色投融资领域的信息不对称问题，促进了资本向绿色、低碳项目的高效流动，还深刻推动了商业银行从传统的营利模式向绿色、可持续的发展模式转变，真正实现了经济效益、社会效益与环境效益的和谐共生。

（二）我国商业银行绿色信贷的规模和占比

从30家主要商业银行发放绿色信贷的情况来看，国有性质银行在发放绿色信贷的规模上展现出相对优势，这主要得益于其庞大的资金实力、广泛的业务覆盖以及长期积累的客户基础。而兴业银行作为股份制商业银行中的佼佼者，在绿色信贷发放占比上则表现出了绝对的优势。这得益于兴业银行较早地接受了赤道原则，将环境保护和社会责任纳入其经营策略，从而在绿色信贷领域取得了显著的先发优势。鉴于绿色信贷标准的统一为行业分析提供了便利，表3-3选取兴业银行、中国工商银行、中国建设银行及中国农业银行四家具有代表性的商业银行，以其2012~2022年的绿色信贷相关数据为样本，深入分析我国商业银行绿色信贷的规模和占比情况。

表3-3 四家银行绿色信贷余额和占比

年份	兴业银行		中国工商银行		中国建设银行		中国农业银行	
	余额（亿元）	占比（%）	余额（亿元）	占比（%）	余额（亿元）	占比（%）	余额（亿元）	占比（%）
2012	1126.09	9.16	5934.00	6.74	5934.00	7.90	1522.00	2.37
2013	1780.97	13.12	5980.00	6.03	4883.90	5.69	3304.21	4.57
2014	2960.00	18.58	8117.47	7.36	4870.77	5.14	4724.47	5.83
2015	3942.00	22.15	9146.03	7.66	7335.63	7.00	5431.31	6.10
2016	4943.60	23.77	9785.60	7.49	8892.21	7.56	6494.32	6.68
2017	6806.00	28.00	10991.99	7.72	10025.21	7.77	7476.25	6.97
2018	8449.00	28.80	12377.58	8.03	10422.60	7.58	10504.00	8.82
2019	10109.00	29.37	13508.38	8.06	11730.95	7.83	11910.00	8.94
2020	11557.60	29.14	18457.19	9.91	13400.00	8.00	15149.00	10.01
2021	16424.51	37.09	24806.21	10.69	19600.00	9.56	19800.00	11.53
2022	16297.60	32.71	39784.58	19.25	27500.00	15.13	26975.00	13.65

资料来源：作者整理计算所得。

从表3-3中可以看出，四家银行的绿色信贷占比均呈现出持续上升的趋势，并且在 2020 年之后，这一上升趋势有了显著的突破。这一积极变化不仅体现了银行业对可持续发展和环境保护承诺的日益深化，也预示着整个金融体系正在加速向绿色低碳经济转型。兴业银行作为最早践行赤道原则的股份制商业银行，无论是从绿色信贷的余额上看还是从规模占比上来看，其增速都是最快的，展现了其在绿色信贷领域的强大竞争力和创新能力。

而作为国有商业银行的中国工商银行、中国建设银行和中国农业银行，凭借其庞大的资金实力、广泛的网点覆盖以及深厚的客户基础，在绿色信贷领域也展现出了稳健而有力的增长态势。尽管在初期，由于其庞大的业务体量，这三家银行在绿色信贷占比的提升速度上相对较为平稳，但自 2020 年以来，随着国家"双碳"目标的明确提出以及绿色金融政策的密集出台，它们积极响应国家号召，显著加大了对绿色信贷的投入力度，增速也随之大幅提升。

这四家银行在绿色信贷领域的快速发展，不仅是对国家绿色发展战略的积极响应和践行，也体现了银行业自身转型升级、实现高质量发展的内在要求。通过加大绿色信贷的投入，它们不仅推动了经济的绿色低碳转型，也为自身的可持续发展建立了坚实的基础。

二、我国绿色债券的发展概况

（一）我国绿色债券发展背景

我国绿色债券的发展进程相较于绿色信贷而言起步较晚，但近年来取得了显著进展。2015 年，国家发展改革委发布的《绿色债券发行指引》不仅详细界定了绿色债券所支持项目的广泛范畴，还为绿色债券市场的规范化与标准化发展建立了坚实基础。根据该指引，绿色债券被精准定义为一种专注于为节能环保、清洁能源、清洁交通等前沿绿色产业项目筹集资金的债务融资工具，其独特之处在于资金用途的专一性和环保效益的显著性。为确保绿色债券资金的有效利用与透明监管，一系列严谨的管理机制应运而生，包括设立专项资金管理与账户体系、实施严格的项目筛选与评估流程，以及定期、全面的信息披露制度等。这些措施共同构建了一道坚实的防线，保障每一分绿色债券资金都能精准注入预定的绿色项目之中，实现了绿色资金的高效配置和有效监管。

此外，《绿色债券发行指引》还明确列出了当前阶段国家重点扶持的十二大类绿色项目，涵盖了节能减排技术改造、能源清洁高效利用、循环经济深度发展、新能源创新开发等多个关键领域，为市场参与者提供了清晰的投资指引，进一步激发了市场活力，推动了绿色债券市场的快速发展。

随着绿色金融体系的不断深化与完善，2016 年，中国人民银行等七部委联合发布了《关于构建绿色金融体系的指导意见》，这份文件进一步巩固了我国绿色债券市场的法律与政策框架，实现了绿色债券界定标准的全国统一，为绿色债券市场的规范化和标准化发展提供了有力保障。2021 年，中国人民银行、国家发展改革委与证监会共同发布了《绿色债券支持项目目录》，标志着我国绿色债券市场迈入了新的发展阶段。这一目录不仅是对《绿色产业指导目录（2019 年版）》的科学继承与拓展，更是对绿色债券市场的一次全面升级。它不仅扩大了绿色项目的支持范围，还实现了国内各类绿色债券评估标准之间及与其他绿色金融标准的无缝对接，提高了市场的一致性和可操作性。同时，该目录也保持了与国际绿色项目评判标准的协同性，为我国绿色债券在全球市场上的竞争力提供了有力支撑，进一步推动了我国绿色债券市场的国际化进程。

通过这一系列举措，绿色债券在推动我国经济结构调整、发展方式转变、生态文明建设以及促进经济可持续发展等方面发挥着日益重要的作用。它不仅为企业提供了低成本的融资渠道，还引导社会资本向绿色产业流动，推动了绿色技术的创新与应用。未来，绿色债券将继续为实现"碳达峰、碳中和"目标贡献不可或缺的力量，成为推动我国经济社会绿色转型的重要工具。

（二）我国绿色债券的发展规模和种类

我国绿色债券市场的多元化与蓬勃发展，体现在其丰富多样的债券种类上，这些绿色债券工具不仅是金融创新的产物，更是推动绿色经济发展和环境保护的重要金融工具（见表3-4）。自 2015 年开始，我国绿色债券市场便展现出了强劲的增长势头和广阔的发展前景。特别是在 2017～2018 年，我国绿色债券的发行量跃居全球第二，仅次于美国，占据全球市场约20%的份额，这一成就充分彰显了我国在绿色金融领域的国际影响力和市场潜力。

表3-4　我国绿色债券的种类及其作用

种类	作用
绿色金融债券	作为金融机构深耕绿色领域的重要工具，其核心价值在于为绿色项目提供坚实的资金后盾，无论是直接融资还是再融资，都确保了绿色项目的稳定推进与长远可持续发展。这一债券品种不仅丰富了金融市场的产品结构，更为绿色金融的发展注入了强劲动力
绿色公司债券	是由非金融企业发行，旨在为其特定的绿色项目或绿色经济活动筹集所需资金。这种债券的发行，不仅为企业开辟了新的融资渠道，也促进了绿色项目的快速落地和有效实施

续表

种类	作用
绿色企业债券	与绿色公司债券类似，同样由非金融企业发行，但其更加注重对绿色产业发展的整体支持，通过募集资金推动绿色产业的技术创新、产业升级和市场拓展
绿色债务融资工具	为企业提供了一种更为灵活多样的融资方式，专门用于绿色项目的投资和运营。这种工具的出现进一步丰富了企业的融资手段，降低了融资成本，提高了融资效率
绿色资产支持证券	通过资产证券化的方式，将绿色项目的未来收益权转化为可交易的证券产品，从而为绿色项目提供更加稳定、长期和可持续的资金支持。这种证券产品的发行不仅有助于盘活绿色项目的存量资产，也促进了资本市场的资金向绿色领域的有效配置

资料来源：作者整理所得。

有统计显示，2023 年全年共发行绿色债券近 802 只，发行规模达到 11180.5 亿元，这一规模已经连续两年超过万亿元大关。虽然与 2022 年相比，发行数量和规模略有下降（发行数量减少 8.38%，发行规模减小 3.20%），但整体仍保持在较高水平。同时，绿色金融债发行规模占比最高，达到 35.67%，显示出了绿色金融债在绿色债券市场中的重要地位。此外，从更长期的数据来看，截至 2023 年末，我国绿色债券市场的累计存量规模达到了较高的水平。具体来说，市场累计存量规模为 22157.53 亿元，这一数字反映了绿色债券在我国金融市场中的重要性和日益增长的规模。

三、其他绿色金融产品发展概况

（一）我国绿色保险发展概况

绿色保险的概念可追溯至 2007 年，由国家环保总局与保监会共同颁布的《关于环境污染责任保险工作的指导意见》。这一文件的颁布标志着我国正式拉开了环境污染责任保险制度探索与实践的序幕。该文件将有关环境危害显著、污染事故频发且损失易于量化的行业、企业及地区，作为首批试点对象，率先启动环境污染责任保险机制，旨在通过市场机制激励企业加强环境风险管理，促进环境友好型社会的建设。2013 年，两部门再次携手发布了《关于开展环境污染强制责任保险试点工作的指导意见》。这一具有深化改革性的文件不仅明确了试点企业的具体范围，更将环境污染责任保险推向了更为强制性的实施阶段，标志着我国环境污染责任保险制度向更加成熟、完善的方向迈进。2015 年，生态文明建设被提升至前所未有的战略高度。国务院密集出台了《关于加快推进生态文明建设的意见》《水污染防治行动计划》及《生态文明体制改革总体方案》等一系列重磅文件，其中均强调了深化环境污染责任保险试点的重要性。特别是针对涉重金属石油化工、危险化学品运输等高风险行业，提出了更为严格的投保要求，并探索在环境高风险领域建立环境污染强制责任保险制度，以更加有力的措施保障生态环境安全。随后，2016年中国人民银行等七部委联合发布的《关于构建绿色金融体系的指导意见》，更是将绿色保险作为绿色金融体系的重要组成部分，鼓励和支持保险机构不断创新绿色保险产品和服务，为环境保护和可持续发展提供坚实的金融支撑。2018年，生态环境部审议并原则通过了《环境污染强制责任保险管理办法》，该办法的出台标志着我国环境污染强制责任保险制度进入了规范化、法制化的新阶段。该管理办法进一步完善了环境污染损害赔偿机制，为环境高风险领域的企业提供了更加明确、可操作的法律指引。

进入新时代，绿色发展的理念更加深入人心。2019年国家发展改革委与科技部联合发布的《关于构建市场导向的绿色技术创新体系的指导意见》，加大了保险公司积极开发支持绿色技术创新和绿色产品应用的保险产品的投入，为绿色技术的研发与应用提供了强有力的金融支持。2021年，国务院发布的《关于加快建立健全绿色低碳循环发展经济体系的指导意见》，再次强调了绿色保险的重要性，并提出要发挥保险费率调节机制的作用，通过经济手段引导企业加强环境管理，推动经济社会的绿色低碳转型。2022年，银保监会发布的《保险业标准化"十四五"规划》更是将绿色保险标准的构建列为重要议程，明确提出要加快完善绿色保险相关标准，并鼓励保险业在绿色保险领域探索，积极开发更多创新性的产品与服务，以推动绿色保险的长远发展。

（二）我国绿色投资发展概况

虽然我国绿色投资领域尚处于萌芽成长阶段，但已经展现出蓬勃的发展潜力和广阔的市场前景。为有效引导和支持企业绿色发展，早在2016年，中国政府便高瞻远瞩地发布了《关于构建绿色金融体系的指导意见》。这一里程碑式的文件为绿色金融体系的建立提供了宏观指导和政策框架，特别强调了证券市场在促进绿色投资中的积极作用，鼓励资本市场为绿色项目提供融资支持，加速绿色技术的研发与应用。这一政策的出台标志着我国绿色金融发展进入了一个新的阶段，为绿色投资的兴起建立了坚实的基础。

随后，为进一步细化绿色投资的操作规范，完善绿色金融体系，2018年中国证券投资基金业协会紧跟时代步伐，发布了《绿色投资指引（试行）》。该指引不仅明确了绿色投资的基本原则、范围界定和评价标准，还构建了系统化的绿色投资体系，旨在通过制度化的手段规范绿色投资行为，提升绿色投资的质量和效率。这一举措的实施不仅为投资机构提供了清晰的绿色投资指南，也为市场参与者树立了绿色投资的风向标，促进了绿色投资理念的深入人心，推动了绿色投资市场的快速发展。

近年来，我国绿色投资规模持续扩大，已经成为经济复苏和可持续发展的重要助推器。2022 年，我国绿色投资规模已达 2.6 万亿元，并预计未来 5 年累计增加 16.3 万亿元。这一增长趋势表明，绿色经济已经成为我国经济发展的重要方向之一。同时，国际分析咨询机构气候政策倡议委员会（CPI）发布的报告也预计，未来 10 年中国绿色投资需求将达到当前水平的 4 倍以上，需要以前所未有的规模调动气候和绿色金融资源。

根据国际能源署发布的《年度世界能源投资报告》，2024 年全球清洁能源投资中，中国继续稳居榜首，预计将达到 6750 亿美元。这一数字不仅彰显了中国在全球绿色投资领域的领先地位，也反映了我国绿色投资规模的持续扩大和影响力的不断扩大。我国绿色投资领域的多元化特点也是其快速发展的主要原因之一。目前，我国绿色投资主要集中在太阳能、锂电池、电动汽车、电网等清洁能源和低碳技术领域。这些领域的投资不仅有助于推动能源结构的优化和升级，促进经济社会的可持续发展，而且随着技术的进步和成本的降低，投资回报率也在不断提高，吸引了更多的资本进入，形成了良性循环。

（三）我国碳交易市场发展概况

碳交易全称为碳排放权交易，是一种创新的市场化的环境政策工具，其核心目标在于运用经济手段减少温室气体排放，特别是二氧化碳。碳交易的核心思想是为碳排放设定价格，使减排具有经济价值，从而激励企业和国家采取行动减少碳排放。政府设定一个总体的碳排放限额，即在一定时期内允许排放的二氧化碳总量。再将排放配额（碳排放权）分配给各个企业或国家，这些配额可以在市场上买卖。企业根据自身排放情况，在碳交易市场上购买或出售排放配额。如果企业实际排放量低于其配额，可以将剩余配额出售；如果排放量超出配额，则需要购买额外的配额。碳交易市场的供需关系决定配额的价格。随着配额的稀缺性增加，价格可能上升，从而提高减排的经济激励。并且，企业需要在规定时间内提交与其实际排放量相等的配额，否则将由政府负责监管碳交易市场运行的机构对未能遵守排放配额规定的企业实施惩罚。

党的十八大以来，党中央大力推进生态文明建设，使我国生态文明建设取得了历史意义的成就。此期间内生态环境质量得到了持续改善，同时碳排放强度也显著降低。为应对气候变化、促进经济可持续发展、提升资源利用效率、推动低碳转型，我国开始推进碳排放权交易市场的建设。同时，我国也开始进行碳排放权交易试点，逐步在北京、天津、上海、重庆、广东、湖北、深圳七个省市建立碳排放权交易市场。2021 年 7 月 16 日，全国碳排放权交易市场在上海环境能源交易所正式启动，标志着我国碳排放权交易市场的建设进入了一个新的阶段。

中国的碳排放权交易市场起步较晚，但近年来发展迅速，已经成为全球最大的碳市场之一，并且我国根据总量控制配额交易和项目减排量交易两种类型，形成了两类碳排放交易产品。作为最基本交易类型的碳排放配额交易，这项交易是企业之间根据各自的排放配额进行买卖的。而排放配额则是由省级或市级政府根据国家下达的碳排放总量控制目标向重点排放单位分配的。除了强制性的碳排放配额交易外，中国还鼓励通过自愿减排项目来增加碳汇。国家核证自愿减排量（CCER）交易是指通过非强制性的温室气体减排项目产生的减排量，这些减排量经过国家认证后，同样也可以在碳市场上交易。这大大鼓励了社会各界通过实施非强制性的温室气体减排项目来增加碳汇，进一步拓宽了碳市场的边界，增强了市场的灵活性和参与度。这种"双轨并行"的交易模式，不仅为强制减排企业提供了更多的合规路径，也激发了社会各界参与碳减排的积极性，共同推动了中国乃至全球向低碳、绿色、可持续的未来迈进。

第三节　绿色金融发展水平测度方法构建

一、熵权法介绍

本部分采用熵权法测度我国绿色金融发展水平，熵权法是先根据各指标值的相对变化幅度计算出对应的信息熵，进而求出各指标权重的方法。具体操作步骤如下：

第一步：构建初始矩阵。由 m 个样本 n 个指标所构成的矩阵可表示为：

$$X = \begin{bmatrix} X_{11} & \cdots & X_{1n} \\ \vdots & \ddots & \vdots \\ X_{m1} & \cdots & X_{mn} \end{bmatrix} \tag{3-1}$$

第二步：数据标准化。由于各指标的数量级和量纲不一致，因此需要对指标数值进行无量纲化处理，处理公式如下：

正向指标（越大越好）：$Y_{ij} = \dfrac{X_{ij} - \text{Min}(X_j)}{\text{Max}(X_j) - \text{Min}(X_j)}$ 　　　　　　　(3-2)

逆向指标（越小越好）：$Y_{ij} = \dfrac{\text{Max}(X_j) - X_{ij}}{\text{Max}(X_j) - \text{Min}(X_j)}$ 　　　　　(3-3)

其中，X_{ij} 为第 i 个样本的第 j 项指标原始数据，Y_{ij} 为指标标准化处理后的数据，$\text{Max}(X_j)$ 和 $\text{Min}(X_j)$ 分别表示第 j 项指标的最大值和最小值。经过标准化处理后的矩阵为：

$$Y = \begin{bmatrix} Y_{11} & \cdots & Y_{1n} \\ \vdots & \ddots & \vdots \\ Y_{m1} & \cdots & Y_{mn} \end{bmatrix} \qquad\qquad (3-4)$$

第三步：计算信息熵。通过无量纲化处理后得到的 Y_{ij}，计算第 j 项指标的信息熵 e_j：

$$e_j = -k \times \sum_{i=1}^{n} p_{ij} \ln(p_{ij}) \qquad\qquad (3-5)$$

其中，n 为样本数量，$k = \dfrac{1}{\ln(n)}$，$p_{ij} = \dfrac{Y_{ij}}{\sum\limits_{i=1}^{n} Y_{ij}}$。

第四步：计算各指标权重。第 j 项指标的权重为：

$$w_j = \dfrac{1 - e_j}{\sum\limits_{j=1}^{n} (1 - e_j)} \qquad\qquad (3-6)$$

第五步：计算综合评价指标。第 i 个样本的综合评价指标为：

$$S_i = \sum_{j=1}^{n} w_j Y_{ij} \qquad\qquad (3-7)$$

二、测度指标体系构建

绿色金融作为推动经济与环境实现双赢的重要工具，近年来在多个领域展现出了强劲的发展势头。从绿色信贷到绿色债券，再到绿色保险、绿色投资以及碳金融，这些金融工具不仅为环保产业提供了强大的资金支持，而且还促进了经济的绿色转型和可持续发展。绿色信贷通过引导资金流向环保领域，为节能环保项目提供了优惠的贷款条件，同时对高污染、高耗能项目增加贷款成本，促使资金撤离这些项目。绿色债券为绿色项目融资提供了新的渠道，绿色保险为环境风险提供了保障，绿色投资推动了绿色产业的发展，而碳金融则通过碳排放权交易等方式促进了温室气体的减排。这些金融工具的广泛应用，不仅有助于解决环境问题，也为经济的可持续发展注入了新动力。本部分将从绿色信贷、绿色债券、绿色保险、绿色投资和碳金融五方面的发展现状进行深入分析。数据主要源于《中国统计年鉴》、各省市统计年鉴、CSMAR数据库等，这些数据为我们提供了全面的视角，以评估和理解我国绿色金融的发展水平。

自2016年以来，我国的绿色金融领域取得了显著的发展，主要以绿色信贷为核心，其他绿色金融工具作为辅助，同时政策体系也在不断完善。本部分从绿色信贷、绿色债券、绿色投资、绿色保险以及碳金融五方面对我国不同地区的绿色金融发展水平进行量化评估。

（一）绿色信贷

作为最早发展的绿色金融工具之一，通过灵活调整贷款利率来有效引导资金流向，优先支持节能环保项目的融资要求。同时，相应增加对高污染、高耗能项目的贷款成本，以此促进经济结构的绿色转型与发展。这种做法不仅直接支持了节能和环保项目，也展现了商业银行在环保领域的责任和承诺。绿色信贷占比的提高意味着商业银行在环保领域的投入增加，反映了资金向节能环保项目的流动力度。此外，高耗能行业的利息支出占比作为一项重要指标，显示了银行对这些行业的资金支持力度，占比越低表明银行对这些行业的限制越严格。自2013年起，银保监会便建立起全国绿色信贷余额数据的定期公示机制，为公众提供及时的绿色金融发展信息。同时，各大商业银行也会在其社会责任报告中详细披露相关的绿色信贷进展与成效。尽管这些公开数据主要聚焦于宏观层面，详细到各省市的绿色信贷余额数据通常不会单独公布，这对于精确评估各地区绿色信贷的发展水平造成了一定难度。因此，在衡量绿色信贷的具体发展水平时，采用了环保企业贷款规模作为关键的正向衡量指标，高耗能行业的利息支出占比作为关键的逆向衡量指标。

（二）绿色债券

绿色债券作为现代金融体系中直接融资的创新性金融工具，正日益成为推动资金高效、精准地流向节能环保领域的重要桥梁。随着绿色证券市场的成熟，节能环保企业能够更轻易地吸引资金。一般而言，学者们通常以环保企业市值占比作为绿色证券市场发展程度的主要指标，这一指标直观反映了市场对绿色经济、环保技术的认可程度及投资热情。当环保企业市值占比较高时，表示绿色证券市场更为成熟，环保企业更容易通过资本市场获取资金支持，促进其发展规模的扩大。因此，选用环保企业市值占比以及高耗能产业市值占比来评估绿色债券的发展水平是较为合理的。

（三）绿色保险

作为我国绿色金融市场的重要组成部分，包括环境责任险、巨灾气候保险等多种环境相关的产品。尽管巨灾气候保险等产品发展仍处于初期，数据搜集相对困难，但是环境污染责任险自 2007 年起稳步发展，并于 2013 年后迈入强制性实施的新阶段。农业保险作为绿色保险的一个重要纬度，其规模占比可以直接反映绿色保险的发展广度与深度，即保费收入越高，覆盖面就越广。因此，采用农业保险保费收入与农业产值之比以及农业保险赔付率来反映绿色保险的发展水平。

（四）绿色投资

节能环保项目筹集资金的途径中，除了传统的银行信贷和证券市场融资方式以外，ESG（环境、社会、公司治理）责任投资也日益成为重要渠道之一。然而，目前我国绿色投资仍处于初步发展阶段，其数据获取较为困难。为了评估绿色投资发展水平，通常选择从政府对节能环保项目的支持力度以及治理环境污染投资等方面考量。环境保护公共支出占比，以及治理环境污染投资的比例，常被用作衡量绿色投资发展成效的关键指标。因此，本部分采用节能环保支出占比和治理环境污染投资比例来评估绿色投资的发展情况。

（五）碳金融

作为绿色金融领域的重要组成部分，包括碳排放权交易、碳税、碳信用等多种金融产品，旨在推动碳减排和应对气候变化。虽然碳金融市场的发展尚属初步阶段，相关数据相对有限，但一些地区已开始实施碳排放交易等机制。由于碳金融系统的特殊性，目前尚未建立起一套统一的评估指标体系。在评价碳金融的进展时，考虑使用碳排放量作为一个评估标准是一个替代方案。碳排放强度是以单位国民生产总值为基准计算二氧化碳排放量，通常作为评估在经济增长过程中碳释放水平的一个关键指标。因此，本部分使用碳排放指数作为评价碳金融发展的准则，进而展现碳排放减少和如何应对气候变化的策略。

通过这些详细的分析和评估，可以更全面地了解绿色金融在促进经济可持续发展和环境保护方面的作用，以及各省份在这一领域的具体表现和潜力（见表3-5）。这不仅有助于政策制定者和金融机构更好地制定和落实绿色金融政策，也为投资者提供了有价值的参考信息，以推动资本更高效地流向绿色和可持续的项目中去。

表 3-5　绿色金融发展水平指标体系

二级指标	指标含义	衡量方式	指标属性
绿色信贷	高耗能行业利息支出占比	高耗能行业利息支出/规模以上 工业利息总支出	逆向
	环保企业贷款占比	A 股上市环保公司贷款总额/A 股上市公司 贷款总额	正向
绿色债券	环保企业市值占比	环保企业总市值/A 股总市值	正向
	高耗能产业市值占比	高耗能产业市值/A 股总市值	逆向
绿色保险	农业保险规模占比	农业保险收入/农业产值	正向
	农业保险赔付率	农业保险支出/农业保险收入	正向
绿色投资	节能环保支出占比	环境保护财政支出/财政一般预算支出	正向
	环境污染治理投资占比	环境污染治理投资额/GDP	正向
碳金融	碳排放强度	二氧化碳排放量/GDP	逆向

第四节　我国绿色金融发展水平测度分析

一、我国绿色金融子市场发展现状

（一）绿色信贷市场发展现状

如图 3-1 所示，2019～2021 年，中国绿色贷款余额增长势头强劲，实现了 33% 的高速增长。这一增长不仅凸显了中国金融机构对支持绿色项目的高度认可和重视，同时也反映了绿色产业本身的强劲发展势头和市场潜力。根据中国人民银行发布的数据，截至 2021 年底，中国绿色贷款余额已经突破了 15.90 万亿元，与 2019 年底相比这一数字的增长幅度尤为显著，充分展现了中国绿色金融市场的迅猛扩张和活力。2019 年底，中国绿色贷款余额大约为 8.68 万亿元。然而，仅一年之后，这一数字就大幅增长了约 2.87 万亿元。进入 2021 年，绿色贷款余额更是超过了 12 万亿元，同比增长率超过了 20%。这一跃升不仅体现了绿色金融产品的市场竞争力，也显示了中国经济结构调整和产业升级的坚定步伐。

绿色贷款的显著增加有效满足了节能环保、清洁能源、绿色交通等关键行业领域的资金需求，为中国经济的绿色转型提供了坚实的金融支撑。随着中国经济的持续转型升级，以及公众环保意识的不断提升，市场对绿色、低碳项目的投资需求呈现出持续增长的态势。绿色贷款作为支持这些项目的重要金融工具，其市场需求随之显著扩大。中国的银行业金融机构积极响应政府的绿色发展战略，通过加大对绿色项目的信贷投放，不仅推动了绿色贷款业务的快速增长，也彰显了金融机构在促进经济社会发展全面绿色转型中的社会责任和历史使命。银行业的这一行动，不仅有助于推动环境友好型产业的发展，也促进了金融产品和服务的创新，为绿色金融市场的深化和完善贡献了重要力量。此外，绿色贷款的快速增长还得益于中国政府在政策层面的大力支持和引导。政府出台了一系列激励措施，包括税收优惠、财政补贴、绿色信贷优先等，以降低金融机构的贷款风险，提高绿色项目的吸引力。这些政策的实施进一步激发了市场活力，吸引了更多的资本投入到绿色产业中，推动了绿色经济的蓬勃发展。

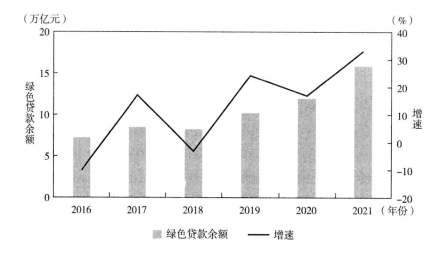

图 3-1　我国绿色贷款发展概况

资料来源：作者整理所得。

（二）绿色债券市场发展现状

如图 3-2 所示，自 2016 年起中国绿色债券市场经历了迅猛的发展，成为全球绿色金融市场的重要组成部分。2016 年，中国绿色债券的发行规模接近 2000 亿元，这一数字在随后的几年里呈现出爆炸式增长。到 2021 年，发行规模已达到 7063 亿元，这一增长速度不仅清晰地展现了中国绿色债券市场的迅速扩张，也反映了市场对绿色金融产品的强烈需求和信心。

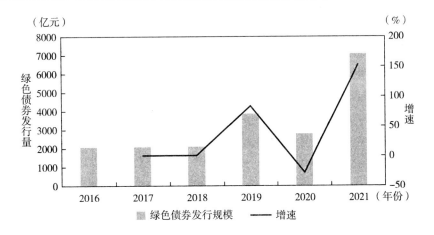

图 3-2 我国绿色债券发展概况

资料来源：作者整理所得。

绿色债券作为一种创新的融资工具，其使用领域已经从传统的节能环保项目扩展到新能源、绿色交通、水资源管理、生态保护等多个与可持续发展密切相关的领域。例如，2019 年中国华能集团成功发行了总额达 40 亿元的绿色债券，专门用于投资风电和光伏发电项目，这一举措不仅促进了可再生能源的发展，也展示了企业对绿色能源转型的承诺。

参与绿色债券发行和投资的主体日益多元化，包括政策性银行、商业银行、企业以及其他金融机构。2018 年，中国工商银行作为商业银行的代表，首次发行了总额高达 120 亿元的绿色金融债券，这不仅彰显了商业银行在绿色债券市场的积极参与，也体现了金融机构在推动绿色发展中的重要角色。

中国的绿色债券市场还在国际上受到了广泛认可和好评。2019 年，中国银行在伦敦证券交易所成功发行了总额达 6 亿美元的绿色债券，这不仅是中国银行在国际资本市场的一次重要亮相，也标志着中国金融机构首次在该交易所主板市场发行绿色债券，进一步增强了中国绿色债券市场的国际影响力。

气候债券倡议组织的数据显示，2020 年中国绿色债券的发行额达到了约 1200 亿元，所筹集的资金主要用于清洁能源、绿色建筑、低碳交通等项目，这些项目对于促进中国经济的绿色转型和可持续发展具有重要意义。

总体来看，中国绿色债券市场的发展呈现出积极向好的态势，市场潜力巨大。展望未来，中国政府应继续加大对绿色金融发展的扶持力度，特别是对绿色债券市场的支持。

（三）绿色保险市场发展现状

如图 3-3 所示，在 2012~2021 年，中国财产保险公司的农业保险保费收入实现了显著增长。2012 年，农业保险保费仅为 240.6 亿元，而到 2021 年，这一数字飙升至 975.85 亿元，增长幅度翻了 4 倍。这一增长不仅反映了农业保险市场的扩大，也显示了保险行业对农业风险管理需求的积极响应。与此同时，农业保险的赔款及给付金额也经历了显著增长，从 2012 年的 131.34 亿元增长到 2021 年的 720.19 亿元，增幅约为 5.5 倍。这一增长表明，在面对自然灾害和市场波动等风险时，农业保险为农业生产者提供了更为坚实的经济保障。

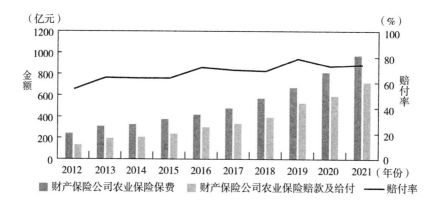

图 3-3 我国农业保险发展概况

资料来源：作者整理所得。

赔付率作为衡量保险行业营利能力的关键指标，它揭示了保险公司实际赔付支出与保费收入之间的比例关系。2012~2021 年，财产保险公司农业保险的赔付率虽然波动较大，但整体上呈现逐年增长的趋势。2019 年，赔付率高达 78.5%，这一比例在随后的年份有所下降，但仍然维持在较高水平，反映出农业保险在风险补偿方面的重要作用。

绿色保险市场在过去几年稳步增长，得益于全球对气候变化挑战认识的加深以及对绿色低碳发展的迫切需求。绿色保险作为一种有效的风险管理工具，正在被更广泛地认可和采用，以应对气候变化带来的影响。中国绿色保险市场正处于快速发展阶段，其在推动绿色经济转型和提升社会环境风险管理能力方面发挥着越来越重要的作用。随着政策的支持和市场需求的增加，绿色保险产品和服务不断创新，涵盖了可再生能源、绿色建筑、生态保护等多个领域。随着中国经济的持续转型和对可持续发展目标的深入实施，绿色保险市场有望继续保持增长势头。

　　（四）绿色投资市场发展现状

　　如图 3-4 所示，中国的绿色投资市场近年来迎来了快速的发展期，这一趋势在很大程度上得益于政府对环保和可持续发展目标的高度重视，以及市场参与者对绿色经济潜力的日益深刻认识。根据中国汽车工业协会的数据，2020 年中国新能源汽车的产销量分别达到了 136.7 万辆和 137.0 万辆，同比分别增长了 7.5% 和 10.9%。进入 2021 年后，新能源汽车市场的增长势头更为强劲，前三季度销量同比增长率超过了 200%，这一飞跃式的增长凸显了绿色投资市场的活力和潜力。

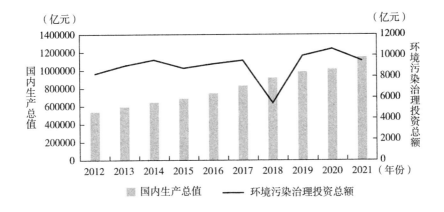

图 3-4　我国环境污染治理投资发展概况

资料来源：作者整理所得。

　　中国政府为了推动绿色投资和实现可持续发展目标，采取了一系列的政策和措施。自 2009 年起，中国实施了新能源汽车补贴政策，通过财政补贴激励消费者购买新能源汽车，同时为新能源汽车产业的发展提供了强有力的支持。2017 年，中国正式发布并实施了《乘用车企业平均燃料消耗量与新能源汽车积分并行管理办法》，即广为人知的"双积分政策"。这一政策的出台旨在促进传统汽车行业向节能降耗转型，同时加速新能源汽车的发展。此外，自 2005 年起施行的《中华人民共和国可再生能源法》为可再生能源的开发利用建立了坚实的法律基础，鼓励和支持了风能、太阳能等清洁能源的广泛开发和应用。2021 年 7 月，中国启动了国家碳排放权交易市场，初期覆盖了电力行业，这标志着中国在落实碳减排承诺、推进绿色低碳发展方面迈出了重要一步。

同时，中国还实施了多项税收优惠政策，以此激励绿色投资。这些政策包括对新能源汽车、节能环保产品给予增值税优惠，以及对绿色建筑、环保设备投资给予所得税减免等。这些政策措施不仅降低了绿色投资的门槛，也提高了企业和个人参与绿色投资的积极性。这些政策和行动方案展现了中国政府在推动可持续绿色发展、强化环境保护以及应对气候变化方面的坚定承诺。在这一系列综合性的政策扶持下，绿色投资的方向有了显著的进步与延伸，为中国经济的绿色转型与持续性发展提供了稳固的支撑。

（五）碳金融市场发展现状

2021 年 7 月，中国迎来了一个具有里程碑意义的时刻——全国碳排放权交易市场正式启动。这标志着中国成为全球最大的碳市场之一，为全球碳减排事业注入了新的活力。截至 2021 年底，中国碳市场的交易量已达到约 1.6 亿吨二氧化碳，交易额突破了 70 亿元大关。这一令人瞩目的交易规模不仅展示了市场的活跃度，也反映了参与主体的积极性和市场的巨大潜力。

市场启动初期，重点聚焦于电力行业，这一行业覆盖了超过 2000 家发电企业。鉴于电力行业在国家碳排放总量中占据的重要比例，将其纳入碳市场体系对于推动中国的碳减排目标具有举足轻重的作用。通过碳市场的运作，可以有效地激励电力企业采取节能减排措施，加速清洁能源转型，从而促进整个行业的绿色发展。中国在积极参与国际碳市场合作和交流方面也展现出了开放的姿态。例如，通过清洁发展机制（CDM）等项目，中国参与了多项国际碳减排项目，加强了国际社会对中国碳市场的认可。虽然中国的碳金融市场起步较晚，但其发展速度令人瞩目，已经成为全球碳减排工作的重要组成部分。展望未来，随着市场运作机制的逐步成熟和政策支持的不断加强，中国碳金融市场有望在全球碳排放削减和绿色金融战略发展中扮演着更加关键的角色。

碳金融的发展对于推进中国绿色金融结构的进一步完善具有重要意义。它不仅能够促进经济结构向更加环保和节能的方向转型，还能激发市场主体在绿色技术和清洁能源领域的创新活力。此外，碳金融还能为绿色项目提供资金支持，降低绿色转型的融资成本，提高绿色投资的吸引力。在全球气候变迁的大背景下，中国通过发展碳金融市场，为应对气候变化提供了切实可行的解决方案。这不仅有助于实现中国的"碳达峰和碳中和"目标，也为全球气候行动贡献了中国的智慧和力量。未来，中国将继续深化碳市场改革，加强国际合作，推动碳金融创新，为构建人类命运共同体和实现全球可持续发展目标做出更大的贡献（见图 3-5）。

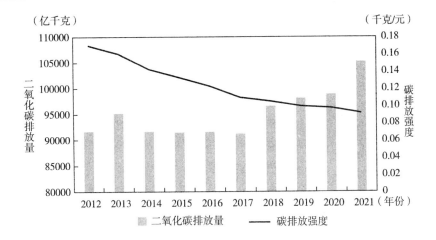

图 3-5 我国碳排放概况

资料来源：作者整理所得。

二、我国绿色金融发展水平测度分析

（一）绿色金融总体发展水平分析

如表 3-6 所示，2012~2022 年的 10 年间，我国绿色金融发展水平展现出稳步增长态势，尽管这一过程中伴随着一些不可避免的波动。2012~2018 年，绿色金融的发展步伐虽然相对缓慢，但始终保持着上升的趋势。到 2019 年，绿色金融的发展达到一个高峰，这一增长可能得益于当年特定的政策引导或重大项目的有力推进。然而，随后的 2020 年，绿色金融的发展遭遇了挑战，同比增速出现了明显的回落，反映出在经历高峰之后，绿色金融领域需要面对调整和转型的压力。值得注意的是，到 2021 年和 2022 年，绿色金融的增速逐渐恢复，尽管未能重返 2019 年的高峰，但已经显示出了回升的积极迹象，预示着绿色金融市场的韧性和潜力。同比增速的波动性在这一时期更为显著，2013 年和 2018 年的高增速与 2016 年和 2020 年的负增长形成了鲜明对比。这种波动不仅揭示了绿色金融在发展过程中易受外部经济环境、政策导向及市场因素的多重影响，也凸显了绿色金融在适应和应对这些变化中所展现出的弹性和潜力。

进一步观察各省份的绿色金融发展情况，2012~2021 年，不同地区在绿色金融的发展水平上呈现出了显著的差异。北京、内蒙古、黑龙江和山东在绿色金融的发展上表现得尤为突出，均值分别达到 0.511、0.412、0.402 和 0.378。这一数据表明，这些省市在绿色金融政策的制定、资金的投入以及项目的实施上可能更为积极和有效，从而有力地促进了绿色金融的深入发展。相比之下，新疆、宁夏和山西的绿色金融发展水平较低，均值分别为0.265、0.330和0.312，这可能与这些地区的经济结构、政策环境、市场成熟度以及资源分配等各种因素紧密相关。

从整体趋势来看，全国绿色金融发展水平从2012年的0.354逐渐上升至2017年的0.369，并在2019年达到了最高值0.374，之后略有下降，至2021年回到了0.355。这一变化轨迹表明，尽管绿色金融在某些年份取得了显著的成就，但其发展过程并非一帆风顺，仍面临着诸多挑战和不确定性，如市场成熟度、政策连贯性、技术创新以及投资者意识等因素都需要进一步考虑和完善。

综合来看，中国绿色金融的10年发展历程充分表明，尽管遭遇了种种波动和挑战，但整体上保持了积极向上的发展态势，展现出了强大的生命力和广阔的发展前景。随着政策的持续优化、市场的不断成熟以及技术创新的推动，中国绿色金融有望在未来实现更加稳健和可持续的发展。

表3-6　我国绿色金融发展水平

年份 地区	2012	2013	2014	2015	2016	2017	2018	2019	2020	2021	均值
北京	0.460	0.472	0.517	0.473	0.537	0.549	0.521	0.521	0.509	0.549	0.511
天津	0.375	0.362	0.381	0.364	0.301	0.352	0.369	0.468	0.364	0.366	0.370
河北	0.357	0.383	0.373	0.416	0.382	0.409	0.393	0.410	0.430	0.413	0.397
山西	0.322	0.294	0.254	0.290	0.347	0.307	0.305	0.362	0.339	0.297	0.312
内蒙古	0.413	0.431	0.443	0.448	0.430	0.485	0.391	0.369	0.372	0.342	0.412
辽宁	0.360	0.306	0.383	0.394	0.323	0.345	0.318	0.343	0.339	0.346	0.346
吉林	0.355	0.354	0.379	0.366	0.365	0.368	0.366	0.360	0.353	0.332	0.360
黑龙江	0.384	0.459	0.390	0.385	0.392	0.414	0.384	0.444	0.398	0.368	0.402
上海	0.347	0.329	0.340	0.345	0.339	0.355	0.365	0.381	0.381	0.398	0.358
江苏	0.365	0.374	0.367	0.371	0.367	0.351	0.362	0.347	0.342	0.351	0.360
浙江	0.310	0.324	0.325	0.336	0.359	0.351	0.345	0.364	0.342	0.365	0.342
安徽	0.315	0.353	0.318	0.325	0.387	0.352	0.336	0.356	0.369	0.337	0.345
福建	0.305	0.336	0.311	0.340	0.410	0.348	0.352	0.443	0.353	0.345	0.354
江西	0.377	0.359	0.346	0.345	0.376	0.361	0.346	0.348	0.365	0.373	0.360
山东	0.388	0.415	0.334	0.328	0.327	0.385	0.410	0.397	0.399	0.397	0.378
河南	0.306	0.319	0.333	0.339	0.337	0.365	0.365	0.365	0.346	0.364	0.344

续表

年份 地区	2012	2013	2014	2015	2016	2017	2018	2019	2020	2021	均值
湖北	0.378	0.386	0.367	0.351	0.394	0.359	0.377	0.424	0.358	0.338	0.373
湖南	0.431	0.412	0.380	0.392	0.359	0.353	0.331	0.345	0.352	0.343	0.370
广东	0.330	0.348	0.334	0.329	0.306	0.341	0.353	0.403	0.343	0.343	0.343
广西	0.345	0.326	0.350	0.370	0.330	0.308	0.297	0.341	0.349	0.393	0.341
海南	0.313	0.282	0.338	0.310	0.376	0.354	0.361	0.409	0.346	0.342	0.343
重庆	0.412	0.398	0.374	0.367	0.346	0.350	0.333	0.354	0.349	0.404	0.369
四川	0.287	0.303	0.324	0.316	0.315	0.323	0.325	0.357	0.327	0.322	0.320
贵州	0.338	0.348	0.353	0.346	0.338	0.346	0.325	0.340	0.327	0.338	0.340
云南	0.345	0.360	0.356	0.352	0.362	0.523	0.506	0.452	0.440	0.409	0.411
陕西	0.301	0.299	0.288	0.305	0.301	0.309	0.278	0.307	0.308	0.320	0.302
甘肃	0.395	0.404	0.377	0.392	0.391	0.355	0.345	0.330	0.339	0.325	0.365
青海	0.370	0.408	0.364	0.430	0.449	0.401	0.369	0.388	0.367	0.315	0.386
宁夏	0.322	0.323	0.345	0.381	0.383	0.372	0.321	0.266	0.274	0.313	0.330
新疆	0.311	0.321	0.343	0.299	0.289	0.273	0.218	0.209	0.201	0.187	0.265
均值	0.354	0.360	0.356	0.360	0.364	0.369	0.355	0.374	0.356	0.355	0.360

资料来源：作者整理计算所得。

（二）绿色金融发展区域比较分析

1. 东部地区

东部地区的北京、上海、浙江和福建——以其卓越的表现和显著的优势脱颖而出。这些地区不仅在绿色金融的发展上占据了领先地位，而且其绿色信贷、绿色证券、绿色保险和绿色投资等关键指标均呈现出稳定而积极的增长势头，为全国的绿色金融发展树立了标杆。从时间跨度来看，2012~2021年，东部地区的绿色金融占比不仅逐年提升，而且始终保持在较高水平上。以北京为例，绿色金融占比从2012年的0.460增长至2021年的0.549，这一稳步上升的趋势不仅在北京显著，在上海、浙江和福建也同样明显。这些地区绿色金融的占比在过去10年持续增长，均值稳定在0.3以上，这一数据强有力地反映了东部地区在绿色金融发展上的活跃态势和卓越成就。

东部地区绿色金融发展水平的同比增速虽然经历了一些波动，但总体上显示出强劲的上升趋势。尽管在某些年份如2014年增速有所放缓，但在2017年又逐渐回升，显示出强大的恢复力和增长潜力。特别值得一提的是，尽管2018年经历了一次急速下降，但 2019 年的增速却实现了大幅反弹，达到了前所未有的高度。这一反弹不仅彰显了东部地区绿色金融的强大韧性和市场活力，也预示着其未来的光明前景。2020~2021 年，增速进一步呈现出明显的上升趋势，这不仅映射出整个行业的强大动力和韧性，也预示着东部地区绿色金融将持续引领全国的发展潮流。

东部地区绿色金融的蓬勃发展，得益于一系列有利因素的共同作用。这些地区经济基础雄厚、科技实力领先，为绿色金融的发展提供了坚实的基础。同时，政府对绿色金融的大力支持也为这一领域的快速发展提供了有力保障。政策的引导、技术的创新以及市场需求的不断扩大，三者相辅相成，推动了绿色金融产品和服务的不断创新与完善，进一步提升了东部地区在全国绿色金融版图中的地位和影响力。

此外，东部地区的政府和社会各界在提升公众环保意识和强化社会责任方面也十分重视。这些努力不仅进一步激发了市场和社会各界对绿色金融的兴趣和参与，也为绿色金融的持续发展注入了源源不断的动力。随着绿色金融理念的深入人心，越来越多的企业和个人开始认识到绿色投资的重要性，并积极投身于这一领域的发展中，从而为东部地区的绿色金融发展注入了新的活力和机遇。

2. 中部地区

中部地区绿色金融的发展正逐渐展现出一幅持续而稳健的上升图景。尽管与经济发达的东部地区相比，中部地区在绿色金融的发展上还有一定的差距，但其进步的迹象和潜力不容忽视。以湖北和湖南这两个具有代表性的中部省份为例，近年来，这些地区的绿色金融业务虽然得到了加强和推进，但在规模、深度和广度上仍与东部地区存在一定的差距。然而，通过对相关数据的深入分析，我们可以清晰地看到，河南和安徽的绿色金融比重正在逐年稳步增长。以河南为例，绿色金融的比重从 2012 年的 0.306 上升至 2021 年的 0.364，这一变化不仅表明了绿色金融在整个经济结构中所占比重的增加，也反映了中部地区在绿色金融发展方面的积极努力和显著成效。河南和湖北两地的情况也与湖南相似，绿色金融的占比呈现出逐年递增的良好态势，尽管增长速度相对缓慢，但这种稳定增长的趋势仍然值得充分肯定。

然而，在绿色金融增长的目标上，中部地区仍然面临着一些挑战和制约因素。尽管在绿色信贷、绿色证券、绿色保险和绿色投资等多个领域都取得了一定的进步和突破，但与东部地区相比，中部地区在绿色金融的发展上仍有较大的提升空间。这主要是由于中部地区的产业结构和经济发展阶段等多方面因素的制约和影响。在这些地区，传统产业仍然占据了较大的比重，而清洁能源和环保产业的发展则相对滞后，这在一定程度上制约了绿色金融的发展速度和质量。

为了促进绿色金融在中部地区的进一步发展，政府需要在政策设计上进一步加大对绿色金融的支持力度，通过制定更加优惠和有力的政策措施，激励企业和金融机构增加对环境保护项目的资金投入，推动绿色金融业务的创新和发展。同时，中部地区也应充分利用其丰富的自然资源和人才储备等优势条件，为绿色产业的成长和发展提供必要的支持和保障。政府在政策制定和项目支持方面也应不断加强努力，通过提供财政补贴、税收优惠等激励措施，加大对绿色技术创新和绿色项目的金融支持，积极引导资金流向绿色产业，推动经济结构的优化和升级，实现中部地区绿色金融的可持续发展。

3. 西部地区

中国西部地区的绿色金融发展与低碳经济之间的互动关系尚未完全成熟，这意味着尽管绿色金融在该地区正逐步发展，但其在推动区域经济向低碳转型方面的潜力尚未得到充分释放。尽管如此，西部地区的绿色金融仍展现出一种缓慢而稳定的增长态势，其对低碳经济发展的潜在推动作用有待更深入地发掘和激发。以重庆、四川和云南等省市为代表，这些地区在绿色金融领域的发展虽相对滞后于东部沿海地区，但近年来已显现出明显的改善迹象。尽管与东部地区相比，西部地区的绿色金融占比整体较低，但上升趋势已初露端倪。以重庆为例，尽管绿色金融占比存在波动，并呈现出缓慢下降的趋势，但四川和云南等地的发展情况却显示出积极的改善，表明这些地区正逐渐认识到绿色金融的重要性，并采取措施积极推动其发展。

从绿色金融的具体指标来看，西部地区的绿色信贷、绿色证券、绿色保险和绿色投资等方面与东部地区相比仍存在一定差距。以绿色信贷为例，这些地区的绿色信贷占比普遍较低，但近年来的上升趋势表明，绿色金融的理念正在逐渐被市场所接受。同时，绿色证券和绿色保险市场的发展也相对滞后，需要政府进一步加大政策支持力度，推动金融创新，以缩小与东部地区的差距。西部地区缓慢上升的发展趋势，在一定程度上得益于政府的政策扶持和对绿色产业的重视。西部地区资源丰富，具有发展清洁能源和环保产业的巨大潜力。政府在政策层面对绿色金融给予了一定的支持和倾斜，通过鼓励企业和金融机构增加对环保项目的投入，进而促进绿色金融的发展。

然而，西部地区在绿色金融的发展过程中也面临着一系列问题和挑战。技术创新仍处于较为初级的阶段，金融市场的发展也相对滞后，这些因素都制约了绿色金融的快速发展。为实现经济的持续增长和生态环境的改善，西部地区在未来的发展中必须更加重视绿色金融的资金投入，加强技术创新，完善金融市场体系，进一步促进清洁能源与环境保护产业的发展。同时，政府还应加大政策引导和支持力度，鼓励更多的社会资本投向绿色产业，推动西部地区绿色金融与低碳经济的协同发展。

第四章 我国经济高质量发展现状分析

第一节 我国经济高质量发展历程

一、政策演变

我国经济发展正经历着一场深刻而全面的转型，这一转型的核心在于从追求速度与规模的传统发展模式，逐步迈向以低碳、高质量为鲜明特征的现代化经济体系，这一转变并非仅仅局限于经济领域，而是涉及经济、政治、社会、生态环境、文化、共享等多方面的共同协调发展，贯穿了可持续发展理念和创新、协调、绿色、开放、共享五大新发展理念，通过不同阶段的政策实施和战略调整，不断推动经济从高速增长向高质量发展的转变，致力于实现可持续发展和全面协调发展的目标。

自中华人民共和国成立以来，中国的经济发展历程波澜壮阔，可以大致划分为五个具有鲜明时代特征和发展成就的阶段，每一阶段都深刻烙印着国家前进的足迹，并展示了人民生活水平显著提升的过程。

（一）艰苦奋斗阶段（1949~1978 年）

1949 年中华人民共和国成立，至党的十一届三中全会召开前，国家处于经济恢复和初步建设时期，面临着国内外复杂的环境。该阶段，经济自我发展能力不强、社会经济发展缓慢、经济发展水平低下、社会分配不均、市场化程度较低。在如此严峻的挑战下，政府充分发挥其宏观调控的职能，通过精心策划和周密部署，对有限的资源进行科学配置。在历史的特定时期，尽管政府出于对国家经济体系的全面掌控与资源高效利用的初衷，制定了生产资料公有制的经济发展策略，但这一策略在实践中逐渐显露出与时代发展规律不相契合的弊端。随着全球经济的日益开放与多元化，以及科技进步的日新月异，单一的生产资料公有制模式逐渐限制了市场机制的灵活性和创新活力，未能充分激发社会各阶层的积极性和创造力，导致国家经济发展层面过于单一。

1978年，改革开放政策的实施从根本上改变了中国经济发展的命运，成为中国经济发展史上的重要转折点。经济体制从中央计划经济向社会主义市场经济转变，这一转变不仅促进了中国经济的快速增长，也为中国特色社会主义事业的发展建立了坚实的基础。通过设立经济特区和引进外资，中国开始融入全球经济体系，推动贸易和投资自由化，激发了国内经济的活力。这些特区在吸引外资、发展高新技术产业、推动产业升级等方面取得了显著成效，成为中国经济快速增长的重要引擎。同时，经济特区的成功经验也为全国其他地区提供了可借鉴的模板，推动了全国范围内的改革开放进程。在引进外资方面，中国采取了一系列优惠政策和便利措施，吸引了大量外国投资者来我国投资兴业。这些外资的引入不仅带来了先进的技术和管理经验，还促进了中国产业结构的优化升级和国际竞争力的提升。设立经济特区和引进外资不仅为中国打开了一扇面向世界的大门，更为国内经济注入了前所未有的活力与动力。

（二）对外开放阶段（1978~1992年）

从党的十一届三中全会（1978年）到党的十四大（1992年）召开，标志着中国进入改革开放的新时期。自党的十一届三中全会以来，我们党在坚定不移地推进改革开放的征途中持续深化对计划与市场关系的理解与探索，逐步构建起了以市场为导向的经济体制改革蓝图。在党的第十二次全国代表大会上，明确树立了以"计划经济为主，市场调节为辅"的基本原则，这一里程碑式的决定标志着我国经济体制改革初步构想的正式确立，这一改革方向的选择，反映了我们党对计划与市场关系的认识在不断深化，也表明我们开始探索在坚持社会主义基本制度的前提下，引入市场机制，激发经济活力的新思路。1984年10月召开的党的十二届三中全会实现了理论上的重大突破，摒弃了将计划经济与商品经济视为对立的传统观念，商品经济被鲜明地凸显为一个不可或缺且无法绕过的关键阶段，在此基础上，我国社会主义经济体系被明确界定为在公有制基础之上，融合了有计划指导的商品经济模式。这一界定不仅体现了社会主义制度的优越性，也展现了我国在经济发展道路上对商品经济规律的科学运用与创新实践。并且通过了《中共中央关于经济体制改革的决定》，经济改革开始由农村向城市和整个经济领域转移。党的十三大时期，改革理论进一步成熟，我们清晰地提出了社会主义有计划商品经济体制应深刻体现计划与市场两者内在统一性的新观点，构建出一种新的经济运行机制，其核心在于"国家调节市场，市场引导企业"。自1979

年起，邓小平同志高瞻远瞩，多次强调社会主义也可以搞市场经济。至 1992 年初，在影响深远的南方谈话中，他以非凡的远见卓识，一语中地指出："计划经济不等于社会主义，资本主义也有计划；市场经济不等于资本主义，社会主义也有市场。"这一振聋发聩的论断，犹如一把利剑，彻底劈开了长期束缚人们思想的枷锁，摆脱了计划与市场简单地等同于社会基本制度的观念桎梏。它不仅为社会主义市场经济体制在中国大地的孕育与成长扫清了理论障碍，更为这一体制的最终确立奠定了不可动摇的基石。南方谈话进一步强调市场经济和对外开放的重要性，消除两极分化，实现共同富裕，发展对外贸易，经济活力显著增强，社会经济迅速发展，社会经济结构有所改善，市场经济体制初步建立。

（三）深化改革阶段（1992~2001 年）

1993 年 11 月，党的十四届三中全会审议通过《关于建立社会主义市场经济体制若干问题的决定》，内容包括 10 个部分 50 条，全面确立了 20 世纪 90 年代改革的目标和各项任务，提出 20 世纪末初步建立社会主义市场经济体制的重大目标，此决定深刻细化了党的十四大确立的经济体制改革的核心目标与指导原则，明确了建立社会主义市场经济体制的基本任务和要求，勾画了其总体规划和基本框架。这一决定为整个 90 年代中国经济体制改革的深化指明了方向，成为那个时代的行动指南与战略部署。在这关键时期，我们高度重视整体布局与长远规划，创造性地提出了"四梁八柱"这一全面而系统的基本任务框架，力求在改革的各个领域和层面都实现协同推进、重点突破，从而推动整个改革事业的深入发展。明确建立社会主义市场经济体制的改革目标，不仅是中国经济体制改革历程中的一次重大突破，还成功破解了中国在改革发展道路上的一项至关重要的难题，为国家的持续繁荣与进步建立了坚实的基础。从此，中国迈开了改革开放的步伐，不断深化改革，扩大开放，推动了经济社会全面进步，实现了从贫穷落后到繁荣富强的历史性飞跃。这一改革目标的实现，不仅解放和发展了社会生产力，提高了人民生活水平，而且为世界经济的发展注入了新的活力和动力，展现了中国智慧和中国方案的独特魅力。

这一时期，我国经济体制改革迈出了坚实步伐，以公有制经济为主导，多种所有制经济并存的所有制格局渐趋成型。国有企业改革路径由初期的放权让利、承包经营，逐步转向深化经营机制转换，积极探索并致力于建立现代企业制度，以增强企业的活力与竞争力。同时，取消了生产资料价格的双轨制，加速了生产要素市场的构建与完善，促进了资源的优化配置。在财税体制方面，以分税制改革为重点，推动了财政管理体制的现代化进程。此外，金融、外汇及涉外经济体制也迎来了深刻的变革，以适应全球经济一体化的趋势。

1995 年 9 月举行的党的十四届五中全会，与会代表一致通过了关于 1996～2000 年国民经济发展规划的具体蓝图，并前瞻性地提出了至 2010 年的宏伟远景目标建议。会议提出，要确保上述规划目标的顺利实现，关键在于实行两个具有全局意义的根本性转变：一是经济体制从传统的计划经济体制向社会主义市场经济体制转变；二是经济增长方式从粗放型向集约型转变，旨在构建一套能够激励资源节约、效益提升的企业运营体系，促进技术自主创新的激励机制，以及确保市场公平竞争的良好运行机制。

1997 年召开的党的十五大，标志着改革理论取得了新的重大突破。大会不仅重申了社会主义初级阶段理论的基石地位，还明确提出了党在社会主义初级阶段的基本纲领，为国家的经济、政治、文化发展绘制了宏伟蓝图。在经济领域，大会对公有制经济的有效实现形式进行了深刻剖析与拓展，确立了以公有制为主体、多种所有制经济共同发展的基本经济制度，这一理论创新为深化经济体制改革提供了重要的理论指导。在政治体制上，大会也进行了深入的改革思考，推动了政治体制改革的进程。值得一提的是，大会首次明确提出依法治国方略，这是我国法治建设的重要里程碑，标志着我国在法治化的道路上迈出了坚实的步伐。此外，会议期间，民主、自由和人权等理念也被首次写入宪法，这体现了我们党对这些价值的高度重视和坚定维护，也是我国人权事业发展的重要标志。

2000 年，中国正式启动了西部大开发战略，该战略的核心目标是缩小东部地区与西部地区之间的发展差距。随后，中部崛起、振兴东北等战略相继实施，推动区域间的协调发展，促进全国经济的均衡增长。

（四）深化改革与全面开放阶段（2001～2012 年）

2001 年 12 月，加入世界贸易组织（WTO），深刻改变了我国与世界经济体系的关系，为中国打开了更广阔的国际市场，参与国际分工体系，有力促进国内经济体制改革，激发市场主体活力。2003 年 10 月，党的十六届三中全会通过了《完善社会主义市场经济若干问题的决定》，这一里程碑式的文件标志着社会主义市场经济体制在中国的基本确立与初步完善；在此文件中，首次提出了"五个统筹发展"的战略思想，即统筹城乡发展、统筹区域发展、统筹经济社会发展、统筹人与自然和谐发展、统筹国内发展和对外开放，体现了全面协调可持续发展的理念。同时，强调了股份制作为公有制经济重要实现形式的地位，肯定了其在促进公有制经济发展中的积极作用。会议明确了建立现代产权制度的必要性，倡导发展混合所有制经济，旨在通过产权结构的多元化，进一步释放经济潜力，激发市场活力；提出最大限度地发挥市场在资源配置中的基础性作用；提出"以人为本"的核心理念，"树立全面、协调、可持续的发展观"，"促进经济社会和人的全面发展"等，这一理念不仅丰富和发展了中国特色社会主义理论体系，更为后续党的十七大提出科学发展观、党的十八大强调改革的价值取向以及明确市场在资源配置中的决定性作用建立了坚实的理论基础和思想准备。

2007年，党的十七大报告在继承并发展前人理论精髓的基础上，对"科学发展观"的核心理念与深刻内涵进行了更为全面而详尽的阐述，具体概括为经济发展是关键，坚持以人为本，坚持经济全面持续发展。并提出生态文明建设理念，标志着中国开始重视环境保护和可持续发展。此后，通过实施节能减排措施和发展清洁能源，中国逐步走上绿色发展的道路。2008年召开的党的十七届三中全会，通过了《关于推进农村改革发展若干重大问题的决定》，强调中国经济改革要坚持转向社会主义市场经济，坚持走一条具有中国特色农业现代化的道路，进而加快推进社会主义现代化。2012年，党的十八大提出创新驱动发展战略。中国加大对科技研发的投入，推动人工智能、大数据、云计算等新兴产业的发展。通过深入实施国家创新驱动发展战略纲要和积极推动"互联网+"行动计划，科技创新在我国经济发展中的核心地位得以牢固树立。在这一战略指导下，科技创新与制度创新、管理创新、商业模式创新以及业态创新和文化创新紧密结合，共同推动着我国经济向更高质量、更有效率、更加公平的方向发展。由此，科技创新不仅成为引领经济发展的第一动力，更为我国经济的持续稳定增长注入了强大活力，使经济发展实现了从要素驱动向创新驱动的显著转变。

2002~2012年，改革进入了深化与完善的关键调整阶段。在这10年间，一系列具有里程碑意义的政策文件相继出台，旨在巩固并优化改革成果，具体包括两个毫不动摇、非公有制经济依法平等使用生产要素、公平参与市场竞争、同等受法律保护；实现内外资企业税制的统一；完成大型商业银行股份制改革；解决资本市场股权分置问题；取消农业税，全面开放粮食购销市场，实行最低收购价，推动农村土地确权登记颁证；建立社保体系；推进城乡一体化发展等。

（五）高质量发展与转型升级阶段（2012年至今）

这一阶段，中国经济进入高质量发展阶段，面临经济结构调整、新旧动能转换等挑战。全面深化改革持续推进，市场化、法治化、国际化水平不断提高。

2013年，党的十八届三中全会提出全面深化改革，推动社会公平正义，确保发展成果由全体人民共享。通过实施精准扶贫和乡村振兴战略，努力缩小城乡和区域差距，全面建成小康社会。党的十九大明确提出了区域协调发展战略的构想，旨在通过进一步深化实施包括京津冀协同发展、长江经济带建设，以及粤港澳大湾区发展等在内的重大区域战略，来强化区域间的相互协调与联动，推动全国范围内的均衡与可持续发展。2013 年，提出共建"一带一路"倡议，旨在加强国际产能合作和基础设施互联互通，推动构建开放型世界经济。我们致力于深化国际合作的广度与深度，携手构建基于政治互信、经济深度融合、文化多元共融的新型国际关系框架。这一框架旨在促进形成紧密相连的利益共同体，确保各国发展成果共享、风险共担；同时，我们追求构建休戚与共的命运共同体，面对全球性挑战时能够同舟共济、共克时艰；此外，我们还强调责任共担，通过构建责任共同体，确保各国在享受国际权利的同时，积极履行国际义务，共同维护世界和平与繁荣。在全球化日益加深的今天，共建"一带一路"倡议的推出，无疑为构建开放型世界经济注入了新的动力，为全球经济的稳定和繁荣做出了积极贡献。中国通过不断深化多双边合作，并积极参与全球经济治理体系，其在国际经济舞台上的地位日益凸显，扮演着越发重要的角色。2015 年 11 月 10 日召开的中央财经领导小组第十一次会议首次提出了供给侧结构性改革。2017 年，党的十九大报告指出，深化供给侧结构性改革，要把发展经济的着力点放在实体经济上，把提高供给体系质量作为主攻方向，显著提升我国经济在全球范围内的质量竞争优势。由此可见，供给侧结构性改革的核心要义，是政府在调控经济时的重心发生了根本性转变，由传统的需求侧管理为主，转向更加注重供给侧的优化与升级。党的十九大还提出了我国要由高速增长阶段转向高质量发展阶段的伟大论断，表明从改革开放至今我国经济发展已经取得了阶段性的成就，当前及今后的经济工作重心在于提高经济发展活力、科技创新竞争力，不断提高要素资源配置效率，深入推进经济高质量发展。党的十九大以来，我国相继推出了乡村振兴战略和区域协调发展战略等重大举措，旨在促进城乡与区域的协调发展。这些战略的推出不仅体现了党中央对"三农"问题以及区域发展不平衡问题的深切关注，更是对我国经济社会发展全局的深刻洞察和战略部署。2019 年，实施《外商投资法》，进一步扩大对外开放，改善外商投资环境，推动贸易和投资自由化、便利化。2021 年，发布"十四五"规划和 2035 年远景目标纲要，强调科技自立自强，推动数字经济和创新驱动发展。经济结构持续优化升级，是我国经济发展进入新阶段的显著标志。在这一进程中，新兴产业和服务业的比重显著上升，成为推动经济增长的重要力量。创新能力显著增强，科技进步贡献率不断提高。绿色发展理念深入人心，生态环境质量持续改善。

二、发展背景

2017年12月18日召开的中央经济工作会议进一步指出"高质量发展，就是能够很好地满足人民日益增长的美好生活需要的发展，是体现新发展理念的发展，是创新成为第一动力、协调成为内生特点、绿色成为普遍形态、开放成为必由之路、共享成为根本目的的发展"。这种全新的发展范式不仅意味着要追求生产的高效性和发展的均衡性，还意味着要追求绿色发展以及人的全面发展（黄群慧，2018），即以更好地满足人民群众的美好幸福生活为基石，力求经济、社会与自然环境三者间实现深度融合、相互促进的"共同进化"体系（王伟光，2017）。在这一体系下，经济高质量发展不再局限于传统意义上的"经济发展质量"或"经济增长质量"的狭隘范畴，而是广泛涵盖了经济社会发展的每一个细微角落，展现出前所未有的全面性和深刻性。经济高质量发展，其核心在于多目标协同并进，既追求经济规模的扩大与效率的提升，也强调经济结构的优化与质量的飞跃；既注重经济效益的显著提升，也不忘社会公平的维护与文化繁荣的促进；在环境保护与生态修复上同样不遗余力，力求为后代留下一个更加宜居的地球家园。在这一过程中，高层次性的发展特征尤为显著，它要求我们在追求短期经济成果的同时，更要具备长远眼光，为经济的可持续发展建立坚实基础。此外，经济高质量发展还格外重视发展的过程与路径，强调不仅要关注最终的经济指标，更要审视并优化整个发展过程中的每一个环节，确保每一步都走得坚实有力。经济高质量发展，这一理念深刻体现了对经济发展全面而深远的考量，它远远超越了仅仅针对当前经济发展动力的简单挖掘与高效利用，而是着眼于长远，致力于对未来经济可持续发展潜力的深度培育与全面激发。在此背景下，"创新、协调、绿色、开放、共享"的五大发展理念应运而生，它们不仅构成了我国经济高质量发展的核心指引，也深刻体现了我国发展的价值取向与行动蓝图（程恩富，2016）。这五大理念紧密相连、相辅相成，犹如五根支柱共同支撑起我国经济社会发展的新格局，引领我们沿着高质量发展的道路坚定前行，持续探索并开创中国特色社会主义事业更加辉煌的新篇章。

经济高质量发展从被提出开始就被摆放在极其重要的地位，这说明我国经济的发展从速度经济开始转型，高质量的经济发展模式将是我们在新时代下所追求的目标。2022年10月16日，党的二十大明确提出要加快构建新发展格局，着力推动高质量发展。改革开放以来，我国历经40余年的不懈奋斗，在经济高质量发展道路上越走越稳，国家实力进一步增强，国际地位显著提高，经济发展迎来前所未有的新转变，从上至下积极贯彻落实高质量发展理念，正在以中国式现代化全面推进中华民族伟大复兴的宏伟蓝图。当前的中国经济，展现出前所未有的强大韧性、深不可测的巨大潜力以及源源不断的发展活力。尽管面临着复杂多变的国内外环境，但中国经济长期向好的基本面没有改变，依然保持着稳健前行的步伐。面对新机遇与新挑战并存的局面，如何在新时代背景下，精准施策、苦练内功，增强经济发展的内生动力；如何坚定信心、保持定力，不为短期波动所扰，锚定高质量发展目标不动摇；如何发挥制度优势、提升国际吸引力，吸引更多的国内外资源汇聚中国，形成共谋发展、互利共赢的良好局面，成为党和国家在全面建设社会主义现代化国家伟大进程中必须深思熟虑并付诸实践的首要任务。

中国经济的高质量发展，这一战略构想的提出，恰逢全球经济格局正经历着前所未有的深刻调整与国内经济结构亟待转型升级的关键时期。在全球层面，随着科技革命的加速推进、国际贸易体系的重塑以及地缘政治格局的微妙变化，世界经济版图正经历着重大变革。中国作为世界第二大经济体，其经济发展已深度融入全球经济体系之中，因此，面对这样的全球背景，中国经济的高质量发展不仅是对外部环境变化的积极响应，更是提升国际竞争力、维护国家经济安全的内在需求。而在国内，随着经济社会的快速发展，传统的增长模式已难以为继，资源环境约束日益趋紧，人口红利逐渐消退，经济结构不平衡、不协调、不可持续的问题日益凸显。因此，推动经济高质量发展是中国经济进入新时代的客观要求，也是解决当前发展不平衡不充分问题、满足人民日益增长的美好生活需要的必由之路。

（一）全球经济格局的深刻调整

近年来，全球经济版图正经历着前所未有的深刻重塑与变革，步入了后金融危机时代。这一时期，全球经济增速普遍步入了一个相对平缓的轨道，展现出与传统周期截然不同的格局与鲜明特征。一方面，全球经济面临着增长动能明显不足的困境，国际贸易环境趋于复杂多变，贸易保护主义思潮悄然抬头，多边贸易体制遭受前所未有的挑战与冲击，国际间的经济合作与协调难度加大，全球价值链的重构与调整步伐加快。另一方面，科技进步的浪潮以前所未有的速度席卷全球，引领着新一轮科技革命和产业变革的加速推进。在这一背景下，中国作为世界第二大经济体，正积极寻求从传统增长模式的桎梏中破茧而出，努力实现经济发展模式的根本性转变。中国正逐步摆脱过度依赖廉价劳动力和资源高消耗的发展路径，转而向创新驱动、高质量发展迈进。数字经济、人工智能、绿色能源等新兴产业如同雨后春笋般蓬勃发展，为中国经济增长注入了新鲜血液和强劲动力。

面对这样复杂多变的国内外环境，中国经济需要展现出更加坚定的决心与智慧，加快推动转型升级，全面提升经济发展的质量与效益。这要求中国不仅要持续优化产业结构，加强科技创新与人才培养，还要深化改革开放，积极参与全球经济治理体系变革，构建更高水平的开放型经济新体制。唯有如此，中国经济才能在全球经济的新格局中立于不败之地，为世界经济的繁荣与稳定贡献更加积极的力量。

（二）国内经济结构的转型升级

自改革开放以来，中国经济以惊人的速度和规模取得了全球瞩目的辉煌成就，这一历程不仅深刻改变了中国的面貌，也对世界经济格局产生了深远影响。然而，在历经40余年的持续高速增长后，中国经济也逐步显现出一系列深层次、结构性的矛盾与挑战。具体而言，产业结构长期存在的失衡问题，表现为传统产业占比过高而新兴产业发展不足；创新能力的相对滞后，限制了经济内生增长动力的释放；以及资源环境约束的日益严峻，对可持续发展构成了严峻挑战。它们涉及经济结构的深层次矛盾、创新驱动能力的不足、资源环境压力的日益凸显以及社会民生领域的诸多挑战，共同构成了中国经济转型升级过程中必须跨越的重重障碍。

面对这一系列复杂问题，中国政府高瞻远瞩，适时提出了供给侧结构性改革这一重大战略举措。该战略旨在通过深化改革，优化经济结构，提升供给体系的质量和效率，使之更加精准地对接和引领需求结构的变化，从而打破传统发展模式的束缚，开辟经济发展新境界。供给侧结构性改革不仅关注量的增长，更注重质的提升，力求在优化产业结构、增强创新能力、改善资源环境等方面取得实质性进展，为经济持续健康发展建立了坚实基础。同时，随着社会进步和人民生活水平的不断提高，人民群众对美好生活的向往越发强烈。这种向往不再仅仅局限于物质层面的富足，更涵盖了精神文化、生态环境、社会公平等多个方面的追求。

因此，经济发展也被赋予了新的时代内涵，即不仅要追求量的增长，更要注重质的提升，实现经济、社会、环境的全面协调可持续发展。在这种全球经济格局深刻调整与国内经济结构转型升级的复杂背景下，推动经济高质量发展已经超越了单一经济领域的范畴，成为全社会上下一致的共识和不可回避的必然选择。这一共识的形成是基于对国内外形势的深刻洞察，以及对经济发展规律的科学把握。

（三）新发展理念的深入贯彻

自党的十八大胜利召开以来，党中央创造性地提出了"创新、协调、绿色、开放、共享"这一系列相辅相成、内涵丰富的新发展理念，它们不仅深刻揭示了新时代中国特色社会主义经济发展的内在规律与本质要求，更为中国经济迈向高质量发展阶段提供了科学而坚实的理论指导。

在这一系列理念中，创新被置于核心位置，被视为引领经济社会发展的第一动力源泉。它鼓励全社会勇于探索未知，敢于突破陈规，通过技术创新、制度创新、管理创新等多维度创新，不断地激发经济发展的新活力，推动经济转型升级，实现质量变革、效率变革、动力变革。协调则强调了经济社会发展的全面性和平衡性，是持续健康发展的内在必要条件。它要求我们在推进经济发展的同时，注重区域、城乡、经济与社会、物质文明与精神文明等方面的协调发展，避免发展过程中的失衡与脱节，确保发展的成果能够惠及全体人民，促进社会的和谐稳定。绿色理念则是对传统发展模式的一次深刻反思与超越，它明确指出，只有走绿色低碳、循环发展的道路，才能实现经济社会的永续发展。这要求我们树立尊重自然、顺应自然、保护自然的生态文明理念，加强生态环境保护，推动形成绿色生产方式和生活方式，为子孙后代留下天蓝、地绿、水清的美好家园。开放则是国家繁荣发展的必由之路。在全球化深入发展的今天，中国坚持对外开放的基本国策不动摇，积极参与全球经济治理体系变革，推动建设开放型世界经济。通过高水平的对外开放，我们不仅能够引进国外先进技术和管理经验，促进国内产业升级和竞争力提升，还能够更好地融入全球产业链、供应链、价值链，为世界经济增长贡献中国力量。共享则体现了社会主义制度的优越性和本质要求。它强调发展为了人民、发展依靠人民、发展成果由人民共享，通过完善收入分配制度、健全社会保障体系、促进教育公平等举措，不断提高人民群众的获得感、幸福感、安全感，让改革发展成果更多更公平惠及全体人民。

这些新发展理念相互贯通、相互促进，共同构成了新时代中国特色社会主义经济发展的指导思想。它们贯穿于经济发展的全过程和各领域，为高质量发展提供了强有力的理论支撑和实践指导，引领中国经济不断迈上新台阶。

三、发展成效

中国经济在高质量发展的道路上取得了显著成效，具体体现在以下几个方面：

（一）经济持续稳定增长

近年来，中国经济在复杂多变的国内外环境中展现出了强大的韧性和活力，持续保持了稳定增长的态势。尽管面临复杂严峻的国内外环境，但中国经济依然展现出强大的韧性和内生动力。2023年，我国经济总体回升向好，国内生产总值超过126万亿元，实现了5.2%的增长，远高于全球3%左右的预计增速。人均GDP达89358元，比上年增长5.4%。进入2024年，中国经济继续延续回升向好的态势。第一季度主要经济指标运行情况良好，生产需求稳中有升，就业形势总体稳定，居民消费价格同比由降转涨，经济运行起步平稳。这些数据显示出中国经济持续稳定增长的态势。

（二）产业结构不断优化

在高质量发展的强劲推动下，中国产业结构正经历着一场深刻而全面的优化升级，展现出前所未有的活力与潜力，第三产业特别是高技术服务业和现代服务业迅速发展。一方面，传统产业加快转型升级，通过技术改造和产业升级提高质量和效益。另一方面，新兴产业蓬勃发展，成为经济增长的新引擎。高技术制造业和装备制造业成为拉动经济增长的重要力量。2023年，服务业增加值占国内生产总值的54.6%，对经济增长的贡献率超过50%。高技术制造业增加值同比增长11.7%，占规模以上工业增加值的比重提升至15.2%。此外，绿色低碳产品产量也保持快速增长，显示出中国坚定推进绿色低碳转型的决心和成效。

（三）创新驱动成效显著

创新是高质量发展的核心动力。在当今这个日新月异、瞬息万变的时代，创新不仅关乎经济发展的速度和规模，更决定了经济发展的质量和效益。近年来，中国全社会在研发投入以及高技术产业投资方面展现出强劲的增长态势，连续多年实现了双位数的稳健增长，高新技术企业数量大幅增加，彰显了国家对科技创新和产业升级的高度重视与持续投入。云计算、大数据、人工智能、区块链等新技术加速落地应用，催生出智能终端、机器人、远程医疗等新产品新业态。这些创新成果不仅推动了产业升级和经济发展方式的转变，也提高了人民的生活质量和幸福感。国家自主创新示范区、高新技术产业开发区等创新载体建设不断推进，涌现出一批具有国际竞争力的创新型企业。中国在量子信息、人工智能、新能源汽车等前沿领域的创新能力显著增强。

（四）区域协调发展取得新进展

高质量发展要求实现经济社会的协调发展。中国政府积极推进区域协调发展战略，通过实施京津冀协同发展、长江经济带发展、粤港澳大湾区建设等重大区域战略，促进东中西部地区协调发展。区域重大战略稳步实施，区域发展差距逐步缩小；乡村振兴战略全面推进，城乡发展一体化水平不断提高；经济社会发展更加协调，人民的获得感显著增强，幸福感更加充盈，安全感也变得更加坚实可靠。同时，国家大力扶持中西部和东北老工业基地的振兴发展，推动区域经济均衡发展。此外，中国坚定不移地推进高水平对外开放，积极参与全球经济治理体系改革和建设。共建"一带一路"成果丰硕，与多个国家和地区签署了合作文件；中欧班列通达欧洲多个国家城市；自由贸易试验区、海南自由贸易港等开放高地建设加快推进。

（五）人民生活质量不断提高

高质量发展最终目的是满足人民日益增长的美好生活需要。2023 年，中国居民人均可支配收入实际增长 6.5%，城乡居民收入差距进一步缩小。就业形势保持稳定，城镇新增就业人数达 1100 万。社会保障体系不断完善，基本养老保险参保人数达到 9.5 亿，基本医疗保险参保人数超过 13 亿。教育、医疗及文化等领域的公共服务质量实现了显著提升，为人民群众带来了更加优质、便捷的服务体验，生活品质得到了全面而显著的增强。

（六）生态环境保护取得积极进展

近年来，中国在生态环境保护领域取得了显著而积极的进展，标志着国家在维护绿水青山、促进人与自然和谐共生方面迈出了坚实步伐。具体而言，蓝天、碧水、净土三大保卫战取得了重大战略胜利，环境质量得到显著提升；同时，山水林田湖草沙一体化保护和系统治理工作全面铺开，生态系统的整体质量和稳定性持续增强，展现出生态修复与保护的系统性和协同性。进入 2023 年，中国经济在保持稳健增长的同时，能源利用效率显著提升，全国单位 GDP 能耗同比下降 3.1%，彰显出绿色发展的成效。可再生能源发电量占全部发电量的比重跃升至 29.8%，标志着中国能源结构正加速向清洁低碳方向转型。随着生态环境质量的持续改善，PM2.5 平均浓度进一步下降，空气更加清新；重点流域水质也实现了明显改善，水体生态逐步恢复生机。

为深化绿色发展理念，全国各地积极响应，大力推进绿色制造体系建设，循环经济模式蔚然成风，生态文明建设成为区域发展的新引擎。这一系列举措不仅促进了经济社会发展的全面绿色转型，也为实现高质量发展建立了坚实基础。中国已向世界庄严宣告，将力争在 2030 年前实现"碳达峰"，2060 年前实现"碳中和"，这一承诺不仅体现了中国作为负责任大国的担当，也彰显了中国对全球气候治理和生态文明建设的坚定决心。为达成这一宏伟目标，中国正积极引领并加速推动能源体系的深刻变革，致力于向清洁低碳方向转型。同时，加快构建以绿色低碳为核心、循环发展为特征的经济体系，力求在经济增长与环境保护之间找到最佳平衡点。这一系列举措不仅体现了中国对可持续发展的坚定承诺，也彰显了中国作为全球生态文明建设重要参与者和贡献者，为全球环境保护事业贡献着不可或缺的中国力量。这些努力不仅为中国经济社会的可持续发展提供了强大动力，也为全球应对气候变化、保护地球家园树立了典范。

第二节　经济高质量发展水平测度方法构建

尽管国内已有部分学者对经济高质量发展开展了相关研究，但仍未形成统一的测度方法。高质量发展不同于传统的高速增长，它更强调创新驱动、生态保护、结构优化和社会公平。一个科学、权威的测度方法不仅有助于全面评估经济发展的实际水平，还能为政策制定提供重要依据。魏敏和李书昊（2018）从创新驱动发展、市场机制完善、基础设施完善、区域协调共享、生态文明建设等10个方面评价了经济高质量发展的水平。杨仁发（2019）基于中央提出的"五位一体"总体布局框架，针对长江经济带在新时期的高质量发展需求，充分考量其独特的区域特性与内部发展不均衡的实际情况，着重于指标体系的稳健性与实用性，构建了一套高质量发展评价指标体系，该体系涵盖经济增长动力、经济增长结构、经济增长稳定性、福利与成果分配、资源利用与环境保护五个维度。杨沫等（2021）在考虑了指标的全面性、科学性、系统性、层次性、可操作性和可比性的原则后，选取了包含创新发展、绿色发展、协调发展、开放发展、共享发展5个维度的指标，并强调中国经济发展质量不均衡现象明显。袁媛（2023）紧密围绕高质量发展的核心理念与新时代社会主要矛盾的新变化，从"人民日益增长的美好生活需要"与"发展不平衡不充分"这一社会主要矛盾的双重维度出发，精心构建了涵盖经济活力、创新驱动、效率变革、绿色发展、人民生活以及社会和谐的六大维度评价体系，这一体系旨在全面评估并推动经济社会向更高质量、更可持续的方向迈进。田丹和丁宝（2018）从目标导向与过程导向两个维度出发，紧密结合高质量发展的核心内涵与特征，从质量效益、绿色发展和社会共享三大目标导向，以及企业创新、公司治理、风险管理三大过程导向入手，设计了相应的指标体系。

本部分结合相关研究成果，借鉴李成刚（2023）的研究方法，从创新发展、协调发展、绿色发展、开放发展、共享发展五个维度，构建一个包含 18 个观测指标的经济高质量发展综合指标体系，各维度指标选择情况如下：

一、创新发展

作为推动经济迈向高质量发展轨道的核心引擎，其本质在于构建一种深度依赖创新作为核心驱动力的新型发展模式。这一模式不仅重塑了经济增长的内在逻辑，还促进了产业结构优化升级，为经济的持续繁荣注入了不竭动力。

在深入探讨创新发展的具体维度时，科研创新的投入与产出成为衡量其成效的两大关键领域。就科研创新投入而言，选取了两个具有代表性的指标进行细致剖析：一是 R&D 人员投入占比，这一指标直接关联到科研活动中人力资源的配置效率与参与度，是衡量一个国家或地区对科技创新重视程度的重要标尺；二是 R&D 经费投入强度，它反映了科研活动获得资金支持的力度与广度，是支撑创新活动持续进行、科技成果不断涌现的物质基础。通过这两个指标的综合考量，能够较为全面地把握科研创新的投入现状与潜力。

在科研创新产出方面，技术市场活跃度与人均专利拥有量成为衡量创新成果转化效率与创新能力的重要标尺。技术市场活跃度作为反映技术创新成果市场化程度及市场接受度的直观指标，其高低直接决定了创新成果能否有效转化为现实生产力，进而推动经济社会进步。而人均专利拥有量，则是衡量一个国家或地区创新产出能力、知识产权保护水平及公众创新意识的综合体现，它揭示了科技创新成果的数量累积与质量提升情况。通过这两方面的评估，可以深入了解科研创新活动的实际效果及其对经济社会发展的实际贡献。

二、协调发展

作为构筑经济共同富裕坚实基石的核心理念，协调发展强调的是各个领域间相互依存、相互促进的和谐共生状态。本部分从多维视角对协调发展的内涵进行深度剖析，具体聚焦于城乡结构、产业结构、收入结构及消费结构四个关键方面进行综合评估。

首先，就城乡结构的协调程度而言，它不仅是一个经济地理布局的问题，更是直接关系到社会经济整体平衡与稳定的关键因素。城乡结构的协调意味着城乡之间在经济发展、资源配置、人口流动、公共服务等方面达到一种相对均衡和相互促进的状态。选取城镇人口占比作为正向指标，这一指标不仅反映了城市化进程的推进速度，还间接体现了城乡资源分配、基础设施建设及公共服务均等化的实现程度。同时，城乡结构的协调还意味着农村经济的活跃与繁荣，是实现全面小康、消除城乡差距的重要一环。

其次，产业结构的协调作为经济转型升级的核心驱动力，其重要性不言而喻。它不仅关乎经济体系的内在稳定性和持续发展能力，更是推动经济从依赖传统增长模式向创新驱动、高效益、绿色低碳方向转变的关键所在。选取第三产业产值占 GDP 比值作为正向指标，凸显了服务业在国民经济中日益重要的地位。这一比例的提升不仅代表了经济结构的高级化趋势，还意味着就业结构的优化、创新能力的增强以及人民生活质量的提升。产业结构的协调发展是实现经济可持续发展、增强国际竞争力的必由之路。

再次，收入结构的协调情况直接触及到社会公平正义的基石与民众福祉的实质。收入结构作为社会经济体系中至关重要的环节，其均衡与否不仅关乎个体及家庭的生活质量与幸福感，更是衡量社会发展成果是否惠及全民、能否实现共同富裕的重要标尺。将城乡居民人均可支配收入比设定为一项逆向评估指标，其逻辑关系在于，当该比值呈现下降趋势时，即表明城乡居民之间的收入差距正在缩小，进而反映出收入结构正朝着更加均衡与合理的方向发展。通过缩小这一差距，可以有效缓解社会矛盾，促进社会和谐稳定，为共同富裕目标的实现建立坚实基础。

最后，消费结构的协调作为深度剖析居民生活状态与消费品质的透镜，其重要性不容忽视。它不仅是一个经济现象的反映，更是衡量一个国家或地区居民生活水平、消费习惯、经济发展阶段以及社会文明程度的关键标尺。居民消费价格指数作为逆向指标，其变动情况反映了物价水平的变化趋势及居民购买力的波动。在保持物价总体稳定的前提下，消费结构的优化升级意味着居民在满足基本生活需求的基础上，开始追求更高层次的精神文化享受和服务性消费，这是经济高质量发展的直接体现。

三、绿色发展

作为引领中国经济迈向可持续增长道路的关键策略，其深远意义在于推动经济社会与自然环境和谐共生，确保发展成果惠及当代而不损害后代。这一理念强调，在追求经济增长的同时，必须坚定不移地在节约能源、精心呵护环境、显著改善空气质量以及高效提升资源利用效率等方面取得实质性进展。

在全面审视环境保护与绿色发展的议题时，选择从能耗、水资源污染、大气污染以及绿化水平这四个核心方面进行深入剖析，旨在构建一个多维度的分析框架，以全面而细致地评估当前环境状况，识别关键挑战并探索有效的解决方案。在能耗管理方面，单位能耗作为关键指标，直接反映了经济活动对能源的消耗效率，能耗降低不仅意味着节能减排的显著成效，也体现了经济结构向低耗能、高效率方向转型的积极趋势。

水资源作为生命之源，其保护状况直接关系到生态安全与人民福祉。因此，单位二氧化硫排放量与单位废水排放量被选为衡量水资源污染程度的重要指标。通过监测并努力降低这两项指标，旨在有效控制工业排放对水体的污染，保护水资源的清洁与可持续利用。

生态绿化水平是衡量一个地区绿色发展综合成效的直观体现。森林覆盖率作为其中的关键指标，不仅反映了自然生态系统的健康状况，还体现了人类社会对自然环境的尊重与保护力度。通过提高森林覆盖率，不仅能够增强生态系统的服务功能，如固碳释氧、涵养水源等，还能为生物多样性提供宝贵的栖息地，促进生态系统的和谐共生。

四、开放发展

开放发展作为积极响应全球一体化趋势、携手共建人类命运共同体的关键举措，其深远意义在于促进各国间经济互融，共同绘制世界繁荣进步的宏伟蓝图。从经济开放方面对开放发展的实践成效进行深入剖析与评估。选用外商直接投资额占 GDP 比重，作为衡量外资利用效率的重要标尺，直接反映了我国市场对外资的吸引力及国际化程度；而进出口总额占 GDP 比重，则揭示了我国参与全球经济循环的深度与广度，体现了对外贸易对经济增长的拉动作用。

五、共享发展

共享发展是经济高质量发展不可或缺的归宿，旨在通过全面提升社会福利水平，推动全体人民迈向共同富裕的康庄大道。采用教育、医疗、交通及基础设施四大民生领域作为评估框架，力求全面展现我国在共享发展方面的努力与成就。普通高校师生比，作为衡量教育资源分配与教育质量的重要指标，反映了我国高等教育体系的可持续发展能力及对人才培养的重视；卫生人员数占年末常住人口比值，则直接关联到民众健康福祉，体现了医疗卫生服务体系的覆盖面与服务质量；人均汽车占有量与人均公路里程数，则分别从出行工具与交通基础设施两个维度，展现了我国交通运输能力的提升及人民出行条件的改善，为经济社会全面发展提供了有力支撑。

综上所述，经济高质量发展指标体系如表4-1所示。

表4-1　经济高质量发展指标体系

一级指标	二级指标	衡量方式	指标属性
创新发展	R&D 经费投入强度	R&D 经费投入/GDP	正向
	R&D 人员投入强度	R&D 人员全时当量/年末常住人口	正向
	技术市场活跃度	技术市场成交额/GDP	正向
	人均专利占有量	国内专利申请授权量/年末常住人口	正向
协调发展	城镇化水平	城镇人口数/年末常住人口	正向
	产业高级化指数	第三产业增加值/第二产业增加值	正向
	居民消费水平	居民消费价格指数	逆向
	城乡居民人均可支配收入比	城市/农村居民人均可支配收入	逆向
绿色发展	森林覆盖率	森林面积/土地总面积	正向
	能源消费弹性系数	能源消费增长率/地区生产总值增长率	逆向
	单位 GDP 废气排放	二氧化硫排放总量/GDP	逆向
	单位 GDP 废水排放	废水排放总量/GDP	逆向
开放发展	对外贸易依存度	进出口总额/GDP	正向
	外资依赖程度	实际利用外商投资/GDP	正向
共享发展	教育发展水平	教育财政支出/财政一般预算支出	正向
	医疗服务水平	卫生人员数/年末常住人口	正向
	人均汽车占有量	私人汽车拥有量/年末常住人口	正向
	人均公路里程数	公路里程数/年末常住人口	正向

第三节　我国经济高质量发展分维度概况

中国经济高质量发展聚焦于以下五个关键方面：创新发展激发经济活力、协调发展缩小发展差距、绿色发展确保可持续性、开放发展深化国际合作、共享发展提升民生福祉。这些维度共同推动中国经济向更高质量、更可持续的方向迈进。以下对五个维度进行具体测度分析，资料来源于《中国统计年鉴》、CSMAR数据库等。

一、创新发展概况

如表 4-2 所示，我国 R&D 经费投入强度从 2012 年的 1.9100 上升到 2021 年的 2.4400。这一逐年增加的趋势显示出中国对科研活动的持续加大投入，反映出国家在全球科技竞争中加强自身实力的决心。近年来，中国在科研领域的投入强度呈现稳健上升的态势，具体表现为 R&D 人员投入强度的逐年攀升，从 2012 年的 0.0024 跃升至 2021 年的 0.0040，这一变化深刻反映了国家层面对科研事业的高度重视与持续支持。这不仅意味着财务资源向科研领域的倾斜增加，更深层次地标志着中国科研队伍的不断壮大与人力资源结构的优化升级，为科技创新提供了坚实的人才保障和智力支撑。

同时，技术市场的活跃度也实现了质的飞跃，从 2012 年的 0.0120 增长至 2021 年的 0.0325，这一数据的跃升直观展现了中国技术转让与商业化进程的加速推进。它不仅表明中国在促进科技成果向现实生产力转化方面取得了显著成效，还预示着科技成果在经济体系中的渗透力、转化效率和市场影响力正日益增强，为经济社会的可持续发展注入了强劲动力。人均专利占有量的稳步增长，从 2012 年的 0.0009 提升至 2021 年的 0.0033，更是中国知识产权建设成果斐然的直接体现。这一变化不仅反映了中国在创新产出方面的量质齐升，也彰显了国家在保护知识产权、激励创新创造方面的坚定决心和有效举措。它标志着中国创新活动的广度和深度不断拓展，创新生态系统日益完善，为构建创新型国家建立了坚实基础。

从创新资源的投入到创新成果的产出，中国的科技创新体系正经历着前所未有的快速发展与成熟过程。财政支持的加大、研发队伍的扩充、技术市场的繁荣以及知识产权的积累，这些要素相互交织、相互促进，共同推动了中国科技创新能力的全面跃升。这一系列积极变化不仅为中国经济的高质量发展提供了强大的科技支撑，也显著提升了中国在全球科技竞争中的话语权和影响力，为加速构建人类命运共同体贡献了智慧和力量。

表 4-2 创新发展概况

年份	R&D 经费投入强度	R&D 人员投入强度	技术市场活跃度	人均专利占有量
2012	1.9100	0.0024	0.0120	0.0009
2013	1.9900	0.0026	0.0126	0.0010
2014	2.0200	0.0027	0.0133	0.0009

年份	R&D 经费投入强度	R&D 人员投入强度	技术市场活跃度	人均专利占有量
2015	2.0600	0.0027	0.0143	0.0012
2016	2.1100	0.0028	0.0153	0.0013
2017	2.1200	0.0029	0.0161	0.0013
2018	2.1400	0.0031	0.0193	0.0017
2019	2.2400	0.0034	0.0227	0.0018
2020	2.4100	0.0037	0.0279	0.0026
2021	2.4400	0.0040	0.0325	0.0033

资料来源：作者整理计算所得。

二、协调发展概况

如表 4-3 所示，我国城镇化率从 2012 年的 53.100 增长至 2021 年的 64.720，表明我国城镇化进程稳步推进。随着城镇化进程的加速推进，一系列深刻的社会经济变革应运而生，其中较为显著的是人口流动的加剧与产业结构的深刻调整等问题。这些变化如同一股强劲的驱动力，不仅促进了资源在城乡之间、产业之间的优化配置，加速推进城市化进程，还为经济的持续健康发展铺设了坚实的基石，是资源高效配置与经济发展活力释放的重要驱动力。随着人口向城市集聚，不仅促进了基础设施的完善与公共服务水平的提升，还带动了相关产业的集聚与升级，形成了规模经济与范围经济的双重效应，为经济社会的全面发展建立了坚实基础。

在这一过程中，产业结构的优化升级尤为引人注目，具体表现为产业高级化指数从 2012 年的 1.001 稳步攀升至 2021 年的 1.361，这一显著增长轨迹清晰勾勒出我国产业结构向高端化、智能化转型的坚定步伐。高级化的产业结构，其核心在于对技术创新的不懈追求与对高附加值产业的重点培育。这不仅意味着传统产业的转型升级与新兴产业的蓬勃兴起，更代表着我国经济体系正逐步构建起以创新驱动为核心的发展模式，实现了从"中国制造"向"中国创造"的跨越。这一转变不仅极大地提升了我国经济的全球竞争力，也为实现经济社会的可持续发展建立了坚实的基础，是我国经济结构转型成功的直接体现。

同时，居民消费水平的稳定提升成为衡量国民生活质量改善与经济发展活力的重要指标。尽管在个别年份中，居民消费水平可能受到外部经济环境等因素的影响而略有波动，但总体上，这一指标始终保持在相对稳定的区间内。随着居民收入水平的提高和消费观念的转变，反映出我国居民生活水平的持续提升与消费需求的稳步增长，不仅为市场注入了源源不断的活力，更为经济的长期发展提供了坚实的内需支撑，为市场提供了广阔的发展空间。

值得注意的是，在城镇化与产业结构升级的双重推动下，城乡收入差距问题得到了有效缓解。城乡居民人均可支配收入比从 2012 年的 2.876 显著缩小至2021 年的 2.505，这一变化背后是政府坚定不移地实施乡村振兴战略与精准扶贫政策的生动实践。通过加大对农村地区的投入力度，改善农村基础设施条件，提升农业生产效率与农民收入水平，政府有力地推动了农村经济的全面发展与城乡经济的协调共进。这一变化不仅彰显了我国经济发展的包容性与普惠性，也为构建和谐社会、推动经济全面高质量发展提供了有力支撑。

表 4-3　协调发展概况

年份	城镇化水平	产业高级化指数	居民消费水平	城乡居民人均可支配收入比
2012	53.100	1.001	102.600	2.876
2013	54.490	1.061	102.600	2.807
2014	55.750	1.120	102.000	2.750
2015	57.330	1.243	101.400	2.731
2016	58.840	1.323	102.000	2.719
2017	60.240	1.322	101.600	2.710
2018	61.500	1.342	102.100	2.685
2019	62.710	1.406	102.900	2.644
2020	63.890	1.439	102.500	2.559
2021	64.720	1.361	100.900	2.505

资料来源：作者整理计算所得。

三、绿色发展概况

如表 4-4 所示，2012~2021 年，我国的森林覆盖率持续维持在一个相对较高的水平上，这是我国在森林资源保护与生态恢复领域取得显著成效的明证。这一成就不仅彰显了国家对自然环境保护的坚定承诺，也反映了社会各界在促进绿色发展、构建生态文明方面所付出的不懈努力。

同时，能源消费弹性系数有所波动，呈下降趋势，这一变化标志着我国经济结构正在经历深刻的转型，正从传统的资源依赖型模式向更加环保、高效、可持续的发展路径迈进。这表明随着技术的进步和政策的引导，单位经济增长所需的能源消耗正在减少，能源消费对经济发展的负面影响也在逐渐减弱。能源消费弹性系数的波动表明能源消费结构尚未完全理想，需要加大可再生能源的利用和能源消费结构的优化。

2012~2021年，二氧化硫排放量的稳步下降，成为环境保护政策有效实施和技术创新成果的直接体现。这一时期，政府加大了对污染排放的监管力度，推动了一系列环保法规的出台与实施，同时，企业在节能减排技术的研发与应用上也取得了显著进展。因此，未来我们要持续加大环境保护力度，优化能源结构，推广清洁能源和可再生能源的使用，同时加强科技创新，提高污染治理效率，确保经济发展与环境保护的协调并进。

化学需氧量排放量在2012~2019年也在逐年减少，这归功于环境保护政策的强化执行、环保意识的提升以及废水处理技术的不断进步。这些努力共同推动了工业排放、农业面源污染及城市污水处理等方面的显著改善，从而有效降低了水体中的化学需氧量，保护了水环境的健康。但2020~2021年上升幅度较大，这一现象可能由于社会经济活动在经历了一段时间的放缓后逐渐恢复，工业生产、交通运输等领域的活动增加，可能导致废水排放量及其中化学需氧量也随之上升。

综上所述，在追求经济复苏与发展的过程中，仍需高度重视环境保护工作，加强环境监管与执法力度，推动绿色生产方式和生活方式的转变，以实现经济与环境的和谐共生。同时，也需要加大对污水处理技术的研发投入，提高处理效率，以应对未来可能出现的各种挑战。

表4-4 绿色发展概况

年份	森林覆盖率（%）	能源消费弹性系数	二氧化硫排放量（万吨）	化学需氧量排放量（万吨）
2012	21.63	0.49	2118.00	2424.00
2013	21.63	0.47	2043.90	2352.70
2014	21.63	0.36	1974.40	2294.60
2015	21.63	0.19	1859.10	2223.50
2016	21.63	0.25	854.89	658.10
2017	21.63	0.46	610.84	608.88
2018	21.63	0.52	516.12	584.22
2019	22.96	0.55	457.29	567.14

年份	森林覆盖率（%）	能源消费弹性系数	二氧化硫排放量 （万吨）	化学需氧量排放量 （万吨）
2020	22.96	1.00	318.22	2636.76
2021	22.96	0.64	274.78	2614.73

资料来源：作者整理计算所得。

四、开放发展概况

如表4-5所示，我国进出口总额从2012年的244160.20亿元人民币增长到2021年的387414.60亿元人民币，显示出中国对外贸易的规模持续扩大。近年来，中国的对外贸易领域展现出了蓬勃的发展活力，进出口总额的增长速度显著加快，这一强劲势头无疑昭示着中国在全球贸易版图中地位的日益凸显。中国不仅作为世界第二大经济体，其贸易活动的频繁与规模的扩大，更是成为驱动全球经济一体化进程的重要力量。

我国实际利用外资额从2012年的1132.94亿美元稳步增长至2021年的1734.83亿美元，这一跨越式的增长不仅彰显了中国作为全球投资热土的吸引力，也反映了中国经济结构的持续优化与升级，为外资提供了更加广阔的投资空间与更加丰富的合作机遇。尤为值得一提的是，近年来外资的实际使用速度显著加快，特别是2021年所达到的历史新高，这不仅是外国投资者对中国经济韧性与增长潜力的坚定信心体现，也是他们持续加码中国市场、共享中国发展机遇的强烈信号。这一系列积极的变化不仅促进了中国经济的快速增长与转型升级，也为全球经济的复苏与繁荣贡献了重要力量。

进一步地，随着中国对外经济交往的日益频繁和外资利用规模的持续扩大，我们也不可忽视随之而来的一系列复杂挑战。具体而言，进出口总量的显著增长，虽然彰显了中国在全球贸易中的活跃身影与强大竞争力，但同时也可能潜藏着贸易失衡加剧及外部依赖度攀升的风险。这一现实状况迫切要求我们采取更为积极主动的措施，不仅要深化贸易架构的调整与优化，以实现贸易结构的平衡与可持续发展，还要积极推行市场多元化战略，以分散风险、拓宽合作领域，确保中国在全球贸易体系中的稳健地位。

另外，实际吸引外资额度的持续增长，无疑是中国经济活力、市场潜力及投资环境不断优化的有力证明，进一步巩固了中国作为全球投资热点的地位。然而，在享受外资带来的资金、技术与管理经验等正面效应的同时，我们也必须保持高度的警惕性,密切关注外资流入可能带来的潜在风险,特别是要防范其对国家经济安全、产业安全构成的威胁。这意味着,我们需要在积极引进外资的同时,建立健全外资安全审查机制,加强对外资流向、用途及后续影响的监管,确保外资在促进中国经济发展的同时,不损害国家利益和产业安全。

总之,面对对外经济交往和外资利用所带来的机遇与挑战,中国需以更加开放包容的姿态迎接世界,同时加强自我审视与风险防范,通过深化改革开放、优化营商环境、推动产业升级与创新发展等措施,不断提升自身在全球经济体系中的竞争力和抗风险能力。

表4-5 开放发展概况

年份	进出口总额(亿元人民币)	实际利用外资额(亿美元)
2012	244160.20	1132.94
2013	258168.90	1187.21
2014	264241.80	1197.05
2015	245502.90	1262.67
2016	243386.50	1260.01
2017	278099.20	1310.35
2018	305010.10	1349.66
2019	315627.30	1381.35
2020	322215.20	1443.69
2021	387414.60	1734.83

资料来源:作者整理计算所得。

五、共享发展概况

如表4-6所示,2012~2021年,中国教育发展水平指标从0.2275稳步攀升至0.2356,这一细微变化却坚定的增长轨迹,深刻昭示了中国教育事业持续稳健向前的蓬勃态势。教育作为人力资源开发的核心引擎,其质量的持续提升不仅为国民素质的整体跃升建立了坚实基础,更直接促进了劳动生产率的提高,成为驱动经济社会可持续发展的不竭动力。

同时,中国医疗卫生事业的发展也取得了令人瞩目的成就。医疗服务水平指数从2012年的0.0067显著增长至2021年的0.0099,这一变化直观反映了国家在提升医疗服务质量和可及性方面的不懈努力。优质医疗服务的普及不仅有效保障了人民的身心健康，提升了全民生活质量，更在深层次上促进了人的全面发展，为社会的和谐稳定与进步注入了强大正能量。

在居民生活领域，人均汽车占有量的显著增长，从 2012 年的 0.0650 跃升至 2021 年的 0.1851，是居民消费升级和汽车消费能力增强的直接体现。汽车产业的蓬勃发展不仅带动了汽车制造、零部件供应、销售服务等相关产业链的繁荣，还激发了更广泛的消费需求，为经济增长注入了新的活力。这一变化不仅反映了中国经济结构的持续优化和居民生活水平的提高，也预示着未来消费市场的巨大潜力。

此外，人均公路里程数的稳步增长，从 2012 年的 0.0031 千米增加至 2021 年的 0.0037 千米，虽看似微小，但却反映了中国基础设施建设进入了一个新的发展阶段。公路网络的日益完善不仅极大地便利了人们的日常出行，更促进了商品、信息、技术等资源的快速流动，加强了各地区之间的经济联系与合作，为推动区域经济一体化和共同繁荣提供了坚实的支撑。在这个过程中，交通运输领域的持续发展，正逐步成为连接城乡、促进产业融合、激发市场活力的关键纽带。

表 4-6 共享发展测度指标

年份	教育发展水平	医疗服务水平	人均汽车占有量	人均公路里程数（千米）
2012	0.2275	0.0067	0.0650	0.0031
2013	0.2166	0.0072	0.0768	0.0032
2014	0.2161	0.0074	0.0896	0.0032
2015	0.2054	0.0077	0.1019	0.0033
2016	0.2071	0.0080	0.1173	0.0034
2017	0.2096	0.0084	0.1322	0.0034
2018	0.2089	0.0088	0.1464	0.0034
2019	0.2101	0.0092	0.1596	0.0036
2020	0.2159	0.0095	0.1720	0.0037
2021	0.2356	0.0099	0.1851	0.0037

资料来源：作者整理计算所得。

通过对教育发展水平、医疗服务水平、人均汽车占有量和人均公路里程数的数据分析，可以看出中国在共享发展方面取得了显著成就。然而，在取得这些成就的同时，我们也必须清醒地认识到，当前的发展还面临着一些挑战和问题。教育资源和医疗服务的不均衡分布，仍然是制约社会公平与发展的重要因素；而交通拥堵等问题的日益凸显，则对城市的可持续发展构成了严峻挑战。因此，未来中国需要继续深化改革、加大投入，特别是在教育、医疗和交通等关键领域，要采取更加有力的措施，推动资源向基层倾斜、农村延伸，努力缩小城乡、区域间的差距，确保共享发展成果更多更公平地惠及全体人民。同时，还要加强规划引导和政策支持，推动经济社会的全面、协调、可持续发展，为实现中华民族伟大复兴的中国梦建立坚实基础。

第四节 我国经济高质量发展水平测度分析

一、我国经济高质量发展总体水平

我国各省份经济高质量发展水平测度结果如表 4-7 所示，2012~2021 年，中国经济高质量发展水平呈现出持续上升的趋势，而同比增速则显示出显著的波动。在此期间，经济高质量发展水平从 2012 年的略高于 0.3 逐步上升到 2021 年的接近 0.5，表明中国在推动经济高质量发展方面取得了显著成效，尤其是 2020 年之后的增长速度有所加快。然而，尽管整体水平不断提升，同比增速却经历了较大的波动。2013 年和 2014 年同比增速较高，随后几年明显下降，特别是在 2017 年和 2018 年跌至低谷。2019 年同比增速有所回升，但仍然处于较低水平，直到 2020 年之后才显著反弹，2021 年达到接近 0.1 的高点。关键年份如 2014 年和 2020 年分别代表了高速增长和快速恢复的节点，表明在应对外部挑战和国内经济调整的背景下，中国经济高质量发展水平恢复了较快的增长。这一趋势显示出中国在推动经济高质量发展的过程中，不断调整和优化经济结构，应对内外部挑战，逐步实现更高水平的发展目标。2012~2021 年，各省份的经济高质量发展水平呈现出整体上升的趋势，但不同省份之间存在显著差异。北京、上海、江苏和浙江等发达地区的经济高质量发展水平较高，均值分别为 0.609、0.509、0.482 和 0.521。这些地区在经济发展、创新能力和政策支持方面均表现突出，因此其经济高质量发展水平处于领先地位。反观西部和部分中部地区，如甘肃、新疆、宁夏和贵州，经济高质量发展水平较低，均值分别为 0.268、0.175、

0.257 和 0.310。这些地区在基础设施建设、产业结构优化和经济转型等方面面临更大挑战，因此其经济高质量发展水平相对落后。全国经济高质量发展水平从 2012 年的 0.314 逐步上升至 2021 年的 0.463，表明全国范围内在推动经济高质量发展方面取得了显著进步，特别是 2019 年之后，增长速度有所加快。综合来看，中国在 2012~2021 年，经济高质量发展水平总体呈现出稳定上升的趋势，尽管不同地区之间存在一定差距。

东部地区作为中国经济发展的"领头羊"，凭借其得天独厚的地理位置优势，不仅紧邻国际海运要道，便于国际贸易与合作的开展，还坐拥广袤的沿海经济带，为区域经济注入了强大的活力与开放性。这一区域的基础设施建设极为完善，高速公路网、高速铁路网、现代化港口群及国际机场群密布，极大地提升了物流效率与区域连通性，为企业运营与居民生活提供了便捷条件，在经济增长质量上展现出最高水平。

中部地区作为连接东西部的桥梁和纽带，近年来在经济增长质量上也取得了长足进步。中部地区通过承接东部产业转移、加强区域合作、优化产业布局等举措，有效促进了产业升级和转型，加速了从传统制造业向智能化、绿色化方向迈进，新兴产业快速崛起，经济增长动力更加多元。同时，中部地区还注重提升基础设施互联互通水平，改善营商环境，为经济高质量发展建立了坚实基础。

相比之下，西部地区在经济增长的道路上确实面临着更为复杂和严峻的挑战，这些挑战主要源自于其自然条件的特殊性以及历史基础的相对薄弱。西部地区地域辽阔，地形复杂多样，既有广袤无垠的沙漠、戈壁，也有崇山峻岭、高原盆地，这样的自然环境在很大程度上限制了交通、通信等基础设施的建设，增加了经济发展的难度和成本。同时，西部地区的历史基础相对薄弱，经济基础、产业结构、人才储备等方面与东部地区相比存在明显差距，这也使西部地区在经济发展的初期阶段难以迅速追赶，但这一状况正在逐步改善。西部地区正积极实施区域协调发展战略，加大对外开放力度，加强基础设施建设，优化营商环境，吸引投资和人才流入。同时，西部地区还依托自身资源禀赋，大力发展特色优势产业，如新能源、新材料、文化旅游等，为经济增长注入新动力。随着一系列政策措施的落地实施，西部地区经济增长质量有望得到进一步提升。

从分地区经济高质量发展的综合水平来看，我国分地区经济高质量发展的综合水平呈现出显著的区域差异特征。这种差异既是对各地区发展条件和历史基础的客观反映，也是推动全国经济高质量发展的重要动力。

表 4-7 各省份经济高质量发展水平指数

地区＼年份	2012	2013	2014	2015	2016	2017	2018	2019	2020	2021	均值
北京	0.514	0.525	0.567	0.600	0.609	0.616	0.617	0.646	0.687	0.710	0.609
天津	0.475	0.491	0.529	0.554	0.556	0.533	0.548	0.532	0.572	0.615	0.541
河北	0.292	0.291	0.332	0.358	0.369	0.384	0.390	0.406	0.438	0.477	0.374
山西	0.277	0.271	0.299	0.331	0.348	0.358	0.363	0.360	0.374	0.421	0.340
内蒙古	0.251	0.264	0.303	0.329	0.358	0.358	0.338	0.358	0.383	0.404	0.335
辽宁	0.347	0.350	0.364	0.376	0.392	0.422	0.416	0.424	0.439	0.464	0.399
吉林	0.328	0.321	0.340	0.362	0.381	0.377	0.371	0.363	0.391	0.422	0.366
黑龙江	0.306	0.322	0.343	0.349	0.361	0.368	0.359	0.358	0.376	0.415	0.356
上海	0.447	0.464	0.474	0.486	0.484	0.511	0.523	0.523	0.567	0.607	0.509
江苏	0.417	0.433	0.442	0.467	0.468	0.491	0.495	0.497	0.537	0.577	0.482
浙江	0.463	0.476	0.493	0.512	0.516	0.525	0.542	0.546	0.567	0.574	0.521
安徽	0.292	0.298	0.324	0.351	0.355	0.378	0.385	0.388	0.407	0.456	0.363
福建	0.406	0.400	0.417	0.444	0.453	0.463	0.472	0.457	0.478	0.515	0.451
江西	0.324	0.327	0.338	0.361	0.373	0.393	0.413	0.422	0.448	0.489	0.389
山东	0.361	0.372	0.387	0.408	0.416	0.442	0.428	0.429	0.471	0.529	0.424
河南	0.295	0.291	0.319	0.336	0.346	0.367	0.359	0.365	0.370	0.398	0.345
湖北	0.320	0.323	0.352	0.376	0.383	0.405	0.402	0.395	0.421	0.478	0.386
湖南	0.317	0.307	0.330	0.350	0.354	0.387	0.390	0.386	0.403	0.444	0.367
广东	0.391	0.406	0.410	0.421	0.426	0.492	0.508	0.504	0.539	0.580	0.468
广西	0.257	0.291	0.310	0.336	0.351	0.359	0.353	0.344	0.371	0.435	0.341
海南	0.310	0.334	0.347	0.381	0.399	0.396	0.417	0.414	0.456	0.509	0.396
重庆	0.293	0.299	0.334	0.364	0.373	0.392	0.393	0.392	0.418	0.474	0.373
四川	0.287	0.282	0.310	0.333	0.334	0.356	0.363	0.361	0.387	0.458	0.347
贵州	0.200	0.229	0.254	0.293	0.327	0.348	0.350	0.343	0.353	0.404	0.310
云南	0.238	0.238	0.259	0.293	0.310	0.337	0.341	0.331	0.326	0.383	0.306
陕西	0.282	0.295	0.323	0.343	0.361	0.365	0.373	0.372	0.399	0.429	0.354
甘肃	0.192	0.195	0.227	0.254	0.287	0.288	0.286	0.304	0.313	0.334	0.268
青海	0.229	0.231	0.270	0.293	0.327	0.342	0.334	0.338	0.335	0.355	0.305
宁夏	0.154	0.159	0.202	0.229	0.248	0.289	0.279	0.305	0.342	0.364	0.257
新疆	0.153	0.159	0.183	0.200	0.192	0.177	0.181	0.173	0.169	0.162	0.175
均值	0.314	0.321	0.346	0.370	0.382	0.397	0.400	0.401	0.425	0.463	0.382

资料来源：作者整理计算所得。

二、我国经济高质量发展分地区比较分析

(一)东部地区

在东部区域,经济发展的整体水平相当高,平均水平达到0.4775,显著超过了全国的平均标准。这显示了东部地区在整个国家经济成长中所拥有的核心身份以及相当强大的经济能力。这一成就的背后是多年来东部地区坚持创新驱动发展战略、深化改革开放、优化产业结构与布局的结果。

从我国分地区经济高质量发展的综合水平深入剖析,可以清晰地观察到一幅区域间差异化发展的鲜明图景。自2002年中国正式成为世界贸易组织(WTO)的一员以来,不仅昭示着我国对外开放战略的全面升级,开启了一个崭新的纪元,而且极大地加速了中国经济与世界经济体系的深度融合与互利共赢进程,促进了双方在贸易、投资及多个经济领域的紧密互动与合作。在此过程中,东部地区凭借其得天独厚的地理位置优势,成为对外开放的前沿阵地。

东部地区沿海的地理特性使其能够更直接、更便捷地与国际市场接轨,吸引了大量外资涌入,促进了对外贸易的蓬勃发展。同时,多年的改革开放实践也为东部地区积累了丰富的市场经济经验,构建了相对成熟的市场环境。这种环境不仅体现在完善的市场机制、高效的资源配置能力上,还反映在先进的管理理念、创新的商业模式以及活跃的民营经济等方面。

相比之下,中西部地区虽然也受益于国家一系列区域发展战略的推动,但由于地理位置相对偏远、经济基础相对薄弱、开放程度相对滞后等因素,其经济发展速度和质量与东部地区相比仍存在较大差距。这种差距不仅体现在经济总量和人均水平上,更深刻地反映在产业结构、创新能力等多个维度上。

细观各省份的经济发展轨迹,不难发现,以北京、上海、浙江为代表的经济强省(市)犹如璀璨明珠,引领着东部乃至全国的经济潮流。北京作为国家的政治、文化中心,同时也是科技创新的高地,其经济增长率从2012年的0.514稳步攀升至2021年的0.710,不仅体现了首都经济的稳健与韧性,更展示了其在高端服务业、科技创新领域的强大竞争力。上海作为国际金融、贸易、航运中心,其经济增长率从0.447提升至0.607,反映了其在全球经济一体化中的活跃身影与持续增强的国际影响力。浙江则以"民营经济大省"著称,其经济增长率从0.463稳步增长至0.574,彰显了浙江人民敢为人先、勇于创新的精神风貌,以及民营经济在推动区域经济发展中的重要作用。

同时,东部地区的经济发展并未忽视那些相对落后的区域。山东、江苏等省

份，虽起点不同，却同样展现出了强劲的增长势头和巨大的发展潜力。山东依托其丰富的自然资源和坚实的工业基础，经济增长率从 2012 年的 0.361 大幅跃升至 2021 年的 0.529，实现了跨越式发展。江苏则以其均衡发展的模式和强大的综合实力，经济增长率从 0.417 稳步提升至 0.577，成为东部地区乃至全国经济发展的重要支撑。

这一系列数据的变化不仅反映了东部地区经济的持续繁荣与增长，更深刻地揭示了区域内部经济发展的不平衡正在得到有效缓解，区域间的经济差距正逐步缩小。这得益于东部地区政府间的高效协作、资源的优化配置以及政策的精准引导，共同推动了区域经济的协调发展，为实现更高水平的共同富裕建立了坚实基础。

（二）中部地区

中部地区作为连接东部繁荣地带与西部开发前沿的桥梁，在国家经济版图中占据着举足轻重的地位，其经济发展速度与质量恰如其分地填补了东西部之间的梯度差异。深入剖析近年来中部地区的经济数据变迁，不难发现，一系列具有代表性的省份正以稳健的步伐迈向新的经济增长阶段。以湖北为例，自 2012 年的经济指标 0.320 为起点，历经 10 年深耕细作，至 2021 年已跃升至 0.478，展现出强劲的增长韧性与潜力。湖南同样不甘落后，从 10 年前的 0.317 稳步增长至 0.444，经济活力持续释放。而河南尽管基数稍低，从 0.295 起步，亦已奋力追赶至 0.398，彰显了中部地区整体向上的发展态势。

然而，中部地区的经济发展并非全然无虞，区域内部的不平衡性仍是亟待解决的问题。特别是像河南、湖南等部分省份，尽管经济总量持续增长，但相对增速有所放缓，反映出在转型升级过程中面临的挑战与压力。但从整体趋势来看，中部地区的经济增长势头依然强劲，且呈现出积极向好的发展态势。

展望未来，在基础设施建设方面，预计将迎来新一轮的强化与升级，为区域经济的腾飞建立坚实基础。同时，产业结构优化调整将成为关键一环，通过淘汰落后产能、培育新兴产业，推动经济从量的扩张向质的提升转变。此外，科技进步与人才培育也将成为中部地区经济高质量发展的强大引擎，通过创新驱动发展战略的实施，激发内生增长动力，提升区域核心竞争力。

为确保中部地区经济的持续稳定与健康发展，政府可以进一步加大政策扶持力度，优化营商环境，吸引更多国内外优质资源汇聚中部。通过精准施策、分类指导，推动中部地区各省份在协调发展中实现错位竞争、优势互补，共同绘制国家经济发展的壮丽画卷。

（三）西部地区

西部地区在经济发展的宏伟蓝图中，总体而言，其步伐显得较为迟缓，平均发展水平在0.314的刻度上，这一数值微妙地低于全国经济的平均水位线，深刻映射出该区域在国家经济版图中的相对弱势位置及其有待增强的经济实力。这一现状不仅是对西部地区过去发展历程的一种客观反映，也预示着其在新时代经济发展浪潮中面临的挑战与机遇。

西部地区在经济高质量发展方面，长期以来在全国区域范围内一直保持着最低的水平，这一现象不仅引人深思，也反映了该区域在经济发展过程中所面临的深刻挑战。从历史发展的角度分析，可以发现，即便自2000年起国家大力实施了旨在促进西部地区全面发展的西部大开发战略，这一政策红利并未能立即且显著地扭转西部地区经济增长质量的低迷态势。

究其根本，不难发现隐藏在其后的多重复杂原因：西部地区的经济发展水平相较于东部和中部地区而言，存在着明显的差距。这种差距不仅体现在经济总量的不足上，更在于经济结构的单一性和不合理性。产业结构的优化升级是提升经济增长质量的关键所在，而西部地区在这一方面显然还有很长的路要走。同时，西部地区的对外开放程度相对较低，限制了其与国际市场的深度融合，减少了获取外部资源和先进技术的机会，从而影响了经济增长的潜力和速度。

更为严峻的是，随着经济的发展和区域间差距的拉大，人力资本开始向经济更为发达、机会更多的中东部地区流动。这种"孔雀东南飞"的现象，不仅加剧了西部地区的人才短缺问题，也削弱了其自主创新和持续发展的能力。而西部地区的生态环境本就相对脆弱，一旦受到经济发展压力的冲击，更容易出现生态破坏和环境污染等问题，这无疑又给经济增长质量的提升增添了新的障碍。

深入剖析西部各省份的具体数据轨迹，不难发现，以新疆、宁夏、青海为代表的广袤西部地区，在过去10年的光阴里，尽管展现出了前行的姿态，但其经济增速却显得温和而缓慢。新疆的经济指标从2012年的0.153缓缓攀升至2021年的0.162，虽有进步，但却难掩其增长步伐的稳健有余而迅猛不足；宁夏则从0.154的低基数起步，历经10年风雨，增长至0.364，虽实现了翻越，但增长速度的温和性依旧显著；青海亦不例外，其经济数据从0.229稳步提升至0.355，彰显了稳中求进的发展策略，却也揭示了经济增长动力尚需进一步激发的现实。

同时，西部地区的经济发展不平衡问题依旧突出，贵州、甘肃等经济基础相对薄弱的省份在追求经济增长的道路上虽不乏亮点，却也面临着增速受限的困境。贵州凭借其独特的地理与资源优势，经济指标从2012年的0.200稳步提升至 2021 年的 0.404，展现出了较强的后发优势；而甘肃则以 0.192 为起点，历经 10 年努力，达到 0.334 的新高度，其增长虽显稳健，但相较于全国其他地区，尤其是东部沿海发达省份，其差距依然明显。

面对这一现状，西部地区亟须从深层次挖掘发展潜力，强化创新驱动发展战略，以科技创新为引领，优化产业结构布局，推动传统产业转型升级与新兴产业的培育壮大。同时，政府应通过加大政策扶持力度，优化营商环境，吸引更多资金与人才向西部会聚，为区域经济发展注入强大动力。只有这样，西部地区才能逐步缩小与东部地区的经济差距，实现经济社会的全面协调可持续发展，让西部大地焕发出更加璀璨的光芒。

自改革开放以来，中国经历了翻天覆地的变化，人民生活水平显著提升，富裕程度不断增强，贫困人口数量逐年下降，这不仅是中国经济发展取得的辉煌成就，也是全球减贫事业的重要贡献。随着全面建设小康社会的目标稳健推进，中国正向着更加繁荣富强的未来迈进。然而，在这一片繁荣景象之下，我们也必须清醒地认识到，当前中国经济增长过程中依然存在着不容忽视的区域发展不协调问题。

区域发展不协调具体表现为东部地区、中部地区、西部地区之间在经济发展水平、产业结构、创新能力、基础设施建设等方面的显著差异。这种差异不仅限制了经济整体的高质量发展，也影响了社会公平与和谐稳定。在新时代背景下，面对国内外环境的深刻变化，中国必须更加重视"共享"和"协调"两大发展理念，将其作为推动经济高质量发展的关键路径。

"共享"发展理念的核心在于强调，发展的丰硕成果应当被全体人民所共同拥有和享受，这不仅是社会主义制度内在本质的直接体现，也是其优越性的重要彰显。它倡导的是一种包容性增长，确保发展的红利能够广泛而均衡地惠及每一个社会成员。为实现这一目标，我们需要通过一系列政策措施，如加大转移支付力度、优化资源配置、完善社会保障体系等，确保不同地区、不同群体的人民都能公平地享受到经济发展的红利。同时，要特别关注农村和欠发达地区的发展，努力缩小城乡、区域之间的收入差距，让人民群众在共建共享中有更多的获得感。

"协调"发展理念则要求我们在推动经济发展的过程中，注重各区域、各领域之间的协调与平衡。这包括加强区域合作与联动，优化产业布局和空间布局，促进城乡一体化发展等。通过这些措施，我们可以降低地区间经济高质量发展的差异，实现优势互补、互利共赢。同时，也能充分调动各地区经济发展的积极性和主动性，为整个国家的经济高质量发展提供源源不断的动力支撑。

第五章　绿色金融与经济高质量发展：理论分析与实证检验

第一节　核心概念阐述

一、绿色金融

绿色金融是指在金融活动和决策中，系统性地考虑环境因素，并支持环境友好型项目和企业的金融体系和金融工具。它旨在促进经济增长的同时，实现环境保护和可持续发展目标。绿色金融的发展有助于推动经济结构的优化升级，促进产业转型，提高资源利用效率，同时也为应对气候变化、保护生态环境提供了重要的资金支持和风险管理工具。绿色金融框架囊括了一系列金融工具，如绿色信贷、债券、保险、基金、租赁及碳金融产品等，旨在提供全面的绿色经济服务，随着全球对可持续发展目标的重视，绿色金融的作用将越来越重要。

绿色信贷特别指金融机构针对促进环境优化、缓解气候变化及提升资源使用效率的项目提供的贷款服务，覆盖了环保、节能、清洁能源、绿色交通和建筑等领域的投融资与风险管理服务。在政策层面，旨在促进绿色信贷的政策体系包括建立和优化信贷统计制度、强化信贷执行的监测与评估，以及通过再贷款和专业担保机制等手段来支持其发展。受绿色信贷支持的项目有资格获得政府的财政补贴，并可能被纳入宏观审慎政策评估体系。关键指标的评估结果和银行绿色评级结果将作为制定相关激励机制的重要依据，以鼓励金融机构推广绿色金融业务并加强环境风险控制。银行业自律机构也被鼓励建立绿色评级机制，确立评级标准、流程和结果应用，以引导金融机构积极投身于绿色金融领域。

绿色债券是一类特殊的有价证券，其目的是为合格的绿色产业、项目或经济活动提供资金支持，它们按照法律规定发行，并保证到期偿还本金及利息。这类债券涵盖了绿色金融机构债券、企业债券、公司债券、债务融资工具以及资产支持的绿色证券等多种形式。绿色债券支持的项目应符合《绿色债券支持项目目录（2021 年版）》的规定，该目录明确了绿色债券支持的具体领域和项目范围；全球范围内，绿色债券的标准通常遵循由国际资本市场协会和气候债券倡议组织所提出的准则。国际资本市场协会提出的绿色债券原则与气候债券倡议组织的气候债券标准已成为国际上公认的认证规范。在中国，由中国人民银行、国家发展改革委和中国证监会联合发布的《绿色债券支持项目目录（2021 年版）》提供了国内绿色债券的统一定义和支持范围，涵盖了节能降耗、清洁能源、生态保护、绿色基础设施改造和绿色服务等多个关键领域。

绿色保险涵盖了保险公司在环境保护、社会治理、推动绿色产业发展以及促进绿色消费等关键领域所提供的一系列风险管理和资金援助服务。它包括保险责任范围涉及绿色发展的专属产品，以及可在绿色发展领域中应用的通用产品。《绿色保险分类指引（2023 年版）》由中国保险行业协会制定，成为国际上首个详尽规范绿色保险产品、绿色投资活动以及保险公司的环保运营实践的行业标准。该指引通过明晰定义、细化类别、列示产品、构建指标等方式，为保险公司体系化地推进绿色保险工作提供了行动方案。绿色保险覆盖了一系列关键服务领域，如提供支持以抵御极端气候事件、促进绿色行业成长、推动经济向低碳模式转变、改善环境质量、保护生物多样性、构建绿色金融体系、加强绿色低碳的社会治理、促进绿色低碳的国际交流与合作、倡导绿色低碳生活等多元化场景。

绿色基金泛指投向绿色产业的基金，旨在支持节能减排、应对气候变化、环境治理等目的。环境友好型基金致力于资金援助，以加速生态产业的繁荣和推动经济的持续生态化。这些基金专注于支持包括能效提升、可持续制造、可再生能源、生态保护、绿色基础设施改进以及提供生态服务等领域。这些领域涉及绿色装备制造、清洁能源、环境治理、能源节约、绿色城市（绿色基建）、绿色服务等多个方面。绿色基金包括绿色证券基金、绿色股权基金、排放权基金、绿色担保基金等。根据投向不同，绿色基金可以分为不同的类型，以满足不同绿色产业的融资需求。政府通过制定相关政策和激励措施，支持绿色基金的发展。例如，中国人民银行联合六个部门建议成立绿色发展基金，目的是吸引更多社会投资流向生态产业。随着生态文明的建设和绿色发展战略的深入实施，绿色基金领域迎来了快速增长阶段。目前，多地政府、金融机构和私营部门都在积极成立绿色基金，以此推动生态友好型产业的繁荣。

绿色租赁业务涵盖了租赁公司提供的一系列产品和服务，旨在促进环境保护、缓解全球气候问题以及提高资源使用的效率，这种租赁方式特别关注项目的绿色属性和环境效益。中国银保监会印发的《银行业保险业绿色金融指引》将金融租赁公司纳入覆盖范围，要求其绿色租赁业务视同绿色信贷进行统计管理。绿色租赁业务在市场规模和参与度方面仍有较大的发展空间。地方政府大力支持绿色租赁发展。例如，天津、上海和广东等地相继推出利好绿色租赁的支持文件，鼓励金融租赁公司设立绿色租赁专营部门，积极开展绿色租赁业务。绿色租赁业务主要围绕清洁能源、节能环保、新能源汽车等战略性新兴绿色产业板块寻找细分市场。绿色租赁包括直接租赁和售后回租两种主要实践方式。直接租赁是指租赁公司根据承租人需求向设备供应商购买设备并出租给承租人，而售后回租则是承租人将其自有设备出售给租赁公司并租回使用。

碳金融产品是基于碳交易市场的机制，旨在促进温室气体排放的降低和碳汇的增强，涉及以碳排放配额和信用等形式的碳排放权利作为交易或投资的对象。这些工具主要分为融资类、交易类和辅助类三大类。在融资类别中，包括碳债券发行、碳资产抵押贷款、碳资产的回购协议以及碳资产的托管服务等多种形式。这类产品可以为碳排放权相关资产提供估值和变现的途径，有效为碳资产持有者盘活碳资产，提高企业授信与融资效率。碳市场交易工具包括但不限于碳远期、碳期货、碳期权、碳掉期、碳借贷等。这类工具可以提升未来碳金融市场的稳定性、确定性，为投资者提供对冲价格波动风险，实现套期保值、投机等操作。在碳排放权交易领域，市场参与者可以采用多种策略工具，包括但不限于碳排放指标、碳风险管理措施和碳资产投资基金。这些工具旨在展示市场或特定碳资产价格的波动情况，并提供风险缓解措施，以降低开发或交易碳资产过程中的风险。《碳金融产品》金融行业标准（JR/T 0244-2022）由中国证监会于2022年4月12日公告并实施，旨在健全碳金融标准体系，推动建设碳排放权交易市场。执行碳市场交易的主体不仅包括拥有合法碳资产并满足相应法规要求的政府机构、公司、组织或个人，还涵盖了提供碳金融产品及相关服务的银行、登记机构、交易平台、结算机构等市场参与者。

与传统金融相比，绿色金融作用于有环境效益的项目，为资源高效利用、环境改善、应对气候变化贡献力量；绿色金融不仅关注项目的投融资环节，还涉及项目运营、风险管理等全过程；绿色金融作为一种创新性的金融服务，不断推出新的金融工具和服务模式以适应市场需求；绿色金融旨在实现自身及所支持项目的可持续发展，进而促进经济、社会与环境的和谐共生。

二、经济高质量发展

经济高质量发展是现代化经济体系的本质特征，也是供给侧结构性改革的根本目标。它强调创新驱动、高效节能、环保高附加值，是智慧经济为主导、高附加值为核心、质量主导数量的增长方式。经济高质量发展强调在经济增长的同时，实现经济结构的优化、效率的提升、创新能力的提升、环境的可持续性以及社会的全面进步。经济高质量发展的内涵包括以满足人民日益增长的美好生活需要为目标、创新驱动、可持续发展与绿色发展、城乡与区域协调发展、更加开放的发展。

以满足人民日益增长的美好生活需要为目标，是经济高质量发展的重要方向和最终目的。经济发展的最终目标是提高人民的生活质量，包括物质生活和精神生活的提升。随着社会的发展，人民的需求日益多样化，包括对教育、医疗、文化、娱乐等方面的需求。通过公平的机会和资源分配，确保所有社会成员都能公平参与和受益于经济发展。通过完善的社会保障体系，保障人民的基本生活需求，减少社会不平等。提高公共服务的质量和覆盖面，包括教育、医疗、交通、住房等，确保人民能够享受到优质的公共服务。通过创造更多的就业机会和提供创业支持，提高人民的收入水平和经济安全感。注重环境保护和生态文明建设，为人民提供清洁、安全、健康的生活环境。通过教育和文化活动，提升人民的文化素养和教育水平，满足人民对知识、文化和精神生活的需求。通过各种措施，构建一个和谐、包容、互助的社会，促进人民之间的相互理解和支持。

创新驱动是经济高质量发展的核心要素之一，它强调通过技术创新、管理创新、商业模式创新等手段来推动经济增长和社会发展。技术创新是创新驱动的核心，包括新技术的研发、应用和推广。通过技术创新，可以提高生产效率、降低成本、开发新产品，从而提升企业的竞争力和市场份额。管理创新涉及改进企业的组织结构、管理流程和决策机制，以提高企业的运营效率和响应市场变化的能力。商业模式创新是指企业通过改变价值创造、价值传递和价值获取的方式，来适应市场变化和消费者需求。制度创新包括改革现有的政策、法规和标准，以促进创新活动的开展。这可能涉及知识产权保护、市场准入、税收优惠等方面。文化创新强调创新文化和创新精神的培养，鼓励个人和企业敢于尝试、勇于冒险，形成支持创新的社会氛围。通过教育和培训提高劳动力的创新能力和技能水平，为创新驱动提供人才支持。这包括基础教育、职业教育和终身学习体系。完善市场机制，通过市场竞争激发企业的创新动力，促进创新成果的快速转化和应用。

政府应出台一系列支持创新的政策,如税收优惠、财政补贴、政府采购等,为创新活动提供激励。

可持续发展是指在不损害后代满足自身需求能力的前提下,满足当前世代需求的发展模式。它强调经济、社会和环境三者之间的平衡。可持续发展通常涉及经济、社会和环境三个维度。其中,经济维度关注经济增长和效率;社会维度关注公平、健康和社会福祉;环境维度关注生态保护和资源的可持续利用。可持续发展强调代际公平,即当前的发展不应牺牲未来世代满足其需求的能力。可持续发展要求提高资源利用效率,减少浪费,确保资源的长期可用性。可持续发展强调保护生态系统和生物多样性,维护自然界的平衡和稳定。可持续发展倡导包容性增长,确保所有社会群体都能公平地参与和受益于发展过程。可持续发展需要相应的政策和制度支持,包括环境法规、经济激励和教育推广。绿色发展是指在经济发展过程中,注重生态保护和环境改善,推动经济增长与环境保护的协调。绿色发展强调发展低碳经济,减少温室气体排放,应对气候变化。绿色发展倡导循环经济,通过资源的再利用和回收,减少对新资源的需求。绿色发展需要绿色金融的支持,通过绿色信贷、绿色债券等金融工具,为绿色项目提供资金。绿色发展需要政府的政策引导和支持,包括制定绿色发展战略、实施环境规制和提供财政激励。两者都强调经济发展与环境保护的协调,注重资源的可持续利用和社会福祉的提升。可持续发展更广泛地涵盖了经济、社会和环境的全面协调,而绿色发展更侧重于环境保护和生态平衡。通过实施可持续发展和绿色发展策略,可以促进经济的长期健康增长,同时保护环境和提升社会福祉,实现人类与自然的和谐共生。

城乡与区域协调发展是推动经济高质量发展的重要方面,旨在缩小不同地区、城乡之间的发展差距,实现资源的均衡配置和经济的均衡增长。城乡与区域协调发展是指在经济发展过程中,通过政策引导和资源配置,促进城市与农村、不同地区之间的经济、社会和环境的均衡发展。通过合理的政策和资源分配,减少城市与农村、发达地区与欠发达地区之间的发展差距,实现共同富裕。推动城乡和区域之间的资源共享,包括基础设施、教育、医疗、文化等公共服务资源,提高资源利用效率。促进城乡和区域之间的产业结构协调,发展适合各地特点的产业,避免产业同质化和过度竞争。加强城乡和区域之间的基础设施建设,提高交通、通信、能源等基础设施的覆盖面和服务质量。在城乡和区域发展中,注重环境保护和生态文明建设,实现经济发展与环境保护的协调。推动城乡和区域之间的社会公平,通过公平的机会和资源分配,确保所有社会群体都能公平参与和受益于发展过程。尊重和发挥各地区的区域特色和优势，通过差异化的发展策略，形成各具特色的区域发展模式。政府应出台相应的政策，支持城乡和区域协调发展，包括财政支持、税收优惠、产业政策等。促进城乡和区域之间的人才流动，通过教育和培训提高劳动力素质，为区域发展提供人才支持。城乡与区域协调发展能够促进经济的均衡增长，提高社会的整体福祉，实现经济、社会和环境的协调发展。

更加开放的发展是指在全球化背景下，通过扩大对外开放、深化国际合作、积极参与全球治理，推动经济、社会、文化等各方面的全面发展。进一步放宽市场准入限制，吸引外资进入，提升国内市场的竞争力和活力。降低关税壁垒，简化进出口程序，推动贸易自由化，提高国际贸易的便利性。通过多边和双边合作，加强与其他国家在经济、科技、教育、文化等领域的交流与合作。积极参与国际规则的制定和全球治理，提升国家的国际影响力和话语权。通过区域经济一体化，如自由贸易区、经济合作区等，促进区域内的经济合作和资源共享。通过引进国外的先进技术和管理经验，提升本国产业的技术水平和管理效率。为国际人才提供便利条件，吸引海外优秀人才回国发展，同时鼓励本国人才到国外学习和工作，促进人才的国际交流。通过文化交流，增进不同国家和民族之间的相互理解和友谊，促进文化的多样性和包容性形成。通过开放发展，提升本国产品和服务的国际竞争力，增加在国际市场上的份额。更加开放的发展能够促进国家的全面发展，提升国家的国际地位和影响力，实现经济、社会、文化等各方面的协调发展。

第二节　绿色金融促进经济高质量发展的理论分析

本节从经济高质量发展的创新发展、协调发展、绿色发展、开放发展和共享发展五个维度，理论分析绿色金融促进经济高质量发展的作用机制。

一、创新发展

绿色金融鼓励和支持新技术和新产业的发展。绿色信贷、绿色债券和绿色基金等多样化的金融手段，为绿色技术、产业和项目提供必要的资本注入。这些资金有助于缓解创新发展过程中面临的融资约束问题，推动创新项目的顺利实施。绿色金融通过市场机制引导资金流向绿色、低碳、环保领域，优化金融资源配置。这有助于推动传统产业的绿色转型和新兴绿色产业的快速发展，促进经济结构的优化升级。绿色金融通过提供风险管理和风险分散机制，降低创新项目的风险水平。例如，绿色保险能够为创新型项目提供风险覆盖，缓解由于自然灾害或意外事件等不可预见因素可能造成的损害；绿色担保可以降低创新企业的融资门槛和融资成本。

创新发展不断拓展绿色金融市场的边界和深度。随着绿色技术的不断突破和绿色产业的快速发展，绿色金融市场的规模和影响力不断扩大，吸引了更多的投资者和金融机构参与其中。绿色技术的持续创新是推动绿色金融市场发展的核心动力。无论是清洁能源、节能降耗，还是资源循环和生态恢复技术，技术的每一项进步都为市场带来了新的投资机会和增长动力。这些创新不仅减轻了绿色项目的运营负担，增强了其经济上的吸引力，同时也推动了绿色金融产品的多样化和定制化，迎合了各类投资者的需求。例如，随着清洁能源技术的日益成熟和成本降低，清洁能源项目的投资吸引力随之增强，投资回报率提升，吸引了更多投资者的目光。这种趋势促进了绿色债券和绿色基金等绿色金融产品的发行和市场交易活动。

随着创新发展的不断深入，新的绿色技术、绿色产业和绿色项目不断涌现，对绿色金融产品和服务提出了更高的需求，激发了金融机构持续推出创新的绿色金融产品和业务模式，以适应市场需求。例如，金融机构可以针对新能源、节能环保等绿色产业的特点，设计专门的绿色信贷产品、绿色债券产品和绿色保险产品等，为这些产业提供更加精准、高效的金融服务。创新发展有助于提升绿色金融的国际化水平。随着全球气候变化和环境污染问题的日益严峻，绿色金融成为全球金融发展的重要趋势之一。通过强化国际协作与沟通，共同为绿色金融标准的建立及监管合作努力，有助于提高我国绿色金融的国际地位，扩大我国在全球绿色金融市场中的影响及话语权。

绿色金融与创新发展的协同作用有助于促进经济高质量发展。绿色金融通过支持绿色技术、绿色产业和绿色项目的发展，推动经济向绿色低碳方向转型；而创新发展则通过推动技术进步和产业升级等方式提升经济发展的质量和效益。两者的协同作用有助于实现经济发展与环境保护的双赢局面。绿色金融与创新发展的协同作用还有助于推动社会可持续发展。绿色金融通过引导资金流向绿色、低碳、环保领域等方式推动社会可持续发展；而创新发展则通过提升资源利用效率、降低能耗和减少污染等方式减轻对环境的压力。两者的协同作用有助于实现经济、社会和环境的协调发展。绿色金融与创新发展之间存在着紧密的联系和相互促进的作用。未来应继续加强绿色金融体系建设和创新发展政策支持力度，推动绿色金融与创新发展的深度融合和协同发展，为实现经济高质量发展和社会可持续发展做出更大贡献。

二、协调发展

绿色金融有助于协调经济发展与环境保护之间的联系。绿色金融促进经济、社会与环境的协调发展，绿色金融通过金融工具和手段，促进经济可持续发展，使社会资源得到合理配置，生态环境得到有效保护。这有助于实现经济、社会和环境的协调发展，符合可持续发展的理念。绿色金融能够引导企业和地区进行转型升级，降低对环境的负面影响，推动经济发展与环境保护的和谐共生。绿色金融能够促使企业、地区、行业等形成统一的生态环境保护理念，引导其进行转型升级，将环境保护纳入决策和运营过程中。这有助于推动产业结构向更加环保、高效的方向调整。通过将环境污染行为纳入金融企业的信贷约束体系中，绿色金融能够促使金融机构严格控制贷款风险和贷款成本，避免由于环境问题带来的不良影响。同时，推动环保技术和设备的开发和应用，降低生产成本，增加经济效益。绿色金融通过引导社会资本向绿色产业和环保项目倾斜，提高资金利用效率。这有助于推动绿色产业的发展和壮大，为经济社会的协调发展提供有力支持。

协调发展的理念需要政府制定和实施一系列有利于绿色金融发展的政策措施，如税收优惠、财政补贴、绿色信贷等。这些政策为绿色金融提供了良好的发展环境，有助于激发金融机构和企业的积极性。政府在推动绿色金融发展过程中，需制定并执行一系列全面、综合、协调的政策措施。这不仅包括税收减免、财政支持、绿色信贷等直接激励政策，还应包括完善绿色金融法律法规、制定和推广绿色金融标准、建立及优化绿色金融监管体系等。这些政策的集合将为绿色金融提供全面、多维度的支持与保障。为提高金融机构和企业在绿色金融领域的参与度，政府制定绿色金融政策时应考虑激励机制的多样化。除了提供税收减免、财政补贴和信贷援助等直接支持外，还应考虑建立绿色基金、绿色债券和绿色保险等市场化金融工具，确保绿色项目获得持续稳定的资金支持。此外，通过设立绿色金融评价和奖励体系，对绿色金融领域的优秀实践者给予认可和奖励，以发挥其示范作用。绿色金融的健康成长需要依托于坚实的风险管理和保障体系。政府需强化对绿色金融项目风险的评估与控制，构建预警和应对机制，保障金融资源的安全性与高效分配。同时，促进绿色金融与保险、担保等其他领域的整合，为绿色项目提供全方位的风险保障措施。

此外，加强绿色金融监管并拓展国际合作，共同面对跨国绿色金融风险，确保全球绿色金融市场的稳健与繁荣。在协调发展的过程中，随着人们对生态环境和可持续发展的关注度不断提高，对绿色产品和服务的需求也将不断增长。这将为绿色金融提供广阔的市场空间和发展机遇。协调发展需要技术创新和产业升级作为支撑。绿色金融通过对绿色技术和产业的扶持，加速了技术创新和产业转型的步伐。这有助于提升整个经济社会的绿色发展水平，为绿色金融的持续发展提供动力。绿色金融与协调发展之间是相互依存、相互促进的关系。绿色金融通过推动经济、社会与环境的协调发展，为协调发展提供有力支持；而协调发展又为绿色金融提供了良好的政策环境、市场需求和技术支撑。两者之间的互动关系使绿色金融和协调发展能够相互促进、共同发展。

三、绿色发展

绿色发展是指在经济社会发展中，以节约资源、保护环境和实现可持续发展为目标，通过绿色技术、绿色产业、绿色政策等手段，推动经济、社会和环境的协调发展。绿色发展是高质量发展的基础，是实现可持续发展的必由之路。绿色金融涉及根据环保理念对金融服务的价值观、操作流程和管理模式的优化，运用多种金融手段来保护环境，确保金融资源向绿色领域倾斜。绿色金融致力于将金融资源导向环保、节能、清洁能源、绿色交通和绿色建筑等项目，以促进绿色产业的增长和生态环境的维护。绿色金融代表了对传统金融价值观的一次根本性变革。它倡导在追求经济回报的同时，也应重视环境和社会效益，将环境友好性纳入金融决策的关键考量。这种价值观的更新不仅改变了金融机构的经营哲学和行为模式，还通过资金流向的示范效应，促进了社会对绿色消费、投资和生产的广泛认同，携手促进经济的绿色发展。

在实施细节方面，绿色金融促使金融机构进行更细致的项目环境风险评估与管理。这涉及创建鉴别和挑选绿色项目的系统、执行环境效益的评估与跟踪、强化环境风险的监控。同时，随着技术的发展，绿色金融还通过应用大数据、人工智能等现代信息技术，提高环境风险评估的精确度和效能，实现绿色金融服务的智能化与精准化。绿色金融的进展要求金融机构在管理策略上持续进行创新。这包括构建跨领域、跨行业的绿色金融协作平台，促进政策、监管和市场之间的协调；激发绿色金融产品和服务模式的创新，以迎合市场对多样化绿色融资的需求；增强国际间的绿色金融合作与对话，共同面对全球环境问题。通过这些创新措施，绿色金融能更高效地整合资源、降低风险、提高效能，为绿色产业的发展和生态环境的保护提供坚实的支撑。通过推出绿色债券、绿色信贷和绿色基金等金融产品，绿色金融为环保行业及其项目提供资金支持，推动绿色技术的进步和普及。绿色金融通过提供优惠的融资条件和利率，降低绿色产业和环保项目的融资成本，提高其市场竞争力。绿色金融通过环境风险评估和管理，帮助企业和金融机构识别和管理环境风险，降低因环境问题带来的金融风险。绿色金融与国家政策相结合，推动绿色政策的落实和执行，促进经济社会的绿色转型。

绿色发展与绿色金融之间存在着相互依存、相互促进的关系。一方面，绿色金融对绿色发展至关重要，它通过资金支持和风险管理服务，助力绿色产业的壮大和生态环境的维护；另一方面，绿色金融也需要绿色发展的引领和带动，通过绿色产业的发展和生态环境的改善，提高绿色金融的投资回报率和风险可控性。随着全球对可持续发展和环境保护的重视程度不断提高，绿色发展和绿色金融将成为未来经济社会发展的重要趋势。未来，需要进一步完善绿色金融政策体系和市场机制，加强绿色金融产品的创新和服务能力的提升，推动绿色金融与绿色产业的深度融合和协同发展。同时，还需要加强国际合作与交流，共同推动全球绿色金融的发展和绿色经济的转型。

四、开放发展

中国政府高度重视绿色金融的发展，通过《关于构建绿色金融体系的指导意见》（以下简称《指导意见》）等政策文件，确立了绿色金融发展的政策框架，推动绿色金融产品创新和服务提升。《指导意见》中强调了环境信息披露的重要性，提出建立覆盖不同类型金融机构的环境信息披露制度，这有助于提高市场透明度，防范"漂绿"风险，促进绿色投资。绿色金融已成为国际交流合作的重要领域，中国通过参与 G20、NGFS 等多边平台，推动全球绿色金融发展，加强国际绿色金融标准趋同，提升中国在绿色金融领域的国际影响力。

开放发展理念强调通过对外开放，广泛吸收和交流人类文明的最新成果，包括绿色金融领域的先进理念、技术和经验。这为我国绿色金融的发展提供了政策引导和支持，推动了绿色金融政策的制定和实施。开放发展理念激励我国在全球范围内与各国在绿色金融领域进行深入合作。通过参与国际绿色金融标准的制定、构建跨国绿色项目的合作框架、强化绿色金融监管的国际协调，我国不仅能够吸收国际先进的实践经验，提高本国绿色金融体系的全球竞争力和影响力。此外，这种合作还有助于打造全球性的绿色金融网络，推动全球绿色资本的有效流动和合理分配。开放发展促进了国内外市场的互联互通，为绿色金融提供了更广阔的市场空间。通过吸引外资参与绿色金融项目，可以拓宽绿色金融的资金来源，以及提高绿色金融的资源配置效率。同时，开放发展也促进了绿色金融产品的国际化，提高了我国绿色金融在全球市场的竞争力。在开放发展的过程中，我国加强与国际金融组织的合作，共同应对绿色金融面临的风险和挑战。通过国际合作，可以借鉴国际先进的风险管理经验和技术手段，提高我国绿色金融的风险管理水平。此外，国际合作还有助于推动绿色金融标准的国际互认，促进绿色金融市场的健康发展。

绿色金融通过支持绿色产业和环保项目的发展，推动了经济向绿色、低碳、可持续的方向转型。这有助于提升我国经济的绿色竞争力，为开放发展提供了坚实的经济基础。绿色金融通过引导外资流向绿色产业和环保项目，优化了外资结构。这有助于减少外资对我国高耗能、高污染产业的依赖，提高外资的使用效率和质量。绿色金融的发展扩大了我国在绿色金融领域的国际影响力。我国积极参与全球绿色金融合作和交流，分享绿色金融发展的经验和成果，为全球绿色金融的发展贡献了中国智慧和力量。我国与多个国家共同开展绿色金融合作项目，如绿色债券发行、绿色基金设立等。这些项目不仅为我国绿色金融的发展提供了资金支持和技术保障，也促进了我国与合作伙伴国在绿色金融领域的深度合作和交流。随着全球对可持续发展和环境保护的重视程度不断提高，开放发展与绿色金融的协同发展将更加紧密。我国将继续加强与国际社会的合作与交流，推动绿色金融标准的国际互认和绿色金融市场的互联互通。同时，我国也将继续完善绿色金融政策体系和市场机制，提高绿色金融的服务质量和效率，为经济绿色发展和开放发展提供更加有力的支撑。

五、共享发展

共享发展是新发展理念的重要组成部分，强调发展为了人民、发展依靠人民、发展成果由人民共享。它旨在解决社会公平正义问题，推动经济社会全面协调可持续发展。共享发展的目标是让全体人民在共建共享发展中有更多的获得感，实现人的全面发展和社会全面进步。

绿色金融作为现代金融体系的关键部分，其影响力远超直接资金援助，更在于其在引导经济结构优化、推动可持续增长模式转变方面的全面影响。通过精确满足绿色产业和环保项目的资金需求，绿色金融不仅加快了低碳技术与清洁能源的创新和应用，还促进了传统产业向绿色、低碳方向的自我转型，在全球范围内引领了一场绿色变革。绿色金融通过支持绿色产业和环保项目的发展，推动资源向低碳、环保领域倾斜，有助于缩小不同行业、地区间的资源分配差距，实现资源的公平分配。绿色金融支持的环境治理和生态保护项目，有助于改善环境质量，提高人民的生活品质。清洁的空气、水源和生态环境是人民共享的重要资源，绿色金融的发展为这些资源的保护提供了有力支持。绿色金融不仅关注大型企业和项目，还积极支持小微企业和农村地区的绿色发展。这有助于推动经济的包容性增长，让更多的人参与到经济发展中来，共享发展成果。绿色金融通过环境风险评估和管理，帮助企业和金融机构识别和管理环境风险，降低因环境问题带来的金融风险。这有助于维护金融的稳定和安全，为共享发展提供良好的金融环境。随着共享发展的推进，人们对环境友好型产品和服务的需求不断增长，为绿色金融提供了更广阔的市场空间。共享发展的理念得到广泛认同后，政府会出台更多支持绿色金融发展的政策措施，推动绿色金融市场的快速发展。

绿色金融不仅可以动员和激励社会资本投入绿色领域，同时引导社会资本逐步从高污染、高耗能行业退出，是实现经济绿色发展的重要途径。通过绿色金融的支持，生态产品价值得以实现，促进了生态保护与经济发展的协调。绿色金融借助其创新的金融机制和政策扶持，成功地提升了社会对环保领域的关注和投资热情。它如同一座连接环保理念与资本市场的桥梁，引导原本可能投向传统行业的资金转向清洁能源、节能减排和生态修复等绿色项目。这种动员力不仅拓宽了绿色经济的资金来源，还激发了市场参与者的创新潜力，促进了绿色技术的发展和应用，加快了经济向绿色方向的转型进程。得益于中央和地方政府绿色金融体系的扶持，各地区的绿色金融机构通过创新绿色金融产品，有效地为绿色企业提供了更广阔的融资途径和更低的融资成本。例如，银行根据本地区的产业特点和政策导向，推出了能效贷款、碳交易融资、排污权贷款等创新的绿色信贷服务。地方政府在推进绿色金融的发展过程中，积极出台了各项政策，其创新引领作用突出，取得了一系列可复制、可推广的经验。然而，部分地区政策与市场协同发展的程度差别较大，政策对市场的引领与带动作用较为显著。当前仍然需要进一步完善绿色金融政策体系和市场机制，加强绿色金融产品的创新和服务能力的提升；同时，还需要加强国际合作与交流，共同推动全球绿色金融和共享发展事业的发展。通过这些努力，我们可以实现经济、社会和环境的协调发展，让全体人民在共建共享中有更多获得感和幸福感。

第三节 我国绿色金融与经济高质量发展耦合协调分析

绿色金融和经济高质量发展是关系错综复杂的两个耦合交互体，其中绿色金融包括绿色信贷、绿色债券、绿色保险、绿色投资和碳金融五个关键子系统，而经济高质量发展包括创新发展、协调发展、绿色发展、开放发展和共享发展五个关键子系统，这两个系统相互关联、相互影响。考虑到我国绿色金融和经济高质量发展之间错综复杂的关系，本部分构建耦合协调模型以更准确衡量两者的互相影响程度。

一、耦合协调模型构建

耦合是指两个或多个系统之间的相互作用，其中任意一个系统的行为会直接或间接影响另一个系统的行为。在经济学中的含义是，当一个经济指标系统发生变化时，其他指标系统也会受到该系统的影响，而这种相互影响可能表现为系统间的相互促进或制约。耦合协调模型主要涉及耦合度 C 值、协调指数 T 值和耦合协调度 D 值三个指标值。耦合协调模型的计算步骤如下：

第一步，计算两系统耦合度 C 值：

$$C = \frac{2\sqrt{U_1 U_2}}{U_1 + U_2} \tag{5-1}$$

式中，U_1 表示绿色金融子系统，U_2 表示经济高质量发展子系统，C 表示两者之间的耦合度，取值范围在 $[0, 1]$ 之间，所得 C 值越大，表示两子系统耦合度越大；当值为 1 时，两系统能够实现共振耦合。

第二步，计算两系统协调指数 T 值：

$$T = aU_1 + bU_2, \quad a+b=1 \tag{5-2}$$

式中，T 代表两个子系统的综合协调指数，表示绿色金融和经济高质量发展的协调发展情况，a 和 b 分别表示绿色金融和经济高质量发展的重要程度，参考刘钒和马成龙（2022）的研究方法，假设两者重要程度均为 0.5。

第三步，计算耦合协调度 D 值：

$$D = \sqrt{C \times T} \tag{5-3}$$

式中，D 代表两个子系统的耦合协调度，取值范围在 $[0, 1]$，取值越大则说明两系统耦合协调度越高。参考喻平和张敬佩（2021）的研究方法，将耦合协调度划分为7个区间，如表5-1所示。

表5-1　绿色金融—经济高质量发展耦合协调度判定标准

耦合协调度	耦合协调等级	耦合协调度	耦合协调等级
$0 < D \leq 0.2$	严重失调	$0.5 < D \leq 0.6$	中度协调
$0.2 < D \leq 0.3$	中度失调	$0.6 < D \leq 0.8$	高度协调
$0.3 < D \leq 0.4$	濒临失调	$0.8 < D \leq 1$	优质协调
$0.4 < D \leq 0.5$	基本协调		

资料来源：喻平和张敬佩（2021）。

二、耦合协调结果分析

根据前面两章测算的我国绿色金融和经济高质量发展指数，以及上述耦合协调模型，得出我国2012~2021年各省份绿色金融与经济高质量发展耦合协调度，如表5-2所示。从表中可以看出，我国绿色金融与经济高质量发展耦合协调度分布在0.4~0.8，总体来看，两者的协调水平较高，各省份均处于基本协调、中度协调和高度协调阶段。在2012年，基本协调仅有新疆和宁夏2个省份，高度协调有上海、江苏和浙江等7个省份，中度协调省份最多，共有辽宁、河南和重庆等23个省份，占总数的76.7%。在2021年，基本协调仅有新疆1个省份，中度协调共有山西、甘肃、宁夏和青海4个省份，其他25省份均处于高度协调阶段，占总数的83.3%。

表5-2　我国绿色金融—经济高质量发展耦合协调度

地区＼年份	2012	2013	2014	2015	2016	2017	2018	2019	2020	2021	均值
北京	0.697	0.706	0.736	0.730	0.756	0.763	0.753	0.762	0.769	0.790	0.746
天津	0.650	0.649	0.670	0.670	0.640	0.658	0.671	0.706	0.675	0.689	0.668
河北	0.568	0.578	0.593	0.621	0.613	0.630	0.626	0.639	0.659	0.666	0.619
山东	0.612	0.627	0.600	0.605	0.607	0.642	0.647	0.642	0.658	0.677	0.632
江苏	0.625	0.634	0.635	0.645	0.644	0.644	0.651	0.644	0.655	0.671	0.645
上海	0.628	0.625	0.634	0.640	0.636	0.653	0.661	0.668	0.682	0.701	0.653
浙江	0.616	0.627	0.633	0.644	0.656	0.655	0.658	0.668	0.664	0.677	0.650

年份 地区	2012	2013	2014	2015	2016	2017	2018	2019	2020	2021	均值
福建	0.593	0.605	0.600	0.623	0.656	0.634	0.638	0.671	0.641	0.649	0.631
广东	0.599	0.613	0.608	0.610	0.601	0.640	0.651	0.671	0.656	0.668	0.632
海南	0.558	0.554	0.585	0.586	0.622	0.612	0.623	0.641	0.630	0.646	0.606
辽宁	0.595	0.572	0.611	0.620	0.597	0.618	0.603	0.618	0.621	0.633	0.609
山西	0.546	0.531	0.525	0.557	0.589	0.576	0.577	0.601	0.597	0.595	0.569
河南	0.548	0.552	0.571	0.581	0.584	0.605	0.602	0.604	0.598	0.617	0.586
湖北	0.590	0.594	0.600	0.603	0.623	0.618	0.624	0.640	0.623	0.634	0.615
湖南	0.608	0.596	0.595	0.609	0.597	0.608	0.599	0.604	0.614	0.625	0.605
安徽	0.551	0.570	0.567	0.581	0.609	0.604	0.600	0.610	0.623	0.626	0.594
江西	0.591	0.585	0.585	0.594	0.612	0.614	0.615	0.619	0.636	0.654	0.610
吉林	0.584	0.581	0.599	0.603	0.611	0.610	0.607	0.601	0.610	0.612	0.602
黑龙江	0.585	0.620	0.605	0.605	0.613	0.625	0.609	0.631	0.622	0.625	0.614
内蒙古	0.567	0.581	0.605	0.620	0.626	0.646	0.603	0.603	0.614	0.610	0.607
陕西	0.540	0.545	0.552	0.569	0.574	0.580	0.567	0.581	0.592	0.609	0.571
甘肃	0.525	0.530	0.541	0.562	0.579	0.565	0.560	0.563	0.571	0.574	0.557
宁夏	0.472	0.476	0.514	0.543	0.555	0.573	0.547	0.534	0.553	0.581	0.535
新疆	0.467	0.475	0.501	0.495	0.485	0.469	0.446	0.436	0.429	0.417	0.462
青海	0.540	0.554	0.560	0.596	0.619	0.609	0.593	0.602	0.592	0.578	0.584
重庆	0.589	0.587	0.595	0.605	0.599	0.609	0.601	0.610	0.618	0.662	0.608
四川	0.536	0.541	0.563	0.570	0.570	0.582	0.586	0.599	0.596	0.620	0.576
贵州	0.510	0.531	0.547	0.564	0.577	0.589	0.581	0.584	0.583	0.608	0.567
云南	0.535	0.541	0.551	0.567	0.579	0.648	0.645	0.622	0.615	0.629	0.593
广西	0.546	0.555	0.574	0.594	0.583	0.577	0.569	0.585	0.600	0.643	0.583
均值	0.572	0.578	0.588	0.600	0.607	0.615	0.610	0.619	0.620	0.633	0.604

进一步地，将我国分为东部、中部和西部三个地区，分析各地区绿色金融与经济高质量发展平均耦合协调度的空间分布，如表5-3所示。从表中可以看出，2012~2021年，我国绿色金融与经济高质量发展耦合协调度总体发展较好，尽管有个别年份的耦合协调度出现了波动，但是总体上仍然呈现出稳步上升的趋势。在地区层面上，尽管各地区耦合协调度变化趋势与全国总体趋势类似，但三个地区存在一定差异，其中东部地区耦合协调度明显高于全国水平，中部地区耦合协

调度略低于全国水平，而西部地区耦合协调度则明显低于全国水平。

表5-3　我国分地区绿色金融—经济高质量发展耦合协调度时序变化

年份	全国	东部	中部	西部
2012	0.572	0.613	0.575	0.530
2013	0.578	0.617	0.579	0.538
2014	0.588	0.628	0.581	0.555
2015	0.600	0.636	0.592	0.571
2016	0.607	0.639	0.605	0.577
2017	0.615	0.650	0.607	0.586
2018	0.610	0.653	0.604	0.573
2019	0.619	0.666	0.614	0.575
2020	0.620	0.665	0.615	0.579
2021	0.633	0.679	0.623	0.594

　　为深入考察绿色金融与经济高质量发展两个系统耦合协调度的变化原因，将绿色金融分别与经济高质量发展的创新发展、协调发展、绿色发展、开放发展和共享发展五个子系统分别测算耦合协调度，测算结果如表5-4所示。从表中可以看出，我国绿色金融与经济高质量发展五个维度的耦合协调度均为逐年提升的，但是提升的幅度存在差异，其中创新发展和开放发展两个维度从2012年的基本协调提升到2021年的中度协调阶段，协调发展和共享发展从2012年的中度协调提升到2021年的高度协调阶段，而绿色发展提升幅度较小，在2012~2021年一直维持在高度协调阶段。与整体耦合协调度相比，在2012~2021年，绿色发展和协调发展两个维度的耦合协调度始终高于总体水平，共享发展维度的耦合协调度略低于总体水平，而创新发展和开放发展两个维度的耦合协调度明显低于总体水平。

表5-4　我国绿色金融—经济高质量发展子系统耦合协调度

年份 \ 维度	创新发展	协调发展	绿色发展	开放发展	共享发展	整体
2012	0.464	0.578	0.659	0.438	0.573	0.572
2013	0.476	0.585	0.669	0.430	0.571	0.578
2014	0.480	0.618	0.676	0.442	0.574	0.588

年份 \ 维度	创新发展	协调发展	绿色发展	开放发展	共享发展	整体
2015	0.485	0.640	0.683	0.467	0.583	0.600
2016	0.488	0.638	0.696	0.474	0.593	0.607
2017	0.487	0.649	0.700	0.503	0.603	0.615
2018	0.491	0.633	0.695	0.507	0.604	0.610
2019	0.502	0.627	0.707	0.530	0.619	0.619
2020	0.515	0.636	0.698	0.534	0.622	0.620
2021	0.533	0.675	0.696	0.543	0.633	0.633
均值	0.492	0.628	0.688	0.487	0.598	0.604

第四节 我国绿色金融促进经济高质量发展的空间计量分析

一、研究设计

(一)数据说明

鉴于样本数据的可得性和连续性，本节选取我国 30 个省份（除西藏和港澳台地区）2012~2021 年的统计数据，实证检验绿色金融对经济高质量发展的作用。样本数据来源于《中国统计年鉴》《中国环境统计年鉴》《中国科技统计年鉴》《中国工业统计年鉴》《中国金融统计年鉴》和各省份统计年鉴等。在处理数据时，本书选用了插值法来进行合理的估算和补充缺失数据，在数据的权重分配方面，采用了客观赋权法，旨在更精确地体现数据的实际价值和重要性。

(二)变量选取

1. 被解释变量（HQD）

第四章从创新发展、协调发展、绿色发展、开放发展和共享发展五个维度测算了省级层面的经济高质量发展水平指数，本节以该指数作为被解释变量（HQD）。

2. 核心解释变量（GF）

第三章从绿色信贷、绿色债券、绿色保险、绿色投资和碳金融五个维度测算了省级层面的绿色金融发展水平指数，本节以该指数作为核心解释变量（GF）。

3. 控制变量

参考史代敏和施晓燕（2022）、李成刚（2023）的相关研究，本部分选取的控制变量包括政府支持（*GS*），采用各省份财政支出与 GDP 的比值来表示；工业化水平（*IL*），采用各省份工业增加值与 GDP 的比值来表示；人力资本水平（*HC*），采用各省份人均受教育年限的对数来表示；城镇化率（*UR*），采用各省份城镇人口与年末常住人口的比值来表示。

上述各变量的描述性统计结果如表 5-5 所示，从表中可以看出我国的经济高质量发展总体水平不高，且地区之间经济发展质量水平差异较大，各省份在绿色金融方面的发展差距同样非常明显。

表 5-5　主要变量描述性统计

变量名	观测值	平均数	标准差	最小值	最大值
HQD	300	0.382	0.100	0.153	0.710
GF	300	0.360	0.052	0.187	0.549
GS	300	0.263	0.113	0.105	0.758
IL	300	0.329	0.077	0.100	0.542
HC	300	2.192	0.089	1.985	2.632
UR	300	0.609	0.132	0.363	0.893

（三）模型构建

由于各省份经济之间普遍存在着关联和影响，因此空间溢出效应必须加以考虑，因此本节将采用空间计量模型来检验绿色金融与经济高质量发展之间的关系。常用的空间计量模型主要有空间自回归模型（SAR）、空间误差模型（SEM）和空间杜宾模型（SDM）三种模型，前两个模型分别只包含空间自回归项和误差项，而空间杜宾模型同时包含空间自回归项和误差项。三种模型的具体形式分别如下：

1. 空间自回归模型（SAR）

空间自回归模型认为被解释变量之间存在较强的空间依赖性，在模型中加入了被解释变量的空间滞后项。

$$HQD_{it} = \rho \sum_{j=1}^{N} W_{ij}HQD_{jt} + \beta_1 GF_{it} + \beta_2 X_{it} + + \mu_i + \nu_t + \varepsilon_{it} \tag{5-4}$$

2. 空间误差模型（SEM）

空间误差模型认为某区域的被解释变量可能受到周边区域解释变量误差的影

响，在模型中加入空间误差项的 ε_{it} 的空间滞后项。

$$HQD_{it} = \beta_1 GF_{it} + \beta_2 X_{it} + \mu_i + \nu_t + \varepsilon_{it} \tag{5-5}$$

$$\varepsilon_{it} = \rho \sum_{j=1}^{N} W_{ij} \varepsilon_{jt} + \varphi_{it} \tag{5-6}$$

3. 空间杜宾模型（SDM）

空间杜宾模型是在模型中同时加入了被解释变量和解释变量的空间滞后项。

$$HQD_{it} = \rho \sum_{j=1}^{N} W_{ij} HQD_{jt} + \beta_1 GF_{it} + \beta_2 \sum_{j=1}^{N} W_{ij} GF_{jt} + \beta_3 X_{it} + \beta_4 \sum_{j=1}^{N} W_{ij} X_{jt} + \mu_i + \nu_t + \varepsilon_{it}$$
$$\tag{5-7}$$

式中，i 和 t 分别表示省份和年份，HQD 表示被解释变量经济高质量发展，GF 表示核心解释变量绿色金融，X 表示控制变量，μ_i、ν_t、ε_{it} 分别表示省份固定效应、时间固定效应和随机误差项，ρ 表示空间自回归系数，β_{it} 表示各变量的估计系数，W_{ij} 表示空间权重矩阵，矩阵取值如下：

$$W_{ij} = \begin{cases} 1 & \text{省份 } i \text{ 与省份 } j \text{ 相邻} \\ 0 & \text{省份 } i \text{ 与省份 } j \text{ 不相邻} \end{cases} \tag{5-8}$$

二、空间相关性检验

判断一项研究是否可以使用空间计量模型，需要检验数据之间是否存在空间依赖性，首先通过莫兰指数（Moran's I）检验经济高质量发展之间是否具有空间相关性。空间相关性检验包括全局检验和局部检验两种。全局莫兰指数描述的是整个空间范围内的自相关性，它对每个空间对象的相似度进行加权平均，反映的是整个数据集的空间自相关性特征。局部莫兰指数用来测量个体集聚性，反映的是每个空间对象在其周围邻域内的自相关程度，重点关注局部的自相关性，反映的是空间上的局部特征。

（一）全局自相关检验

采用我国 30 个省份 2012~2021 年经济高质量发展指数作为被解释变量计算全局莫兰指数。莫兰指数的取值一般介于 -1~1，大于 0 表示正自相关，及高值与高值相邻、低值与低值相邻；小于 0 表示负自相关，即高值与低值相邻；接近于 0 则表明空间分布是随机的，不存在空间自相关。我国 2012~2021 年经济高质量发展水平分年度全局莫兰指数如表 5-6 所示，从表中可以看出，我国 2012~2021 年这 10 年经济高质量发展发展水平均通过了莫兰指数检验，显著性水平均为 1%，且莫兰指数均为正，表明我国各省份之间的经济高质量发展存在显著的正向空间溢出效应，因此选择空间计量模型检验绿色金融对经济高质量发展的影响是合适的。

表5-6 我国2012~2021年经济高质量发展全局莫兰指数

年份	I 值	标准差	Z 值	P 值
2012	0.269	0.113	3.879	0.000
2013	0.265	0.120	3.967	0.000
2014	0.278	0.114	4.326	0.000
2015	0.272	0.117	3.983	0.000
2016	0.279	0.125	3.887	0.000
2017	0.267	0.119	3.998	0.000
2018	0.275	0.116	4.021	0.000
2019	0.287	0.119	3.978	0.000
2020	0.269	0.124	3.965	0.000
2021	0.278	0.118	4.381	0.000

（二）局部自相关检验

从全局莫兰指数可以看出，我国经济高质量发展水平在空间上存在显著的集聚现象，本节进一步测算局部莫兰指数，分析各省份与其周边省份在经济高质量发展水平方面的空间联系。图5-1中分别是我国各省份2012年和2021年的经济高质量发展水平的局部莫兰散点图，从图中可以看出我国2012年和2021年的经济高质量发展水平在空间上呈现明显的集聚效应，具体表现为高水平发展区域趋向于形成紧密的高高聚集，而低水平发展区域则更容易形成松散的低低聚集。这种空间聚集现象进一步凸显了经济高质量发展在空间层面上的不均衡分布和相互依赖关系。

三、空间计量模型选择

通过空间相关性检验之后，接下来进行空间计量模型的选择（见表5-7）。首先，进行LM检验来判断计量模型是否含有空间滞后项和空间误差项，检验结果均表明该计量模型同时包含空间滞后项和空间误差项，因此选择空间杜宾模型（SDM）符合实际情况。其次，使用LR检验和Wald检验对空间杜宾模型（SDM）是否可以退化为空间自回归模型（SAR）、空间误差模型（SEM）进行评估，检验结果均表明SDM模型不会退化为SAR模型和SEM模型，这再次说明选择SDM模型是合适的。最后，利用Hausman检验来判断模型是固定效应还是

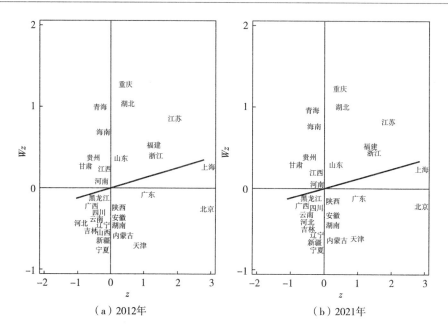

（a）2012年　　　　　　　　　　（b）2021年

图 5-1　我国 2012 年和 2021 年的各省份经济高质量发展局部莫兰指数散点图

表 5-7　空间计量模型选择检验

检验方法	统计量	P 值
LM-lag	51.378	0.000
Robust LM-lag	16.239	0.000
LM-error	45.791	0.000
Robust LM-error	18.239	0.000
LR-SDM/SAR	87.278	0.000
LR-SDM/SEM	79.981	0.000
Wald-SDM/SAR	68.282	0.000
Wald-SDM/SEM	72.398	0.000
Hausman	68.371	0.000

随机效应，检验结果表明应该选择固定效应模型。基于以上检验结果，本节选择双向固定效应空间杜宾模型来分析绿色金融对经济高质量发展的影响。

四、基准回归分析

根据上文检验结果，本部分采用双向固定效应空间杜宾模型来实证检验我国绿色金融对经济高质量发展的影响，回归结果如表5-8所示。表中第（1）列仅包含了核心解释变量绿色金融发展水平（GF），第（2）~第（5）列依次添加了政府支持（GS）、工业化水平（IL）、人力资本水平（HC）和城镇化率（UR）控制变量。从表中可以看出，绿色金融发展水平（GF）的变量系数一直在1%的显著性水平上为正值，回归结果表明我国绿色金融确实促进了经济高质量发展。

表5-8 空间杜宾模型基准回归结果

变量	（1）	（2）	（3）	（4）	（5）
GF	0.287*** (8.72)	0.263*** (6.91)	0.235*** (5.69)	0.185*** (4.71)	0.168*** (3.81)
GS		0.192*** (5.23)	0.163*** (4.71)	0.137*** (4.21)	0.117*** (3.61)
IL			0.378*** (7.28)	0.312*** (6.19)	0.286*** (5.72)
HC				0.218*** (5.32)	0.193*** (4.79)
UR					0.232*** (3.89)
$W \times GF$	0.151*** (5.18)	0.137*** (4.85)	0.105*** (4.15)	0.093*** (3.63)	0.081*** (3.12)
$W \times GS$		0.103*** (3.85)	0.089*** (3.12)	0.078*** (2.72)	0.069** (1.91)
$W \times IL$			0.183*** (3.78)	0.165*** (3.29)	0.129*** (2.89)
$W \times HC$				0.131*** (3.23)	0.108*** (2.72)
$W \times UR$					0.092** (1.81)
省份效应	Yes	Yes	Yes	Yes	Yes
时间效应	Yes	Yes	Yes	Yes	Yes
rho	0.238*** (5.29)	0.276*** (5.87)	0.291*** (6.72)	0.319*** (7.38)	0.372*** (7.85)
N	300	300	300	300	300
R^2	0.187	0.278	0.391	0.518	0.672

绿色金融能够促进经济高质量发展的原因正如前文所述，绿色金融通过绿色信贷、绿色债券和绿色基金等多样化的金融手段，为绿色技术、产业和项目提供必要的资本注入，这些资金有助于缓解创新发展过程中的融资约束问题，并提供风险管理和风险分散机制，降低创新项目的风险水平，从而促进创新发展。绿色金融通过金融工具和手段，促进经济可持续发展，使社会资源得到合理配置，生态环境得到有效保护，推动经济发展与环境保护的和谐共生，从而促进经济、社会和环境的协调发展。绿色金融根据环保理念对金融服务的价值观、操作流程和管理模式进行优化，运用多种金融手段来保护环境，确保金融资源向绿色领域倾斜，致力于将金融资源导向环保、节能、清洁能源、绿色交通和绿色建筑等项目，从而促进经济的绿色发展。

绿色金融已成为国际交流合作的重要领域，中国通过参与国际绿色金融标准的制定、构建跨国绿色项目的合作框架、强化绿色金融监管的国际协调，我国不仅能够吸收国际先进的实践经验，提高本国绿色金融体系的全球竞争力和影响力，从而促进经济的开放发展。绿色金融通过支持绿色产业和环保项目的发展，推动资源向低碳、环保领域倾斜，有助于缩小不同行业、地区间的资源分配差距，实现资源的公平分配，绿色金融支持的环境治理和生态保护项目，同时有助于改善环境质量，提高人民的生活品质，从而促进经济的共享发展。

此外，绿色金融发展水平（*GF*）的空间滞后项回归系数也显著为正，这表明周边省份的绿色金融整体进步对本省的经济高质量发展具有积极的推动作用。因此，要想实现区域经济协调发展，就必须从整体上优化绿色金融资源配置，以更好地发挥绿色金融的辐射与引领作用，从而推动整个国民经济高质量发展。

五、稳健性检验

从上述回归结果可知，绿色金融对经济高质量发展有明显的积极作用，为了确保回归结果真实可信，本部分将采用更换空间权重矩阵、替换计量模型的方法来检验绿色金融促进经济高质量发展的稳健性。

（一）更换权重矩阵

前文在分析绿色金融对经济高质量发展的影响过程中，空间计量模型采用的是区域邻接权重矩阵，本部分尝试采用地理距离权重和经济距离权重矩阵进行稳健性检验，其中地理距离矩阵数值为两区域地理距离平方的倒数，而经济距离矩阵数值为两区域人均 GDP 差额绝对值的倒数。检验结果如表 5-9 中第（1）列和第（2）列所示，从表中可以看出，更换为地理距离权重和经济距离权重矩阵后绿色金融变量的估计系数仍然显著为正，估计结果与前文一致，表明前文中绿色金融对经济高质量发展影响的估计结果稳健。

（二）更换计量模型

前文经过模型选择分析，采用双向固定效应空间杜宾模型来分析绿色金融对经济高质量发展的影响，本部分尝试替换计量模型，分别用 SAR 模型和 SEM 模型来检验前文用 SDM 模型回归分析结果的稳健性。检验结果如表 5-9 中第（3）列和第（4）列所示，从表中可以看出，更换为 SAR 模型和 SEM 模型后绿色金融变量的估计系数仍然显著为正，估计结果与前文一致，这进一步表明前文中绿色金融对经济高质量发展影响的估计结果稳健。

表 5-9 稳健性检验结果

变量	（1）地理距离	（2）经济距离	（3）SAR 模型	（4）SEM 模型
GF	0.163*** (3.27)	0.178*** (3.95)	0.155*** (3.17)	0.182*** (3.98)
控制变量	Yes	Yes	Yes	Yes
省份效应	Yes	Yes	Yes	Yes
时间效应	Yes	Yes	Yes	Yes
N	300	300	300	300
R^2	0.618	0.697	0.632	0.689

六、异质性分析

（一）区域异质性分析

上文在总体样本回归分析中已经证实绿色金融对我国经济高质量发展具有显著的积极作用，但由于我国地域辽阔，经济发展水平及资源配置上呈现多样性，绿色金融对于促进经济高质量发展的作用，可能因地域的不同而呈现出差异性。因此，为进一步探讨绿色金融对经济高质量发展的影响，有必要进一步分区域比较分析绿色金融对我国经济高质量发展的具体影响。根据国家统计局的区域划分标准，本书将我国 30 个省份划分为东部地区、中部地区、西部地区，并对各区域的影响进行了分析，结果如表 5-10 所示。从表中可以看出，绿色金融对经济高质量发展的影响程度存在显著区域差异。

表 5-10　分区域回归结果

变量	(1)	(2)	(3)
	东部地区	中部地区	西部地区
GF	0.197***	0.081***	0.139***
	(5.32)	(1.32)	(2.81)
控制变量	Yes	Yes	Yes
省份效应	Yes	Yes	Yes
时间效应	Yes	Yes	Yes
N	110	80	110
R^2	0.683	0.612	0.639

从回归结果可以看出，东部地区绿色金融能够显著提升经济发展质量，且促进作用强于中西部地区。东部地区绿色金融对经济高质量发展的提升效果更为显著的原因可能在于，该地区良好的经济基础和丰富的金融资源支持，东部地区作为我国经济最发达的区域，从最早的经济特区、沿海开放城市到如今的先行示范区，丰富的经济活力为绿色金融和经济质量的相辅相成发展提供了良好的环境。

在西部地区，绿色金融的发展同样能够显著提升经济发展质量，其原因可能与国家政策的支持和绿色金融服务的推广密切相关。比如，西部大开发战略的实施，以重庆和成都为代表的西部城市形成了强大的经济推动力，逐步弥补了传统金融服务不足导致的经济发展质量不高的问题。中部地区的绿色金融对经济高质量发展的影响较为有限。中部地区绿色金融发展对经济高质量发展的提升作用较弱的原因，可能由于该地区传统产业比重较大，产业转型升级任重而道远，绿色金融发展水平相对薄弱。在推动绿色金融发展的过程中，中部地区需要进一步加强绿色金融的总体规划和制度建设，以提升经济的高质量发展水平。

（二）维度异质性分析

经济高质量发展内涵丰富，包含创新发展、协调发展、绿色发展、开放发展、共享发展五个维度，绿色金融对经济高质量发展不同维度的影响可能存在差异性，为进一步探讨绿色金融对经济高质量发展的影响，有必要进一步分维度比较分析绿色金融对我国经济高质量发展的具体影响。本部分分别以经济高质量发展中的创新发展、协调发展、绿色发展、开放发展、共享发展五个维度作为被解释变量进行回归分析，回归结果如表 5-11 所示。

表5-11　分维度回归结果

变量	(1) 创新发展	(2) 协调发展	(3) 绿色发展	(4) 开放发展	(5) 共享发展
GF	0.172*** (3.96)	0.162*** (2.69)	0.217*** (5.18)	0.138** (1.87)	0.151** (2.12)
控制变量	Yes	Yes	Yes	Yes	Yes
省份效应	Yes	Yes	Yes	Yes	Yes
时间效应	Yes	Yes	Yes	Yes	Yes
N	300	300	300	300	300
R^2	0.187	0.278	0.391	0.518	0.672

从表中回归结果可以看出，绿色金融对创新发展具有显著的正向影响，其原因与中国近年来大力推动绿色金融的政策背景密切相关，政府通过出台绿色债券、绿色信贷等政策工具，鼓励企业和金融机构投资于环境友好型和可持续发展的项目。这些政策为创新发展提供了强有力的资金支持，绿色金融为企业提供了更多的融资渠道和优惠条件，降低了融资成本，使企业能够投入更多资源进行技术研发和创新项目，同时绿色金融工具通过风险分担机制和优惠条件，进一步激励了企业的创新行为。

绿色金融对协调发展同样具有显著的正向影响，这与中国近些年来积极推动绿色金融和区域协同发展的政策大环境有很大关联。为了推进金融资源的合理分配并促进不同区域间的发展，政府实施了绿色金融政策，这些政策为协同发展提供了强大的财务支撑和激励机制。例如，国家级别的关键基础设施项目和地区合作项目都借助绿色金融手段得到了资金的援助，进而促进了不同地区的和谐发展。同时金融结构的稳健性和政府财务政策的合适性也在平衡经济发展方面发挥了显著的作用。

绿色金融对绿色发展同样具有显著的正向影响，这与中国近年来大力推动绿色金融和生态文明建设的政策背景密切相关。绿色债券与绿色信贷这些金融手段为环境保护计划和清洁能源行业投入了大量的资金，并大幅度地促进了绿色技术在研发与实践中的发展。为了更有力地推动绿色进程，应该继续强化金融系统的管理与监督，保障其持续稳定，并实施相关措施来减少失业数量，从而推动经济持续、全方位的发展。

绿色金融对开放发展同样具有显著的正向影响，这与中国最近一段时间大力推进的绿色金融及对外政策紧密相联。政府采纳了绿色金融策略，促进绿色项目在国际上的合作与交流，为开放发展创造了强大的资金支持和市场机会。中国积极参与和推动共建"一带一路"倡议，通过绿色金融支持共建国家的基础设施和绿色项目建设，从而促进了开放发展。为了进一步促进开放发展，应加强对金融体系的监管，并优化税收政策，降低企业的税负，提高其国际竞争力。

绿色金融对开放发展同样具有显著的正向影响，其原因可能在于，绿色金融通过实行风险共担机制，成功地激发了企业和金融机构在社会责任和持续发展方面的积极投入。绿色金融提升了人民的生活质量，改善了公共服务业的标准，使广大民众能享受到绿色金融发展所带来的生活便利。为了更加推动共享发展的步伐，政府应进一步加大对绿色金融的政策扶持，进一步激励金融实体和企业参与到绿色金融的发展中。

第六章　绿色金融与经济高质量发展：
产业结构优化视角

第一节　文献回顾

一、核心概念阐述

全球产业结构的分类和优化是经济发展研究的核心议题。目前世界上产业结构仍多采用新西兰经济学家费歇尔所提出的三次产业分类方法，将各类产业划分为第一产业、第二产业和第三产业。

学术界对于产业结构的演变、优化路径与经济增长的联系持续进行着深入研究。配第—克拉克理论揭示了经济增长与产业结构变化之间的经典关系：随着经济的持续增长，第一产业的劳动力和国民收入比重将逐渐降低，而第二、第三产业的比重将会上升，其中第三产业的增长尤其显著。库兹涅茨进一步强调了国民收入在三次产业中的分布趋势，指出第一产业的比重逐步减少，第二、第三产业的比重逐步增加，反映出劳动力从第一产业向第二、第三产业转移的经济现象。产业结构优化是一个复杂的经济过程，它涉及技术创新、人力资本积累、政策环境、市场需求以及全球化等多个方面。随着经济全球化的深入发展，产业结构优化也呈现出新的特点和趋势。

结构主义理论着重指出了经济结构的转变与持续的经济增长之间存在的密切联系，它视结构变化为经济增长的关键驱动力，这一观点扩展了新古典增长理论的范畴，后者通常将经济增长归因于资本的积累、劳动力的增加以及技术的提升。在结构主义视角下，产业的组成变化被视为提高生产率的关键要素，这种变化不仅对经济增长有着显著的正面影响，而且更多地表现为一种集中型增长的效应。

产业结构的优化是一个全面调整和优化过程，涉及国民经济中各个产业的组成、比例关系，以及它们之间的技术变化和相互联系的调整。从我国目前的经济发展状况来看，产业结构优化是一个长期而复杂的历史过程。这一过程主要集中在雇佣人员、不同产业部门的产值以及国民收入的比例变化等领域，其核心目标是通过这些策略调整，促进产业结构朝向更高的水平和更合适的方向前进。这种优化有助于提升国民经济的整体效率与品质，实现经济的持续健康发展。

产业结构优化是一个动态过程，其概念涉及多个方面：一是关注各产业之间的比例关系。随着经济的蓬勃发展和社会文明的进步，产业结构逐渐由初级阶段向高级化、合理化演进。这体现在第一产业在国民经济中的比重逐渐降低，同时，第二产业和第三产业则显著增长，特别是高新技术产业和现代服务业的迅速崛起。这种产业结构的变化不仅反映了经济发展的规律，也体现了社会进步的趋势。

二是涉及产业内部的技术变动和扩散。技术进步是推动产业结构升级的核心动力。它不仅能够提升产业的生产效率和竞争力，使企业在激烈的市场竞争中保持领先地位，还能够催生新兴产业，为经济发展注入新的活力。同时，技术进步助力传统产业的改造升级，通过引入新技术和管理模式，使传统产业焕发新的生机，实现整体产业结构的优化和升级。

三是包括产业之间的相互联系和协调发展。各产业之间紧密相连、相互依存、相互影响，一个产业的发展往往会带动其他产业的发展，激发其他产业的活力与潜力。因此，在调整产业结构时，需要考虑各产业之间的联系和影响，以确保整体经济的持续健康发展。

二、产业结构优化的测度

对于产业结构优化的衡量，国内外学术界仍然没有统一的界定。在产业结构优化效果测度方面，国外学者对该问题研究较早，最初从合理化及高级化两方面进行度量。随着研究的深入，也有部分学者结合其研究方向，进一步丰富了产业结构优化效果的评价体系。而本部分主要从产业结构合理化和产业结构高级化两个层面分析我国产业结构发展水平。

Krugman（1991）强调产业结构合理化是通过提升资源配置效率和产业协调性来实现的，合理化主要指各产业之间比例协调、资源高效利用以及生产要素的优化配置，从而实现经济效益的最大化。刘淑茹（2011）认为，结构偏离度越小，表明产业结构越合理，结构偏离度用于衡量实际产业结构与最优产业结构之间的偏离程度，具体计算方法是通过比较各产业在实际经济结构中的比重与最优比重的差异，得出结构偏离度。王林生和梅洪常（2011）认为产业结构的合理化旨在通过调整以提升经济效率，认为在特定的经济发展阶段，应依据科技水平、消费需求、人口素质及资源状况，对原本不均衡的产业结构进行优化，确保生产要素得到有效分配，进而促进各产业间的和谐发展。赵领娣等（2016）指出资源利用效率越高，产业结构越合理，资源利用效率指标包括能源消耗强度、单位GDP资源消耗和污染物排放等，这些指标可以反映产业结构的资源环境负荷，从而评估其合理性。付凌晖（2010）认为生产效率和收益率是评估各产业经济效益的重要指标，通过比较各产业的生产效率和收益率，可以确定哪些产业具备更高的竞争力和发展潜力，从而判断产业结构的合理性。周少甫等（2013）指出劳动生产率和资本生产率是评估各产业劳动和资本投入产出效率的关键指标，通过比较各产业的劳动生产率和资本生产率，可以识别出在现有资源禀赋下哪些产业的资源配置更加合理。

产业结构高级化是指产业结构向高技术含量、高附加值方向发展，实现从低端产业向高端产业的升级转型。Romano（2017）产业结构的高级化是产业向技术密集型、高附加值方向转变的过程，高级化主要体现在产业内部技术水平的提升、创新能力的增强以及产品附加值的增加上。高远东等（2015）认为产业结构的高级化是一个动态的进化过程，它在产业合理布局和协调发展的前提之下，推动产业结构的质量和效率向更高级的阶段提升，这一过程体现了产业从基础到高端、从单一到多元、从小规模到大规模以及从固定到灵活的转变，标志着产业结构的不断优化和升级。韩永辉等（2017）认为，高技术产业比重越高表明产业结构越高级化，高技术产业比重是衡量产业结构高级化程度的重要指标，通过计算高技术产业在总产值或增加值中的占比，可以评估经济结构中高附加值产业的发展情况。林毅夫和李永军（2003）认为TFP的提高意味着产业结构向更高技术含量和生产效率方向升级，TFP反映了生产要素的综合利用效率和技术进步水平，通过测算各产业的TFP，可以评估技术进步对产业结构高级化的贡献程度。俞岚（2016）认为创新能力和研发投入是衡量产业结构高级化的重要指标，通过评估各产业的研发投入强度、专利数量和技术创新成果，可以确定哪些产业在技术创新方面具有优势，从而推动产业结构的高级化。张桂文和孙亚南（2014）认为，产业集群的集聚效应和协同创新能力越强，产业结构越高级化，产业集群的形成和发展是产业结构高级化的重要标志，通过分析产业集群的形成、规模和协同效应，可以评估产业结构的升级程度和整体竞争力。刘宇（2007）指出国际竞争力越强，表明产业结构越高级化，国际竞争力反映了各产业在全球市场中的地位和影响力，通过比较各产业的国际市场份额、出口技术复杂度和国际竞争优势，可以评估产业结构的高级化程度。

在实际研究中，合理化和高级化常常需要结合使用，综合评估产业结构优化的整体状况。以下是一些常见的综合测度方法：综合指数法、层次分析法（AHP）和系统动态模型方法。

综合指数法通过构建产业结构优化的综合评价指标体系，结合合理化和高级化的各项指标进行综合评估。例如，高锦杰和张伟伟（2021）构建了包括结构偏离度、高技术产业比重、全要素生产率、资源利用效率等多维度的综合指数，通过综合指数的变化趋势，全面反映产业结构优化的进展情况。

层次分析法是一种多指标决策分析方法，张婷等（2022）认为通过对合理化和高级化各指标的重要性进行权重分配，构建层次结构模型，进行综合评估，AHP 方法可以有效处理多指标间的复杂关系，提供更加科学的综合评价结果。

系统动态模型方法，郭俊杰和方颖（2022）通过模拟产业结构优化过程中各因素的动态交互作用，评估合理化和高级化的综合效果，系统动态模型可以在时间序列上反映政策干预和市场变化对产业结构优化的长期影响，为政策制定提供科学依据。

三、产业结构优化的影响因素

（一）产业政策

产业政策可以分为选择性产业政策和功能性产业政策，林毅夫和李永军（2003）认为选择性产业政策主要是通过政府直接干预，扶持特定产业的发展，如高新技术产业和绿色产业，而功能性产业政策则侧重于改善经济环境，优化资源配置，如基础设施建设和教育投入等。

产业政策的实施效果直接影响产业结构优化的成效，韩永辉等（2017）认为产业政策通过地方政府的积极干预和资源配置优化，能够有效推动地方产业结构升级。具体而言，地方政府可以通过扶持重点产业、引导资源流向高附加值领域，来提升区域经济的整体竞争力和生产效率，从而实现产业结构的优化。姜泽华和白艳（2006）认为产业政策的制定与实施对于引导产业结构合理化具有重要意义。通过产业政策，政府可以有效调控产业发展方向，推动新兴产业和高技术产业的发展，抑制资源密集型和低附加值产业的扩张，从而实现产业结构的优化升级。高远东等（2015）认为财政补贴、税收优惠等政策工具应根据实际情况灵活运用，确保政策的针对性和有效性，产业政策应具有连续性和稳定性，避免政策的频繁变动和执行不力，以确保政策效果的持久性和可持续性。

（二）数字经济

数字经济的发展在推动产业结构优化中发挥了重要作用，通过提升生产效率、促进创新和优化资源配置，实现产业结构的升级转型。沈运红和黄桁（2020）认为数字经济是一种经济形态，它以信息技术为主导动力，将数字化信息和知识作为核心生产资源，并依托现代信息网络作为主要平台，通过高效应用信息通信技术实现资源优化配置和产业升级。

李治国等（2021）通过对中国275个城市的数据分析，发现数字经济发展显著推动了城市产业结构的转型升级，数字经济通过提高生产效率和技术创新能力，促进了高技术产业和服务业的发展，从而优化了产业结构。沈运红和黄桁（2020）认为是数字经济为企业提供了创新平台，通过大数据分析、人工智能等技术手段，推动技术创新和产品升级，促进产业结构的高级化。姚战琪（2021）认为数字贸易的发展对产业结构升级具有重要的推动作用，通过数字技术的应用，提升了出口产品的技术复杂度和附加值，推动了制造业和服务业的深度融合，促进了整体产业结构的优化。

（三）对外贸易

对外贸易作为经济全球化的重要组成部分，通过资源优化配置、技术引进和市场扩展，促进了产业结构的优化和升级。Krugman（1991）认为对外贸易通过比较优势和规模经济效应，实现资源的优化配置和生产效率的提升，推动产业结构的升级。林毅夫和李永军（2003）认为各国根据自身资源禀赋和比较优势，专注于生产和出口具有优势的产品，通过国际贸易实现资源的最优配置。

蔡海亚和徐盈之（2017）认为贸易开放促进了中国产业结构的升级，通过开放市场，增强了与国际市场的联系，提升了本国产业的技术水平和生产效率，推动了产业结构向高附加值方向转型。邓平平（2018）研究发现对外贸易在推动产业结构优化中起到了关键作用，通过对外贸易国家能够引进先进技术和管理经验，提升本国产业的技术水平和竞争力，从而实现产业结构的优化。赵云鹏和叶娇（2018）认为各国通过国际贸易能够实现资源的最优配置，发挥比较优势，提升整体经济效率，推动产业结构的生态化。

（四）外商投资

外商投资通过资本引进、技术转移和管理经验带入，促进了国内产业结构的优化和升级。外商投资主要包括直接投资和间接投资。直接投资是指外国企业或个人在东道国设立企业或控股企业，通过资本投入和管理参与，直接影响企业的生产和运营。间接投资是指外国投资者通过购买东道国企业的股票、债券等金融资产，间接参与东道国的经济活动。

刘宇（2007）研究发现外商直接投资通过引入先进技术、管理经验和资金，对我国产业结构优化具有显著推动作用。外商投资的进入促进了产业升级和技术进步，提高了整体经济效益。邓平平（2018）认为外商投资带来了大量资本，缓解了国内企业的融资困难，促进了资本密集型产业的发展，推动产业结构的合理化。赵云鹏和叶娇（2018）认为，对外直接投资在推动中国产业结构优化中具有重要作用，外资的引入不仅带来了技术和资本，还通过产业链的延伸和升级，促进了国内产业结构的调整和优化。栾申洲（2018）认为外商投资带来了先进技术和管理经验，提升了国内企业的技术水平和生产效率，推动了产业结构的高端化发展。

（五）人力资本

人力资本作为经济发展的核心要素，通过提升劳动力素质、促进技术创新和优化资源配置，推动了产业结构的优化和升级。人力资本是指劳动者所拥有的知识、技能、健康状况等综合素质。

周少甫等（2013）认为人力资本对产业结构转化和经济增长具有积极效应，通过提升人力资本水平，可以促进产业结构向高附加值、高技术含量方向转型，从而推动经济的可持续增长。赵领娣等（2016）认为人力资本对产业结构调整和绿色发展效率具有重要影响，高素质的人力资本能够促进技术创新和产业升级，提高整体经济的绿色发展水平和效率。张桂文与孙亚南（2014）研究发现，通过促进农业劳动力永久性乡城迁移、加大创新人才与高技能人才的培养力度、促进产学研一体化，即提高人力资本与产业结构演进的耦合程度，对促进中国产业结构转型升级具有至关重要的作用。

（六）金融发展

金融发展通过资本市场、信贷市场和金融创新，为产业结构优化提供了充足的资金支持和有效的资源配置机制。李海奇和张晶（2022）认为金融科技的发展对我国产业结构优化和产业升级具有显著影响，通过金融科技的应用，提高了金融服务的效率和质量，促进了产业结构的优化和升级。高锦杰和张伟伟（2021）研究发现绿色金融对产业结构生态化具有积极影响，绿色金融通过引导资金流向绿色产业，促进了资源的优化配置和产业结构的生态化转型。丁攀等（2021）研究发现，绿色金融的发展在促进产业结构升级和经济可持续增长中发挥了重要作用，绿色金融提升了绿色产业的资金获取能力和技术创新水平，推动了产业结构的优化和升级。张林（2016）比较分析了金融危机前后产业结构优化效应的变化，研究发现金融发展规模和金融发展效率均对产业结构优化效应具有强化作用，而且金融发展效率的强化作用更大。

四、绿色金融对产业结构优化影响

绿色金融作为推动可持续发展的重要工具，通过多种金融手段支持绿色产业发展，优化产业结构。国内外学者普遍认为绿色金融对产业结构优化有积极正向的影响，以下从金融工具、产业和区域三个维度，分析绿色金融对产业结构优化的影响。

（一）不同绿色金融工具的影响

绿色金融工具包括绿色信贷、绿色债券、绿色保险等，它们通过不同的方式支持绿色产业的发展，推动产业结构优化。

绿色信贷是银行向环保企业或绿色项目提供的贷款，旨在支持绿色产业和环保项目的发展。郭俊杰和方颖（2022）研究发现，绿色信贷在推动企业环境投资方面起到了关键作用，通过提供优惠贷款和财政支持，绿色信贷引导企业加大环保投入，促进了产业结构的绿色化和可持续发展。徐胜等（2018）研究发现，绿色信贷对产业结构升级具有显著影响，绿色信贷在鼓励企业进行绿色技术改造和环保项目投资方面发挥了重要作用，推动了高污染产业的转型升级。钱水土等（2019）研究发现，绿色信贷在优化产业结构方面具有积极作用，绿色信贷通过降低融资成本，支持了绿色产业的发展，促进了传统产业向低碳环保方向转型。裴育等（2018）研究发现，绿色信贷的投入对绿色产业的发展和地区经济的增长起到了直接推动作用，同时地区的经济增长也为绿色信贷的持续投入和绿色产业的进一步发展提供了必要条件。

绿色债券是指募集资金用于支持环保和可持续发展项目的债券。Zerbib（2019）研究发现绿色债券的收益率低于传统债券的收益率，这种负溢价对于金融和低评级债券更为明显，但并不代表现阶段投资者反对绿色债券市场扩张。张叶东（2021）认为绿色债券在推动碳金融制度建设方面具有重要作用，通过发行绿色债券，筹集资金用于绿色项目投资，有效支持了绿色产业的发展和产业结构的优化。肖黎明和李秀清（2020）研究发现，绿色证券对企业绿色投资效率有显著影响，绿色债券的发行为企业提供了稳定的资金来源，促进了企业在环保技术和绿色项目上的投资，推动了产业结构的绿色化。季立刚和张天行（2022）研究发现，绿色证券市场的发展对产业结构优化具有积极作用，通过推动绿色债券的发行，引导资金流向绿色产业，促进了产业结构的生态化转型。

绿色保险业务致力于在多个关键领域提供风险管理和资金支持，这些领域包括环境保护、资源可持续利用、社会治理的绿色化、绿色产业的推进以及促进绿色生活方式的消费模式。汪昱衡（2022）认为绿色保险在支持绿色产业发展方面具有重要作用，绿色保险通过提供风险保障促进了绿色项目的实施和推广，有效支持了绿色产业的发展和产业结构的优化。庞加兰等（2023）研究发现绿色保险在优化能源结构方面发挥了积极作用，通过提供风险管理服务，绿色保险降低了绿色项目的风险，促进了清洁能源和绿色产业的发展。陈智莲等（2018）研究发现，绿色保险在促进区域产业结构优化方面具有显著作用，通过提供保险服务，降低了绿色项目的风险，支持了绿色产业的投资和发展，推动了区域产业结构的优化。

（二）不同产业的影响

绿色金融对制造业产业结构优化的影响。赵云鹏和叶娇（2018）研究发现，绿色金融对制造业产业结构的优化具有重要作用，通过提供绿色信贷和绿色债券，促进了制造业的环保技术改造和绿色转型，提高了制造业的整体竞争力。李江涛和黄海燕（2022）针对粤港澳大湾区九市进行分析，研究发现绿色金融在推动第二产业的环保改造和技术创新方面发挥着重要作用，有助于降低该产业的污染排放，从而提高其生态效益，通过绿色金融的支持，第二产业能够实现更有效的环境治理和可持续发展。李毓等（2020）研究发现，绿色信贷政策内含一种"倒逼"效应，这种效应对第二产业的结构优化和升级起到了积极的推动作用，通过激励企业改善环境表现和采用更清洁的生产技术，推动了产业结构的优化。韩刚和卓思佳（2024）研究发现，绿色金融发展水平和制造业转型升级存在显著的空间正相关性；绿色金融不仅能够显著促进本地制造业转型升级，还对邻近省市产生正向的空间溢出效应，认为应该加快建立统一的绿色金融体系、创新与拓宽金融产品种类；完善激励机制、推动绿色金融和制造业协同发展；建立区域间绿色金融合作机制、促进绿色金融区域合作协同发展。

绿色金融对服务业的产业结构优化的影响。汪昱衡（2022）认为绿色保险在支持服务业的绿色发展方面具有重要作用，通过提供风险保障，绿色保险促进了服务业的绿色项目的投资和推广，有效支持了服务业的绿色化和产业结构的优化。钱水土等（2019）研究发现绿色信贷与第三产业关联度最高、第二产业次之、第一产业最低，在绿色信贷对产业布局的影响方面，尽管绿色信贷能在一定程度上推动产业布局的优化，但其影响力存在一定的局限性。而李毓等（2020）认为尽管实施绿色信贷政策对第二产业产生了积极的影响，但这一政策对第三产业的增长可能存在抑制效果，这表明在推动绿色金融政策时，需要考虑到不同产业间的复杂相互作用和潜在的权衡。

绿色金融对高耗能行业的产业结构优化的影响。肖黎明和李秀清（2020）认为，绿色证券对高耗能行业的绿色投资效率具有显著影响，通过绿色债券的发行，为高耗能行业提供资金支持，促进了高耗能行业的环保技术改造和绿色转型。郭俊杰和方颖（2022）研究发现，绿色信贷在推动高耗能行业的环境投资方面起到了关键作用，通过提供优惠贷款，鼓励高耗能行业进行环保投资，促进了高耗能行业的绿色化和可持续发展。季立刚和张天行（2022）认为，绿色证券市场的发展对高耗能行业的产业结构优化具有积极作用，通过推动绿色债券的发行，引导资金流向高耗能行业的绿色项目，促进了高耗能行业的生态化转型。

传统产业通过引入绿色金融工具，实现绿色转型，提高生产效率和环保水平。李戎和刘璐茜（2021）研究发现绿色金融改革创新试验区对企业绿色创新有显著的促进作用，这一政策对非污染企业、大规模企业与国有企业、银行竞争程度更弱地区企业的促进作用更显著。绿色金融为新兴绿色产业的发展提供了资金支持和政策保障，促进了新兴绿色产业的快速发展。赵领娣等（2016）认为绿色金融通过支持废水处理、固废处理等环保项目的发展，推动了环保产业的快速发展，促进了产业结构的绿色化。

（三）不同地区的影响

绿色金融对东部地区经济发展的影响。张叶东（2021）认为，绿色债券在东部地区的碳金融制度建设中发挥了重要作用，通过发行绿色债券，筹集资金用于绿色项目投资，有效支持了东部地区绿色产业的发展和产业结构的优化。孟维福和刘婧涵（2023）研究发现，东部地区绿色金融对经济高质量发展的促进作用更为明显，即信息化程度高的地区绿色金融对经济高质量发展的促进作用更大。胡文涛等（2023）也发现，绿色金融对绿色发展推动作用在产业结构生态化程度较高且位于东部的省份表现得更为显著。绿色金融通过提供资金支持和风险管理，对东部地区的产业结构优化和经济发展质量提升具有重要的推动作用，它不仅促进了绿色技术的应用和产业升级，还增强了地区经济发展的可持续性。

绿色金融对中部地区经济发展的影响。郭俊杰和方颖（2022）研究发现，绿色信贷在中部地区的环境投资方面起到了关键作用，通过提供优惠贷款，鼓励中部地区的企业进行环保投资，促进了中部地区的绿色化和产业结构的优化。李毓等（2020）研究发现，绿色信贷在中部地区的产业结构升级中具有显著影响，绿色信贷通过降低融资成本，支持了中部地区的绿色产业发展，促进了传统产业向低碳环保方向转型。周琛影等（2022）研究发现，绿色金融对中部地区经济高质量发展的影响显著，通过绿色金融工具的应用，提升了中部地区的绿色技术创新能力和产业结构优化水平，推动了中部地区的可持续发展。但是，徐胜等（2018）研究发现东、西部地区绿色信贷比率的提升对产业结构调整有正向作用，而中部地区的作用效果不显著。

绿色金融对西部地区经济发展的影响。陈智莲等（2018）研究发现，绿色金融在西部地区的产业结构优化方面具有显著作用，通过提供绿色信贷和绿色债券，促进了西部地区的绿色产业的投资和发展，以及推动了西部地区的产业结构优化。庞加兰等（2023）研究发现，绿色保险在西部地区的能源结构优化方面发挥了积极作用，通过提供风险管理服务，绿色保险降低了西部地区绿色项目的风险，促进了清洁能源和绿色产业的发展。喻平和张敬佩（2021）研究发现，区域绿色金融与高质量发展在西部地区具有显著的耦合协调，绿色金融的发展不仅提升了西部地区的经济发展质量，而且增强了区域经济的可持续发展能力。通过绿色信贷、绿色债券和绿色保险等金融工具，西部地区的产业结构得以优化，能源结构得到改善，为实现区域经济的绿色、可持续增长提供了有力支持。

综上所述，绿色金融通过绿色信贷、绿色债券、绿色基金等多种金融工具，支持绿色产业的发展，推动传统产业的绿色转型和新兴绿色产业的发展，实现了产业结构的优化和升级。在不同地区，绿色金融的发展水平和地区产业结构的差异也影响了绿色金融对产业结构优化的效果。未来应加强绿色金融的发展，优化绿色金融工具，提高绿色金融的覆盖面和支持力度，推动全国范围内产业结构的绿色转型和优化升级。

第二节 作用机制分析

产业结构优化是经济转型和升级的核心步骤，特别是传统产业的绿色转型和绿色产业的发展。绿色金融作为一种新型融资模式，在促进传统产业的绿色改造方面具有独特优势。积极发展绿色金融体系，不仅有助于加快中国传统产业向绿色化方向转型，同时也能催生绿色产业的快速增长。绿色金融通过优化金融资源配置、推动技术进步以及发挥信号传导效应，对我国的产业结构调整产生深远影响。具体作用机制分析如下：

一、资金形成机制

资金的形成机制是指资金来源的渠道和方式，以及资金在经济活动中的流动和使用方式。资金的形成机制是一个复杂的过程，涉及多个方面的因素，包括个人储蓄、企业投资、政府财政收支等。政府可以通过制定相关政策和措施来引导资金的形成和流动，促进经济发展和社会进步。例如，政府可以通过税收优惠、财政支持、金融监管等方式来鼓励储蓄和投资，提高金融中介的效率，促进国际贸易和投资的自由化和便利化等，从而推动资金的形成和流动。

政府在资金形成机制中扮演着关键角色。通过制定和实施一系列政策，政府可以有效引导资金的流动和使用，促进经济的稳定和发展。税收优惠政策有助于降低企业和个人所承担的税收负担，从而提升他们的可支配收入。这样的政策不仅能够激励个人储蓄，还能促进投资活动的增加，进而对经济的繁荣发展起到积极的推动作用。例如，通过降低环保项目的税收负担，可以吸引更多的资金流入绿色产业。财政支持则可以直接为重点领域提供资金支持，增强其发展动力。政府还可以通过金融监管措施，确保金融市场的稳定和透明，提升金融中介的效率，从而促进资金在经济体系内的有效流动。

绿色金融作为资金形成机制的重要组成部分，通过多种金融工具将储蓄转化为资本，再将资本投资于绿色产业，实现资金的有效转化和利用。当前，绿色金融工具种类繁多，包括绿色信贷、绿色保险、绿色债券和绿色基金等。其中，绿色信贷是指金融机构为绿色产业提供信贷资金支持，专门为具有高生态效益的绿色企业进行投融资活动。通过绿色信贷，银行等金融机构可以为环保企业提供低息贷款，减轻其融资压力，促进其快速发展。

绿色保险作为另一重要的绿色金融工具，通过为绿色项目提供保险保障，降低项目的运营风险，提高其市场吸引力。例如，绿色保险可以为新能源项目提供风险保障，降低因自然灾害或技术故障造成的经济损失。这样不仅增加了绿色项目的资金供给，还提高了投资者对绿色项目的信心和参与度。

绿色金融政策的提出缓解了绿色企业资金短缺的压力，推动绿色产业加大创新投入，从而加快传统产业的转型升级。通过设立绿色基金和发行绿色债券，政府和金融机构可以汇聚社会资本，支持绿色技术的研发和应用。例如，绿色基金可以投资于可再生能源项目和清洁技术企业，推动绿色技术的广泛应用和产业化。绿色债券则通过募集资金，支持特定的环保项目，如污水处理、节能建筑和绿色交通等，确保资金流向绿色领域，促进环境保护和可持续发展。

资金的形成机制是一个烦琐且复杂的过程，涉及个人储蓄、企业投资、政府财政收支等多个方面的因素。通过有效的政策引导和金融工具应用，政府可以促进资金的形成和流动，推动经济发展和社会进步。绿色金融作为新兴的金融模式，通过多种资金形成机制，缓解了绿色企业的资金压力，推动了绿色产业的快速发展和传统产业的绿色转型升级，助推了经济的可持续发展。

二、资金导向机制

绿色金融通过引导资金流向绿色产业，改变了资金的投向结构。绿色金融的资金导向机制是一种以环保和可持续发展为核心导向的金融机制，旨在通过引导资金流向绿色和可持续领域，促进产业结构的优化和升级。

首先，绿色金融通过设立多种绿色金融产品，如绿色基金和绿色债券，直接引导大量资金流向环保和可持续发展领域。绿色基金是一种专门投资于环境保护和可持续发展项目的金融工具，通过汇聚社会资本，支持绿色技术的研发和应用。例如，投资于可再生能源、清洁技术和节能减排项目等，这些项目不仅具有显著的环境效益，还能够推动相关产业链的发展和壮大。绿色债券作为另一重要的绿色金融产品，其发行募集的资金必须用于特定的环保项目。通过严格的资金使用规定，绿色债券确保了资金流向具有环境效益的项目，如可再生能源、污染治理和绿色基础设施建设等。这种方式不仅增加了绿色项目的资金供给，还提高了市场对绿色项目的信心和关注度。

其次，绿色金融通过设立绿色信贷和绿色保险等金融服务，为环保和可持续发展领域的企业和项目提供更为优惠的融资和保险条件。绿色信贷是银行对环保企业和绿色项目提供的低利率贷款，通过降低融资成本，鼓励企业进行绿色投资和技术改造。例如，一些银行会对符合环保标准的企业提供利率优惠和贷款担保，这不仅降低了企业的融资难度，还增强了企业进行绿色创新的积极性。绿色保险也是绿色金融的重要组成部分，通过为绿色项目提供保险保障，降低项目的风险，提高其市场竞争力。例如，绿色保险可以为可再生能源项目提供保障，减少项目在运营过程中可能遇到的自然灾害和技术故障风险。这样，企业在绿色项目上的投入风险就会降低，从而愿意进行更多的绿色投资。

最后，绿色金融通过设立绿色评价和绿色认证等机制，对环保和可持续发展领域的企业和项目进行综合评价。这些机制不仅有助于提高企业的市场竞争力，还能提升其社会认可度，推动其进一步发展壮大。绿色评价体系可以对企业的环保绩效进行评估，企业达到一定的环保标准后，可以获得绿色认证，这些认证往往在市场上享有更高的信誉和品牌价值。

绿色认证不仅为企业在市场中树立了良好的形象，也为投资者提供了透明的信息，帮助他们更好地识别和选择绿色投资项目。这些认证机制通过提高市场对环保企业的认可度，吸引更多的资金和资源流向绿色领域，进一步促进产业结构的绿色转型和优化。

绿色金融的资金导向机制通过多种手段，如设立绿色金融产品、提供优惠金融服务、实施绿色评价和认证等，有效地引导和鼓励资金流向环保和可持续发展领域。这一机制不仅促进了绿色产业和项目的发展壮大，还推动了产业结构的转型升级，助推了经济、社会和环境的可持续发展。

三、信用催化机制

信用催化机制是一种通过金融手段来促进环保产业发展的机制。它主要通过提供金融支持和信用保障来鼓励企业投资环保产业，推动产业结构优化。

绿色金融的信用催化机制在促进企业融资和环保产业发展方面发挥着至关重要的作用。首先，这一机制有助于降低企业的融资成本并提升融资效率。绿色金融机构倾向于为那些遵守环保标准的企业提供更为有力的信用支持，这不仅降低了企业的融资风险，也相应地减少了其融资成本。结果，企业能够更便捷地获得资金，进而加速环保产业的发展步伐。

其次，信用催化机制对于推动环保产业的技术创新和升级具有显著的促进作用。绿色金融机构通过向符合环保标准的技术和产品提供更多的金融支持，激励企业增加在技术研发和创新上的投入。这种支持不仅加速了环保、高效产品的推出，也提高了企业的市场竞争力，为产业结构的优化提供了动力。

最后，信用催化机制对于环保产业的可持续发展同样至关重要。金融机构对那些持续在环保方面进行投入和改进的企业给予更多的信用支持，这鼓励了企业更好地满足市场需求，从而推动了环保产业的持续健康发展。

绿色金融的信用催化机制是实现产业结构优化的关键工具，它通过提供金融支持和信用保障，鼓励企业投资于环保产业，不仅推动了产业结构的优化，还促进了环保产业的可持续发展。

四、信息传导机制

绿色金融是指将环境保护和可持续发展作为核心理念，通过金融手段促进绿色产业的发展和环境保护。绿色金融的信息传导机制是指通过各种渠道将绿色金融的理念、政策和实践传递给各个产业，从而促进产业结构的优化。

首先，绿色金融的信息传导机制可以通过政策引导来促进产业结构的优化。政府在这一过程中扮演着重要角色，通过制定并实施一系列有利于绿色金融的政策，如税收优惠、财政补贴、环保标准和认证制度，鼓励企业向绿色产业投资和转型。例如，政府能够通过设立专门的基金来资助新能源和节能环保领域的技术创新以及相关项目的实施，从而推动传统产业向环保、高效的方向发展。此外，通过严格的环保法规和排放标准，迫使高污染、高能耗企业进行技术改造或退出市场，进一步优化产业结构，提升整体经济的绿色化水平。

其次，金融机构作为绿色金融的重要参与者，通过提供多种金融工具和服务，推动绿色产业的发展和产业结构的优化。金融机构可以通过发行绿色债券、设立绿色基金等方式，为绿色企业提供必要的融资支持，降低其资金成本，促进绿色技术和项目的推广应用。例如，银行可以针对环保企业提供优惠贷款利率，或通过绿色信贷政策，对符合环保标准的企业给予融资优先权。此外，金融机构还可以通过环境、社会和治理（ESG）评估，对企业的环保水平和社会责任进行评估和引导，促使企业提升绿色绩效，从而推动整个行业的绿色转型。

最后，社会组织在绿色金融的信息传导机制中也发挥着不可忽视的作用。社会组织通过开展环保宣传、组织环保活动，提高公众对绿色产业的认知和支持，形成社会舆论压力，推动企业和政府更加重视绿色发展。例如，非政府组织（NGOs）可以通过发布企业环境绩效报告，监督企业的环保行为，鼓励消费者选择绿色产品和服务，从而促进市场对绿色产业的需求。此外，社会组织还可以通过倡导绿色消费和生活方式，增强全社会的环保意识，进一步推动绿色金融的发展和产业结构的绿色化。

总之，绿色金融的信息传导机制是多方面的，不管是从政府、金融机构还是从社会组织来看，都可以通过各自的方式来推动绿色产业发展和产业结构优化，只有通过各方的共同努力，才能实现可持续发展的目标。

五、产业整合机制

产业整合机制是指在市场经济中，为了提高企业的竞争力和市场占有率，通过整合不同产业链上的企业资源，实现资源共享、优化配置和协同发展的一种机制。产业整合机制的目的是通过整合产业链上的企业，实现资源的优化配置和协同发展，从而提高企业的竞争力。

首先，产业整合机制有助于推动绿色产业的发展。在绿色产业链中，不同的企业通过资源共享和技术创新等方式，形成协同效应，提高整个产业的发展水平。例如，在风电产业链中，风机制造、发电、输电等多个环节相互关联，通过产业整合，可以实现上下游企业之间的紧密协作，提高整个产业链的效率和竞争力。风机制造企业可以与发电企业合作，共同研发高效、环保的风力发电设备，降低生产成本，提高发电效率。同时，输电企业可以通过整合，优化输电网络，减少能源损耗，进一步提升绿色能源的利用率。这种协同效应不仅有助于绿色产业的发展，还能促进技术进步和市场扩展，为实现可持续发展目标提供坚实基础。

其次，产业整合机制有助于降低绿色产业的成本。在绿色产业发展的初期，由于技术不成熟和市场不完善，企业往往面临较高的生产成本和投资风险。通过产业整合，可以实现资源共享和优势互补，降低生产成本，增强企业的营利能力，促进产业的健康发展。例如，太阳能产业链中的企业可以通过合作，共享技术研发成果和生产设施，减少重复投资和资源浪费，降低整体生产成本。此外，通过整合采购、物流等环节，企业可以实现规模经济，降低原材料和运输成本，提高经济效益。这种成本降低不仅有助于绿色产业的可持续发展，还能提升产品的市场竞争力，扩大市场份额。

最后，产业整合机制有助于促进绿色金融的发展。绿色金融需要产业的支持和推动，而产业整合机制则能够促进绿色产业的发展，进一步推动绿色金融的发展。通过产业整合，企业可以实现资源和技术的优化配置，提高整体运营效率，从而吸引更多的金融机构提供支持和服务。例如，绿色企业可以通过整合，形成具有较高信用和市场潜力的产业集群，从而获得更优惠的融资条件和更多的投资机会。同时，绿色金融也可以通过支持产业整合，为绿色企业提供定制化的金融产品和服务，满足其不同阶段的发展需求，促进产业结构的优化和转型。这种良性互动有助于建立稳定、健康的绿色金融市场，推动绿色经济的可持续发展。

总之，产业整合机制是绿色金融推动产业结构优化的重要手段之一。通过整合不同产业的资源和技术，实现优势互补，提高资源利用效率，推动绿色产业的发展。这有助于降低生产成本，促进产业的健康发展，并为企业提供更多的资金支持和政策支持，加快产业结构优化和转型。

第三节　我国产业结构优化测度分析

一、产业结构优化测度方法

在中国经济高质量发展这一背景下，产业结构的转型升级毫无疑问地成为经济改革进程中的关键所在。区域经济往往会借助专业化的发展路径及社会分工模式，进而形成具有自身特色的产业结构，而这种产业结构也会影响到经济增长方式。

在一些以制造业为主导的区域，其专业化程度较高、分工明确，形成了相对集中的产业结构，使该区域经济增长主要依赖于制造业的规模扩张和技术升级；又如一些以服务业为主的区域，高度专业化和精细的社会分工造就了以金融、科技服务等为主的产业结构，经济增长方式则更多地依靠创新和服务质量的提升；而资源型地区主要依靠本地丰富的自然资源，形成了围绕资源开发和加工的产业结构，但随着资源的逐渐减少或市场需求的变化，如果不能及时进行产业结构的转型升级，经济增长就会面临困境。这些实例都充分说明了产业结构对于经济增长方式的决定性作用。

产业结构是描述一个国家经济中第一、第二与第三产业之间相互关联及其各自所占比重的总体架构。在中国这三大产业被进一步细化分类：第一产业涵盖了直接取自自然界的产业活动，具体包括农业、林业、畜牧业、渔业以及副业等；第二产业则聚焦于对初级产品进行加工和再加工的领域，主要包括建筑业和工业；而第三产业也被称作服务业，包括除上述两大产业之外的所有经济活动，涵盖广泛的服务性行业和领域。

一个地区的产业结构优化就是其产业结构从低级向高级、从不合理向合理调整和发展的过程，产业结构优化的内涵涵盖了产业结构的高级化与合理化两个方面。产业结构合理化是一个动态演进的过程，其核心在于促进各产业间协同效应的深化与关联度的不断提升。这一过程不仅映射了产业间合作的高效性，还深刻揭示了资源优化配置的能力，成为衡量资源投入与产出结构间耦合效率的关键标尺。产业结构高级化包含两个核心维度：一是高效率产业比例的提升，这通常表现为高效率企业数量的增多；二是产业劳动生产率的提高。因此，深入剖析产业结构的合理性，对于激发区域经济发展的内在活力具有举足轻重的意义。

产业结构的高级化本质上是一个转型升级的过程，旨在将传统、低附加值的产业模式逐步转化为高附加值的新兴产业体系。这一过程深刻依赖于技术创新、产品线的全面升级以及生产方式的根本性革新，旨在提升经济增长的内在品质与综合效益，引领经济体系向全球价值链的更高端攀升，并在此过程中孕育出源源不断的经济增长新动力。具体而言，通过大力发展高科技产业、创意产业以及知识密集型服务业等高端领域，不仅增强了经济的自主创新能力，还显著提升了其在国际市场上的竞争力。

另外，产业结构的合理化则聚焦于实现产业间的均衡布局与和谐共生，力求避免产业资源的过度集中或过度分散所带来的不利影响。合理化的产业结构能够显著提升资源配置效率，增强经济发展的韧性与稳定性。它要求通过科学规划，优化产业的规模结构、地域布局、内部构成及相互间的比例关系，确保各产业在经济体系中既能保持相对独立的发展空间，又能形成互补优势，共同推动经济体系的整体协调与可持续发展。

本部分引入泰尔指数（亦称泰尔熵）作为分析工具，用以量化评价我国各省份产业结构合理化的程度。泰尔指数最初由泰尔提出，后来广泛应用于区域收入差距的研究中，干春晖等（2011）进一步发掘了其在衡量产业结构合理性方面的独特价值，并赋予其新的定义，认为产业结构合理化指的是产业间的聚合质量，它一方面是产业之间协调程度的反应，另一方面还应当是资源有效利用程度的反应，也就是说，它是要素投入结构和产出结构耦合程度的一种衡量标准。本部分借鉴这一重新定义的视角，构建产业结构合理化指标，其计算公式融合了不同产业产值与就业的结构性偏差考量，同时兼顾了各产业在经济体系中的不同地位与贡献，从而为实现产业结构合理性的精准测度提供了科学依据。本部分将参照其定义计算产业结构合理化指标 TL，其计算公式如下：

$$TL = 1 - E = 1 - \sum_{i=1}^{n} \left(\frac{Y_i}{Y} \right) \times \ln \left(\frac{Y_i}{L_i} \bigg/ \frac{Y}{L} \right) \tag{6-1}$$

式中，Y 表示产值，L 表示就业，i 表示产业，n 表示产业部门数量。根据古典经济学假设，经济处于均衡状态时，各产业部门的生产率水平相同。根据定义，$\frac{Y}{L}$ 即表示生产率，因此当经济均衡时，$\frac{Y_i}{L_i} = \frac{Y}{L}$，从而结构偏离度 $E = 0$，产业结构合理化指标 $TL = 1$。同时，$\frac{Y_i}{Y}$ 表示产出结构，$\frac{L_i}{L}$ 表示就业结构，因此 TL 同时也是产出结构和就业结构耦合性的反应。TL 越大，表示经济越趋向于均衡状态，产业结构越合理。

产业结构转变是衡量一个国家或地区经济发展的核心要素，随着国家或地区进入不同的发展阶段，其产业结构也会相应地发生更迭。产业结构高级化是指通过调整和优化国民经济中各个行业之间的比重和结构，实现经济的升级和转型。一个地区的产业结构高级化指标，作为衡量区域经济转型升级与现代化进程的关键标尺，深刻揭示了该地区第一、第二及第三产业之间的动态发展关系与资源配置效率。与此同时，产业结构的变动往往又与国家的技术革新、居民消费水平、制度变革以及要素禀赋等因素紧密相关。这一正向指标不仅反映了产业结构的演进趋势，更是指向经济可持续发展路径的重要风向标。随着指数数值的攀升，它直观地展现出该地区正从依赖自然资源与简单加工的初级产业阶段，逐步迈向以高技术含量、高附加值、低能耗为特征的现代化产业体系，标志着产业结构优化与升级取得了显著成效。

在测度产业结构升级指数时，绝大多数学者都遵循配第—克拉克产业结构演变规律，认为随着经济与居民生活水平的同步提升，产业结构会发生显著变化，具体表现为第三产业的地位日益凸显，而第一、第二产业的比重则持续下降。在学术界广泛采用的评估框架中，克拉克定律占据着举足轻重的地位，该定律基于历史数据与经济规律，指出随着经济的发展和人均收入水平的提高，劳动力会自然而然地从农业向非农业部门转移，即先向工业转移，随后再向服务业转移。这一趋势不仅反映了产业结构变化的普遍规律，也为产业结构高级化的量化评估提供了理论基础。因此，在构建产业结构高级化指标时，多数研究倾向于采用非农业产值（特别是服务业产值）在地区生产总值中的占比作为核心指标之一，以此来衡量产业结构向更高层次迈进的步伐。

实际上，纵观国际发展历程，尽管科技进步与产业分工的不断细化在理论上应推动劳动生产率的提升，但实际情况却展现出一种复杂现象：许多国家的劳动生产率增长放缓甚至呈现下降趋势，这一现象与产业结构向高级化转型并行不悖。传统上，非农产值占比的增长被视为产业结构升级的重要标志，但自20世纪70年代以来，信息技术的爆炸式发展彻底重塑了主要工业化国家的经济格局，引领了经济服务化的深刻变革。经济服务化趋势不仅表现为服务业在国民经济中占比的持续扩大，更深层次地，它反映了经济结构从依赖物质生产向以知识、技术、信息等非物质要素为核心的转变。这种转变超越了传统以产值比例为单一维度的评估框架，要求我们在衡量产业结构高级化时，必须考虑更多元化的指标，如知识密集型产业的增长、创新能力的提升、数字经济的贡献率等，以更全面、真实地反映经济结构在新时代背景下的变化趋势。因此，传统的、单纯依赖非农产值占比增长的评估方法，已难以准确捕捉并衡量经济服务化所带来的深刻影响与复杂变化。本部分参照干春晖等（2011）的研究方法，用第三产业产值与第二产业产值之比衡量产业结构高级化水平 TS：

$$TS = \frac{Y_3}{Y_2} \tag{6-2}$$

式中，Y_2 和 Y_3 分别表示第二产业和第三产业产值。这一指标能够清楚地反映出经济结构的服务化倾向，明确产业结构是否朝着服务化的方向发展。

计算出产业合理化和高级化两个指标后，再采用熵权法将两个指标构建成产业结构优化的一个综合性指标。

二、产业结构优化测度结果分析

表6-1呈现了我国2012~2021年的产业结构优化水平，从中可以看出，过去10年，我国各省份的产业结构优化水平整体呈现出一种稳健且持续上升的态势。这一显著趋势不仅是中国经济结构持续优化与升级的有力证明，也深刻映射出各地区在积极响应产业升级号召、致力于实现经济高质量发展的不懈努力。通过一系列政策引导与实践探索，各地区在推动产业结构向更加合理、高效、绿色方向转变上取得了显著成效，为中国经济的可持续发展建立了坚实的基础。我国东部地区的产业结构优化水平普遍较高，其中北京和上海更是脱颖而出，位列全国产业结构优化水平的前列。相比之下，中部与西部地区在产业结构优化方面则显得相对滞后，这反映了我国不同地区在经济发展与产业转型升级上的不均衡现状。

东部地区作为改革开放和经济发展的前沿示范区，得益于贸易开放，资本和技术密集型产业得到了显著发展，产业结构已呈现出新兴工业化国家的特征。2006年，《中共中央国务院关于促进中部地区崛起的若干意见》的出台，促使区域间的产业结构进行调整，中西部地区因此承接了来自东部经济带的"双高"产业转移，大量劳动密集型、资源密集型和环境污染型产业向中西部地区转移。虽然这在一定程度上推动了中西部地区经济的显著增长，但由于长期从事低技术、低附加值的加工贸易，反而对其产业结构的转型与升级产生了不利影响。

其中，北京作为中国的政治与文化中心，凭借其得天独厚的地理位置、丰富的资源禀赋以及政府坚定不移的支持与引导，展现出极高的产业结构优化水准。在这里，高新技术产业与现代服务业蓬勃发展，成为驱动北京市产业结构持续升级的强大引擎，不断为其经济活力注入新鲜血液。紧随其后，上海作为中国经济中心，不仅在传统制造业的转型升级上取得显著突破，更在现代服务业的拓展上迅猛发展，这一系列举措极大地巩固了其在全国产业结构优化中的领先地位。山西作为历史悠久的能源基地，其产业结构优化的起点相对较低，面临着能源结构转型与发展新兴产业的双重挑战，这一转型过程不仅需要克服对传统能源依赖的惯性，还需在新能源、新技术领域开辟新天地。陕西的产业结构优化水平同样仍处于偏低水平，映射出陕西在产业升级道路上的不易，其原因可能在于陕西在推动传统产业向高端化、智能化转型，以及培育壮大新兴产业方面，遭遇了诸多挑战和难题，影响了其产业结构优化的整体进程。

我国东部地区的产业发展战略鲜明地聚焦于出口导向型模式，这一战略不仅为东部地区汇聚了丰厚资源，还显著增强了其在全球舞台上的竞争实力与国际影响力，从而形成了该区域产业结构优化水平远高于中西部的现状。反观中西部地区，其产业转型路径侧重于内向型产业的深耕细作，这种发展模式虽有其独特价值，却也在一定程度上限制了这些地区与全球生产体系的深度融合与适应，加剧了地域间的发展鸿沟。在产业版图上，这种区域差异尤为凸显：东部地区以高新技术产业和现代服务业为龙头，展现出高度的开放性和市场化特征；而中西部地区则更多地倚重于农业与传统制造业，产业结构中垄断性元素相对突出。这种核心产业构成与市场布局的不均衡，已成为制约我国整体可持续发展战略推进的关键瓶颈，呼唤着更加均衡与协同的区域发展战略来破局。

主导产业是推动地区经济循环的关键力量，也是支撑地区经济发展的重要支柱。因此，选择和培育主导产业对于促进西部地区产业结构升级、推动其工业化进程具有至关重要的地位和作用。由于西部地区产业发展起步较低，发展速度相对较慢，所以大部分地区主要依赖土地、矿产、森林等未深加工的产业作为当地产业发展的主导，这使第二产业与第三产业的发展明显滞后。

中部地区在寻求产业结构优化与升级的过程中，面临着既要保障粮食安全，又要推动经济转型升级的双重压力与挑战。反观西部地区，虽然起点较低，但凭借其独特的地理位置、丰富的自然资源和相对较低的生产成本，展现出了惊人的发展潜力和蓬勃的生命力。随着全球产业链的重新布局和国内投资环境的不断优化，西部地区逐渐成为企业投资兴业的热土。大量企业的涌入不仅为当地带来了急需的资金和技术支持，还促进了产业结构的多元化与高端化。这些企业利用西部地区的资源优势，发展了一系列具有竞争力的新兴产业，如新能源、新材料、生物医药等，为当地经济注入了新的活力。

当前，农村经济的增长引擎主要聚焦于两大支柱：一是传统农业领域的农作物产量提升，这不仅是国家粮食安全的重要保障，也是农民收入增长的主要来源；二是新兴企业在农村地区的崛起，这些企业往往涉及农产品深加工、乡村旅游、农村电商等新兴业态，为农村创造了多元化的就业机会，促进了农村经济的多元化发展。然而，尽管取得了一定成就，我国农业的整体发展仍面临诸多严峻挑战，包括土地资源有限、水资源短缺、农业技术创新能力不足、农产品市场波动性大等问题，这些问题亟待通过政策引导、科技创新和市场机制完善来加以解决。同时，第二产业作为我国国民经济的支柱与命脉，涵盖了电力、能源、工业、化工等多个关键领域，其高度发达不仅直接推动了国家工业化进程，还为其他产业提供了强有力的物质基础和技术支撑。第二产业的繁荣是国家综合国力的重要体现，也是实现经济持续稳定增长的重要驱动力。而第三产业作为衡量一个国家现代化水平的重要标志，其发展往往建立在第一、第二产业相对成熟和完善的基础之上。在我国，服务业虽然起步较晚，但近年来随着改革开放的不断深入和市场经济的日益成熟，其内部结构已经发生了显著变化。传统服务业如商贸、餐饮、住宿等持续稳步发展，同时，现代服务业如金融、信息技术、文化创意、健康养老等新兴领域迅速崛起，成为服务业发展的新亮点。这种内部结构的优化升级不仅提高了服务业的整体质量和效益，也为国民经济的高质量发展注入了新的活力。近年来，我国改革开放政策的深入实施，为服务业的发展提供了更加广阔的空间和更加有利的条件。

在产业结构转型升级的进程中，协调机制的核心在于资源高效配置与利益和谐共融。首先，转型促使资源智能流向高价值领域，实现优化配置，增强产业的灵活性与适应性，激发创新与发展活力，如研发资金增加加速了技术进步，市场资源助力产业升级。其次，转型要求广泛的跨部门、跨行业协作，构建紧密的产业生态。这种协同不仅深化了产业链各环节的联系，还促进了信息流通与共享，提升了整体响应速度与竞争力。通过多方共赢的合作模式，产业结构转型升级实现了效率与效益的双重提升，为产业的可持续发展建立了坚实基础。

第四节　绿色金融促进产业结构优化的实证检验

一、我国绿色金融与产业结构的灰色关联分析

灰色关联分析法是研究序列之间关联程度的一种研究方法，其基本思想是根

据序列曲线几何形状的相似程度来判断不同序列之间的联系是否紧密。为了初步衡量我国绿色金融发展与产业结构之间的关系，本部分借鉴徐胜和张超（2012）的方法采用灰色关联分析模型进行初步探究。通过灰色关联分析，可以从整体上测度出我国绿色金融发展与产业结构之间的关联程度，衡量绿色金融对三次产业结构调整优化的作用，进而对绿色金融影响产业结构有一个全面宏观的把握。

本部分选取我国 30 个省份（除西藏和港澳台地区）2012~2021 年的统计数据，实证检验绿色金融对产业结构优化的作用。样本数据同样来源于《中国统计年鉴》《中国环境统计年鉴》《中国科技统计年鉴》《中国工业统计年鉴》《中国金融统计年鉴》和各省份统计年鉴等。在处理数据时，本书同样选用了插值法来进行合理的估算和补充缺失数据，在数据的权重分配方面，采用了客观赋权法，旨在更精确地体现数据的实际价值和重要性。

灰色关联分析步骤如下：

第一步，明确原始数据参照序列和比较序列。其中，参照序列表示为：

$$X_0 = \{X_0(1), X_0(2), \cdots, X_0(n)\} \tag{6-3}$$

比较序列表示为：

$$X_i = \{X_i(1), X_i(2), \cdots, X_i(n)\} \tag{6-4}$$

其中，$n = 1, 2, \cdots, k$ 表示序列中数据的维度，$i = 1, 2, \cdots$ 表示序列的编号。

第二步，对数据进行标准化处理，消除数据量纲，便于进一步比较分析，采用的计算方法如式（6-5）所示。

$$Y(n) = \frac{X_i(n)}{\frac{1}{k}\sum_{n=1}^{k}X_i(n)} \tag{6-5}$$

第三步，计算标准化后的参照序列 $Y_0(n)$ 与标准化后的比较序列 $Y_i(n)$ 之间的差额绝对值，计算方法如式（6-6）和式（6-7）所示。

$$\Delta_i(n) = |Y_i(n) - Y_0(n)| \tag{6-6}$$

$$\Delta_i = (\Delta_i(1), \Delta_i(2), \cdots, \Delta_i(n)) \tag{6-7}$$

第四步，计算关联系数和关联度，各关联系数的计算方法如式（6-8）所示。

$$\gamma(Y_i(n), Y_0(n)) = \frac{\Delta_{i(\min)} + \rho\Delta_{i(\max)}}{\Delta_i(n) + \rho\Delta_{i(\max)}} \tag{6-8}$$

其中，$\Delta_{i(\min)} = \min(\Delta_i(1), \Delta_i(2), \cdots, \Delta_i(n))$，$\Delta_{i(\max)} = \max(\Delta_i(1)$,

$\Delta_i(2)$，$\cdots$，$\Delta_i(n)$）。式中 ρ 为分辨系数，一般取值为 0.5。

则关联度表达式如式（6-9）所示。

$$\varepsilon_{i0} = \frac{1}{k} \sum_{n=1}^{k} \gamma(Y_i(n), Y_0(n)) \tag{6-9}$$

将原始数据序列按上述步骤处理，并代入关联度公式计算即可得到数据序列之间的灰色关联度。

本部分选择 2012~2021 年全国绿色金融发展指数作为参照序列，选择三个产业的产值占国内生产总值的比重来作为比较序列，灰色关联度计算结果如表 6-1 所示。从表中分析结果可知，从全国层面来看我国绿色金融与第二、第三产业占 GDP 比重的关联性较强，即我国绿色金融与第三产业占 GDP 比重两者序列的几何相似程度最高，与第二产业、第一产业所占比重的序列几何相似程度次之，总体来说，我国绿色金融与我国各产业占 GDP 比重都具有一定的几何相似性。具体而言，所计算的三个灰色关联度仍有一定差距，绿色金融序列的变动与第三产业占比序列的协同性更高，与第二产业占比的协同性略低；当绿色金融被更广泛地施行时，第三产业占比受益最大，第二产业次之，即实现了三次产业结构的优化调整。

表 6-1　我国绿色金融与三次产业灰色关联度

年份	第一产业	第二产业	第三产业
2012	0.340	0.481	0.530
2013	0.371	0.613	0.568
2014	0.518	0.688	0.754
2015	0.660	1.000	0.950
2016	0.907	0.750	0.940
2017	0.579	0.769	0.981
2018	0.467	0.988	0.726
2019	0.372	0.574	0.810
2020	0.617	0.636	0.564
2021	0.498	0.843	0.626
灰色关联度	0.533	0.734	0.745

二、空间计量模型构建

考虑到各省份产业结构之间同样可能存在着空间溢出效应，本部分延续上一章的研究思路，采用空间计量模型来检验绿色金融与产业结构优化的关系。分别构建空间自回归模型（SAR）、空间误差模型（SEM）和空间杜宾模型（SDM）三种模型如下：

1. 空间自回归模型（SAR）

$$ISO_{it} = \rho \sum_{j=1}^{N} W_{ij}ISO_{jt} + \beta_1 GF_{it} + \beta_2 X_{it} + + \mu_i + \nu_t + \varepsilon_{it} \qquad (6\text{-}10)$$

2. 空间误差模型（SEM）

$$ISO_{it} = \beta_1 GF_{it} + \beta_2 X_{it} + \mu_i + \nu_t + \varepsilon_{it} \qquad (6\text{-}11)$$

$$\varepsilon_{it} = \rho \sum_{j=1}^{N} W_{ij}\varepsilon_{jt} + \varphi_{it} \qquad (6\text{-}12)$$

3. 空间杜宾模型（SDM）

$$ISO_{it} = \rho \sum_{j=1}^{N} W_{ij}ISO_{jt} + \beta_1 GF_{it} + \beta_2 \sum_{j=1}^{N} W_{ij}GF_{jt} + \beta_3 X_{it} + \beta_4 \sum_{j=1}^{N} W_{ij}X_{jt} + \mu_i + \nu_t + \varepsilon_{it}$$

$$(6\text{-}13)$$

式中，i 和 t 分别表示省份和年份，ISO 表示被解释变量产业结构优化，GF 表示核心解释变量绿色金融，X 表示控制变量，μ_i、ν_t、ε_{it} 分别表示省份固定效应、时间固定效应和随机误差项，ρ 表示空间自回归系数，β_{it} 表示各变量的估计系数，W_{ij} 表示空间权重矩阵，分别采用空间邻接权重矩阵、地理距离权重矩阵和经济距离权重矩阵。

模型中各变量的选取方式如下：

1. 被解释变量产业结构优化（ISO）

上一部分测算了省级层面的产业结构合理化水平和产业结构高级化水平，进而用熵值法生成了产业结构优化水平指数，本部分以该指数作为被解释变量（ISO）。

2. 核心解释变量（GF）

第三章从绿色信贷、绿色债券、绿色保险、绿色投资和碳金融五个维度测算了省级层面的绿色金融发展水平指数，本节继续以该指数作为核心解释变量（GF）。

3. 控制变量

参考徐胜等（2018）、干春晖等（2021）的相关研究，本书选取的控制变量包括政府支持（GS），采用各省份财政支出与 GDP 的比值来表示；外贸依存度

（*TD*），采用各省份出口总额与 GDP 的比值来表示；人力资本水平（*HC*），采用各省份人均受教育年限的对数来表示；城镇化率（*UR*），采用各省份城镇人口与年末常住人口的比值来表示。

上述各变量的描述性统计结果如表 6-2 所示，从表中可以看出我国的经济高质量发展总体水平不高，且地区之间经济发展质量水平差异较大，各省份在绿色金融方面的发展差距同样非常明显。

表 6-2　主要变量描述性统计

变量	观测值	平均数	标准差	最小值	最大值
ISO	300	0.382	0.100	0.153	0.710
GF	300	0.360	0.052	0.187	0.549
GS	300	0.263	0.113	0.105	0.758
TD	300	0.199	0.287	0.005	0.679
HC	300	2.192	0.089	1.985	2.632
UR	300	0.609	0.132	0.363	0.893

三、空间相关性检验与模型选择

本部分采用全局莫兰指数和局部莫兰指数检验被解释变量产业结构优化水平指数的空间相关性。

（一）全局自相关检验

我国 2012~2021 年产业结构优化水平分年度全局莫兰指数如表 6-3 所示，从表中可以看出，我国 2012~2021 年这 10 年产业结构优化水平在三种空间权重矩阵下均通过了莫兰指数检验，显著性水平均为 1%，且莫兰指数均为正，表明我国各省份之间的产业结构优化存在显著的正向空间溢出效应，因此选择空间计量模型检验绿色金融对产业结构优化的影响是合适的。

表 6-3　我国 2012~2021 年产业结构优化全局莫兰指数

年份	W_1		W_2		W_3	
	I 值	P 值	I 值	P 值	I 值	P 值
2012	0.287	0.000	0.222	0.000	0.336	0.000

续表

年份	W_1		W_2		W_3	
	I 值	P 值	I 值	P 值	I 值	P 值
2013	0.352	0.000	0.301	0.000	0.317	0.000
2014	0.289	0.000	0.411	0.000	0.283	0.000
2015	0.316	0.000	0.407	0.000	0.347	0.000
2016	0.402	0.000	0.258	0.000	0.356	0.000
2017	0.345	0.000	0.362	0.000	0.307	0.000
2018	0.313	0.000	0.346	0.000	0.285	0.000
2019	0.341	0.000	0.342	0.000	0.435	0.000
2020	0.390	0.000	0.378	0.000	0.332	0.000
2021	0.327	0.000	0.337	0.000	0.398	0.000

（二）局部自相关检验

本部分进一步测算局部莫兰指数，分析各省份与其周边省份在产业结构优化方面的空间联系。图 6-1 中两图分别是我国各省份在空间邻接权重矩阵下，2012 年和 2021 年产业结构优化水平的局部莫兰散点图，从图中可以看出，我国 2012 年和 2021 年的产业结构优化水平在空间上同样呈现明显的集聚效应，具体表现为高水平发展区域趋向于形成紧密的高高聚集，而低水平发展区域则更容易形成松散的低低聚集，这种空间聚集现象凸显了产业结构优化在空间层面上的关联性。

（三）空间计量模型选择

通过空间相关性检验之后，接下来进行空间计量模型的选择（见表 6-4）。LM 检验结果均表明该计量模型同时包含空间滞后项和空间误差项，因此应该选择空间杜宾模型（SDM）。LR 检验和 Wald 检验结果均表明 SDM 模型不会退化为 SAR 模型和 SEM 模型。Hausman 检验结果则表明应该选择固定效应模型。因此，本部分选择双向固定效应空间杜宾模型来分析绿色金融对产业结构优化的影响。

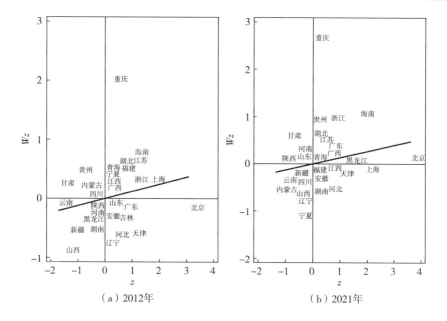

（a）2012年　　　　　　　　（b）2021年

图 6-1　我国 2012 年和 2021 年的各省份产业结构优化水平局部莫兰指数散点图

表 6-4　空间计量模型选择检验

检验方法	统计量	P 值
LM-lag	63.276	0.000
Robust LM-lag	18.318	0.000
LM-error	51.297	0.000
Robust LM-error	21.326	0.000
LR-SDM/SAR	78.138	0.000
LR-SDM/SEM	67.782	0.000
Wald-SDM/SAR	71.392	0.000
Wald-SDM/SEM	68.178	0.000
Hausman	76.169	0.000

四、空间计量回归结果

根据上文检验结果，本部分采用双向固定效应空间杜宾模型来实证检验我国绿色金融对产业结构优化的影响，回归结果如表 6-5 所示。表中第（1）、第（3）和第（5）列分别是在空间邻接权重矩阵、地理距离权重矩阵和经济距离权重矩阵下，仅包含核心解释变量绿色金融发展水平（GF）的估计结果，而表中第（2）、第（4）和第（6）列分别是在三种空间权重矩阵下，添加了政府支持（GS）、外贸依存度（TD）、人力资本水平（HC）和城镇化率（UR）控制变量的回归结果。从表中可以看出，绿色金融发展水平（GF）的变量系数一直在1%的显著性水平上为正值，回归结果表明我国绿色金融确实促进了产业结构优化。

表6-5　基准回归结果

变量	(1)	(2)	(3)	(4)	(5)	(6)
	W_1	W_1	W_2	W_2	W_3	W_3
GF	0.163*** (5.31)	0.145*** (3.91)	0.141*** (3.78)	0.129*** (2.87)	0.151*** (4.51)	0.136*** (3.18)
GS		0.119*** (2.68)		0.139*** (3.45)		0.127*** (2.95)
TD		0.209*** (2.87)		0.223*** (2.96)		0.231*** (3.13)
HC		0.176** (4.69)		0.185*** (4.91)		0.169*** (4.15)
UR		0.182*** (2.89)		0.173*** (2.69)		0.193*** (3.16)
W×GF	0.108*** (4.53)	0.083*** (2.98)	0.089*** (2.85)	0.067*** (2.51)	0.097*** (3.37)	0.072*** (2.79)
W×GS		0.061** (2.03)		0.068** (2.12)		0.056** (1.83)
W×TD		0.098*** (2.53)		0.103*** (2.67)		0.106*** (2.71)
W×HC		0.089*** (2.45)		0.091*** (2.53)		0.095*** (2.67)
W×UR		0.078** (1.71)		0.073** (1.78)		0.082** (1.81)
省份效应	Yes	Yes	Yes	Yes	Yes	Yes
时间效应	Yes	Yes	Yes	Yes	Yes	Yes
rho	0.227*** (3.91)	0.289*** (5.78)	0.212*** (3.23)	0.267*** (4.61)	0.231*** (4.65)	0.278*** (5.27)
N	300	300	300	300	300	300
R^2	0.165	0.632	0.152	0.609	0.173	0.679

绿色金融能够促进产业结构优化的原因正如前文所述，绿色金融作为资金形成机制的重要组成部分，通过多种金融工具将储蓄转化为资本，再将资本投资于绿色产业，实现资金的有效转化和利用。当前，绿色金融工具种类繁多，包括绿色信贷、绿色保险、绿色债券和绿色基金等。绿色金融作为新兴的金融模式，通过多种资金形成机制，缓解了绿色企业的资金压力，推动了绿色产业的快速发展和传统产业的绿色转型升级，助推了经济的可持续发展。

绿色金融通过引导资金流向绿色产业，改变了资金的投向结构。绿色金融的资金导向机制是一种以环保和可持续发展为核心导向的金融机制，旨在通过引导资金流向绿色和可持续领域，促进产业结构的优化和升级。这一机制不仅促进了绿色产业和项目的发展壮大，还推动了产业结构的转型升级，助推了经济、社会和环境的可持续发展。

绿色金融的信用催化机制在促进企业融资和环保产业发展方面发挥着至关重要的作用，这一机制一方面有助于降低企业的融资成本并提升融资效率，另一方面对于推动环保产业的技术创新和升级具有显著的促进作用。绿色金融的信用催化机制是实现产业结构优化的关键因素。它通过提供金融支持和信用保障，鼓励企业投资于环保产业，不仅推动了产业结构的优化，还促进了环保产业的可持续发展。

绿色金融是指将环境保护和可持续发展作为核心理念，通过金融手段促进绿色产业的发展和环境保护。绿色金融的信息传导机制是指通过各种渠道将绿色金融的理念、政策和实践传递给各个产业，从而促进产业结构的优化。绿色金融的信息传导机制是多方面的，不管是从政府、金融机构还是从社会组织来看，都可以通过各自的方式来推动绿色产业发展和产业结构优化。

产业整合机制是绿色金融推动产业结构优化的重要手段之一，通过整合不同产业的资源和技术，实现优势互补，提高资源利用效率，推动绿色产业的成长。这有助于推动绿色产业的可持续发展，降低生产成本，促进产业的健康发展，为企业提供更多的资金支持和政策支持，加快产业结构优化和转型。

五、稳健性检验结果

从基准回归结果可知，绿色金融能显著促进产业结构优化，为了确保回归结果真实可信，本部分采用更换被解释变量、更换核心解释变量、调整样本时间和考虑时间滞后效应等方法来检验绿色金融对产业结构优化影响的稳健性。

（一）更换被解释变量

前文回归分析中被解释变量采用的是产业结构优化综合指数，该指数由产业结构合理化和产业结构高级化两部分综合而成，本部分将被解释变量分别更换为产业结构合理化和产业结构高级化指数进行稳健性检验，检验结果如表6-6中第（1）和第（2）列所示。从表中可以看出，更换为产业结构合理化和产业结构高级化指数后绿色金融变量的估计系数仍然显著为正，估计结果与前文一致，表明前文中绿色金融对产业结构优化影响的估计结果稳健。

（二）更换核心解释变量

前文回归分析中核心解释变量采用的是绿色金融发展综合指数，该指数由绿色信贷、绿色债券、绿色保险、绿色投资和碳金融五个维度综合而成，其中绿色信贷是我国绿色金融的主要形式，本部分将核心解释变量更换为绿色信贷进行稳健性检验，检验结果如表6-6中第（3）列所示。从表中可以看出，更换为绿色信贷后绿色金融变量的估计系数仍然显著为正，估计结果与前文一致，表明前文中绿色金融对产业结构优化影响的估计结果稳健。

（三）调整样本时间

前文回归分析中样本时间跨度为2012~2021年，为避免外部冲击对回归结果的影响，本部分将样本时间跨度调整为2012~2019年进行稳健性检验，检验结果如表6-6中第（4）列所示。从表中可以看出，调整样本时间后绿色金融变量的估计系数仍然显著为正，估计结果与前文一致，表明前文中绿色金融对产业结构优化影响的估计结果稳健。

（四）考虑滞后效应

前文回归分析中采用的空间杜宾计量模型主要考虑的是被解释变量的空间滞后效应，而没有考虑被解释变量的时间滞后效应，而实际中绿色金融对产业结构产生影响需要一定的时间，由此本部分将被解释变量滞后一期进行稳健性检验，检验结果如表6-6中第（5）列所示。从表中可以看出，调整样本时间后绿色金融变量的估计系数仍然显著为正，估计结果与前文一致，表明前文中绿色金融对产业结构优化影响的估计结果稳健。

表6-6 稳健性检验结果

变量	(1)	(2)	(3)	(4)	(5)
	产业合理化	产业高级化	绿色信贷	样本时间	滞后效应
GF	0.151***	0.118***	0.145***	0.139***	0.156***
	(3.87)	(3.21)	(3.72)	(3.36)	(3.95)
控制变量	Yes	Yes	Yes	Yes	Yes

续表

变量	(1) 产业合理化	(2) 产业高级化	(3) 绿色信贷	(4) 样本时间	(5) 滞后效应
省份效应	Yes	Yes	Yes	Yes	Yes
时间效应	Yes	Yes	Yes	Yes	Yes
N	300	300	300	240	270
R^2	0.673	0.612	0.683	0.635	0.651

第七章 绿色金融与经济高质量发展：碳减排视角

第一节 文献回顾

一、核心概念阐述

在当前环境和经济发展背景下，碳减排已成为各国决策部门和学术界共同关注的焦点。Smith（2010）认为碳减排是通过减少温室气体的排放来降低大气中二氧化碳的浓度，从而缓解全球气候变化的影响，他强调了碳减排对环境的直接作用，即通过减少温室气体的排放量来缓解气候变化的速度。Jones 和 Williams（2013）进一步扩展了碳减排的概念，认为碳减排是通过政策、技术创新和行为改变等措施减少二氧化碳及其他温室气体的排放，是实现可持续发展的关键措施之一。巢清尘（2021）特别强调了碳减排在实现"碳达峰和碳中和"目标中的作用，认为通过实施绿色政策和技术手段减少温室气体排放是达到这两个目标的关键，即在特定时间内达到人为排放与人为吸收的平衡。张浩楠等（2022）认为碳减排不仅包括政策和技术措施，还涉及市场机制等更广泛的领域，采取一系列措施和路径来减少温室气体排放，包括政策、技术、市场机制等，促进低碳经济发展和实现"碳中和"。韩桂兰和马雯（2024）则从绿色金融的角度出发，认为碳减排是通过绿色金融等手段推动低碳经济发展，减少温室气体排放，以达到环境保护和经济发展的双重目标。

碳减排亦称为减少温室气体排放，是指通过技术创新、政策措施和市场机制等手段，减少二氧化碳和其他温室气体的排放量，以应对全球气候变化问题。碳减排的目标在于减缓气候变暖的速度，保护生态环境，并促进经济的可持续发展。这一概念在当前全球环境问题日益严重的背景下，显得尤为重要和紧迫。科学研究表明，二氧化碳和其他温室气体通过温室效应使地球表面温度升高，导致极端天气事件频发、海平面上升和生态系统破坏。为了应对这一全球性挑战，国际社会通过了《京都议定书》和《巴黎协定》等一系列协议和行动计划，旨在通过全球合作减少温室气体排放。

碳减排的实现途径多种多样，包括技术手段、政策措施和市场机制等。技术手段主要包括清洁能源的开发和利用、能源效率的提高、碳捕集与封存技术的应用等。例如，开发和利用风能、太阳能和水能等再生能源，可以有效地替代传统化石能源，降低二氧化碳的排放量。提高能源利用效率，通过改进生产工艺和设备，减少单位产品的能耗，也是实现碳减排的重要途径。碳捕集与封存技术通过捕捉工业生产过程中排放的二氧化碳，并将其封存于地质结构中，防止其进入大气层，从而减少温室气体的排放。

政策措施在碳减排中起到重要的引导和激励作用。各国政府通过制定和实施一系列法规和政策，推动碳减排目标的实现。例如，排放限额和碳税政策，通过对企业和个人的碳排放进行限制和征税，鼓励减少排放量。可再生能源补贴和税收减免政策，通过经济激励手段，促进清洁能源的开发和利用。此外，国际社会通过多边合作和国际协议推动碳减排进程。例如，2015 年通过了具有里程碑意义的《巴黎协定》，所有缔约方承诺采取行动致力于将全球平均气温的升高幅度控制在 2℃以下，并力争将温度上升限制在 1.5℃以内，强调各国自主决定减排目标，并每 5 年进行一次评估和更新。

市场机制在碳减排中发挥了重要作用。碳交易市场是一种基于市场的减排机制，通过设定总的碳排放限额，并将其分配给各排放主体，使其在限额内进行排放。排放主体可以通过购买或出售碳排放配额，实现排放的市场化调节。碳交易市场不仅为排放主体提供了灵活的减排途径，还通过市场价格信号，引导资源优化配置，促进低碳技术的发展和应用。

中国作为全球最大的发展中国家和温室气体排放国，在碳减排方面进行了积极的探索和实践。中国政府设定了实现碳排放峰值和"碳中和"的宏伟目标，预计于 2030 年达到碳排放的峰值，并计划在 2060 年之前达到"碳中和"状态。为实现这一目标，中国采取了一系列政策和措施：大力发展可再生能源，逐步降低煤炭在能源结构中的比重；支持绿色创新，鼓励企业研发和应用绿色技术，提升产业竞争力和可持续发展能力；制定和推广绿色建筑标准，提高新建筑的能源利用效率；通过市场机制引导企业减少排放，提升全社会的碳减排意识和能力。

总体而言，碳减排作为应对全球气候变化的重要措施，在推动生态环境保护和经济可持续发展中具有重要意义。通过技术创新、政策引导和市场机制的协同作用，碳减排目标的实现不仅有助于减缓气候变暖的速度，还能促进绿色经济的发展，进而推动社会的全面进步。

二、碳减排的影响因素

全球范围内的环境问题日益凸显，在很大程度上与二氧化碳排放有关，促使减排成为各国紧迫的任务。因此，学术界开始聚焦于探究碳排放的驱动因素，当前学术界对碳排放影响因素的研究重点包括经济增长、产业结构和技术革新等方面。

首先，经济发展水平和方式对碳减排的影响。韩桂兰和马雯（2024）通过空间计量模型分析，揭示了经济发展水平与区域碳减排效果之间的密切联系，研究发现经济发展在不同区域对碳减排的效果存在显著差异，强调了在制定碳减排政策时应考虑区域间的经济差异。蒋正云等（2024）在评估京津冀协同发展的城市碳减排效应时，认为经济发展模式与碳减排之间存在复杂的互动关系，并强调了协同发展机制在其中的作用。黄馨郁和李军军（2024）利用省级数据分析了数字经济与碳排放效率的非线性关系，发现随着数字经济的发展，碳排放效率呈现倒"U"型变化趋势，这表明了技术进步在碳减排中的重要性，同时也揭示了数字经济发展初期可能带来的高碳排放问题。

其次，产业结构的调整也是影响碳排放的重要因素之一。蒋正云等（2024）深入探究了京津冀协同发展对城市碳排放的影响及其机制，认为产业结构升级和科技创新是协同减排的关键途径，而公共服务一体化可能在短期内增加碳排放。方国斌等（2024）以《绿色信贷指引》的实施为准自然实验，进行了企业绿色专利和城市产业结构双重中介机制的检验，研究发现绿色信贷政策促进了企业绿色创新并且优化了城市产业结构，实现了碳减排的目标。

最后，技术进步也是碳减排的重要因素之一。刘金科等（2024）研究发现，绿色信贷通过促进技术创新，对低碳转型具有显著的推动效果，认为绿色信贷在支持企业研发绿色技术方面起到了重要作用，从而大幅降低了碳排放。田虹和秦喜亮（2024）从区域差异和收敛性的角度，利用我国 299 个城市的面板数据，构建空间杜宾模型，研究结果表明绿色技术创新可以降低碳排放水平，且存在空间关联效应。刘战豫和张伞伞（2024）基于中国省际面板数据，检验了数字技术能否成为制造业碳减排的有效路径，同时考察技术创新的中介效应和绿色化水平的调节作用，研究发现数字技术能显著降低制造业碳排放强度。顾庆康和林乐芬（2024）研究发现中国制造业在实现碳减排目标方面取得了一定进展，但仍需进一步提升碳减排水平，特别是在优化能源结构和推进绿色创新方面，建议通过加强政策支持和增加绿色投资，可以进一步推动制造业的低碳转型。杨刚强等（2023）通过理论分析和经验证据，检验了数字经济在碳减排中的作用，建议进一步推动绿色金融与数字技术的融合发展，认为技术创新在实现低碳经济转型中具有关键作用，并为未来绿色金融的发展指明了方向。

综上可以看出，碳减排是当前全球生态环境保护的重要议题之一，而经济发展的水平与方式、产业结构、技术进步等因素在推动碳减排方面扮演着关键角色。不同区域和行业在碳减排方面存在差异性和异质性，这要求制定更加精准和差异化的政策和措施。

三、绿色金融对碳减排的影响

学术界对绿色金融与碳减排关系的研究涵盖了微观和宏观两个层面。从微观层面上来看，学者们主要通过绿色金融对企业、行业和项目的影响，探讨其如何通过信贷、投资和保险等金融工具促进碳减排。从宏观层面上来看，学者们从国家和地方省市的角度出发，分析绿色金融对碳排放水平的影响，主要体现在分析政策制定和经济影响上。

（一）微观层面

绿色信贷是指银行等金融机构向低碳、环保企业提供的贷款。尤毅（2022）认为绿色信贷有助于降低企业的融资成本，激励企业投资于低碳技术和项目，从而实现碳减排目标。李朋林和张肖东（2024）认为绿色信贷对企业碳排放强度的影响显著，通过大样本企业数据研究发现绿色信贷能够有效降低企业的碳排放强度，特别是在高排放行业中。孟佳佳（2024）研究发现绿色信贷的增加与区域碳排放的减少存在正相关关系，认为绿色信贷在改善区域环境质量方面发挥了重要作用，同时建议进一步完善绿色信贷政策以支持区域可持续发展。

绿色投资主要包括绿色债券、绿色股权投资等，通过引导资金流向环保和低碳项目，实现碳减排。张小可和张居营（2024）利用面板数据分析了绿色金融对不同省份碳排放的影响，发现绿色投资在治污减排方面效果显著，尤其是在政策支持较强的地区。梅超（2019）研究发现绿色投资对特定行业如能源、交通等的碳减排效果尤为明显，对比分析发现绿色投资在这些关键行业中能够大幅降低碳排放强度，并建议增加对绿色投资的政策支持。张科等（2023）研究发现绿色债券对经济高质量发展和碳减排具有双重促进作用，建议进一步完善绿色债券市场的相关政策和机制。周稳海等（2024）检验了绿色金融对碳减排的积极影响，特别是绿色投资在其中的关键角色，认为环境规制和金融市场化对加强这一效应存在重要性。

绿色保险是指为低碳、环保项目提供的保险服务，旨在降低这些项目的运营风险。刘璐等（2024）认为绿色保险通过提供风险保障，促进了更多企业和项目参与到低碳发展中来，有助于实现碳减排目标，研究发现绿色保险不仅能够降低项目的财务风险，还能提高其市场竞争力。

绿色金融还通过促进绿色技术创新来实现碳减排。时省和张亚（2024）分析了绿色金融政策对绿色技术创新的影响，发现绿色金融政策能显著提升绿色技术创新水平，从而推动碳减排。田虹和秦喜亮（2024）从区域差异的角度研究了绿色技术创新对城市碳减排的影响，发现绿色技术创新在不同区域的碳减排效果上存在显著差异，建议因地制宜制定绿色金融政策。温茵茵等（2023）基于省级面板数据，从绿色投资、绿色信贷和绿色股票方面构建绿色金融发展指数，分析绿色金融对碳排放的影响效应，发现绿色技术创新对提升绿色金融在减少碳排放方面的效能起到了积极的促进作用。

此外，陈艳和李浩（2024）研究发现绿色金融通过产业结构高级化和合理化对碳减排产生了直接和间接的效果，但直接效果更为显著，认为绿色金融能够促进高污染产业的转型升级，从而实现大幅度的碳排放减少。余坤莲（2024）对绿色金融在支持碳减排方面的特殊体系和执行策略进行了深入分析，研究发现绿色金融通过推动经济结构的转型和技术创新显著增强了碳减排的成效。李戎和刘璐茜（2021）研究发现绿色金融能够促进企业的绿色创新，推动企业在技术研发和生产过程中采用更环保的方式，从而实现碳减排。

（二）宏观层面

绿色金融是国家推动低碳发展的重要手段。张亚萍等（2021）通过调查分析发现，绿色金融政策的实施显著促进了淮安市的碳减排，表明绿色金融政策能够有效推动地方政府和企业实施低碳项目，从而实现区域碳减排目标。王遥和任玉洁（2022）认为构建完善的绿色金融体系是实现"双碳"目标的重要保障，建议加强政策协调和制度建设，研究发现完善的绿色金融体系能够为低碳发展提供强有力的支持。胡剑波和陈行（2023）检验了绿色财政政策在减排中的作用，发现特别是绿色财政支出在减少大气污染和二氧化碳排放方面的显著效果。绿色金融相较于传统的命令与控制型或市场型气候政策，具有独特的融合优势，能够有效推动减排实践。任亚运等（2023）基于地级市面板数据发现绿色金融不仅能够优化以煤炭为主的能源结构来降低碳排放，亦能够促进实质性与策略性技术创新以实现碳减排，体现出了绿色金融政策的融合特性。朱琳等（2023）采用地级市的数据样本，以2017年设立的绿色金融试点政策作为一项外部冲击，通过建立双重差分模型来评估该政策对碳排放的影响，研究发现该政策有效地降低了二氧化碳的排放强度，并且随着时间的推进，其减排效果变得更加明显。刘华军和张一辰（2023）回顾了我国绿色金融发展的历程，认为绿色金融政策在不同阶段对碳减排的推动作用，并提出未来应继续完善相关的政策框架。

　　绿色金融在不同区域碳减排效果上也存在显著差异。侯晓娜和崔雅冰（2023）研究发现区域经济发展水平和产业结构对碳排放强度的影响显著，建议在制定绿色金融政策时考虑区域差异。杨金朋和朱聪浩（2023）研究发现，绿色金融在促进规模扩张、技术革新和产业结构优化方面对减少碳排放起着关键作用，尤其在中部地区效果显著。肖晓军和胡明琪（2023）分析了绿色金融在降低碳排放强度方面的积极作用，并指出这种效果在不同地区和金融工具间存在明显差异，特别是在西部地区。姚益家（2023）在理论分析的基础上，选取我国省级面板数据实证发现，绿色金融具有显著的碳减排效应，明显减少了区域的碳排放水平，且绿色金融在东部地区对碳排放的减少作用比中西部地区更为显著。

　　综上所述，绿色金融在碳减排中具有显著的积极作用，无论是在微观企业行为和技术创新层面上还是在宏观政策层面上均发挥了重要作用。通过对相关文献的梳理和分析，可以发现绿色金融在促进碳减排方面发挥了重要作用。绿色信贷、绿色投资、绿色保险和绿色技术创新等工具在不同层面和不同区域的碳减排效果各不相同，但总体来看，绿色金融政策的实施对实现碳减排目标具有积极意义。绿色金融策略通过智能引导资金投向环保与低碳项目与产业，有效优化资源分配，促进绿色技术的创新与发展，从而系统性地削减碳足迹，积极推动经济向可持续、绿色的路径转型。

第二节　作用机制分析

　　绿色金融发展通过资金融通，直接对降低碳排放产生积极作用，这是金融的基本功能之一。绿色金融通过引导资金流向低碳经济和环保项目，直接支持碳减排。绿色金融政策的发布传递了绿色资金需求的信号，同时彰显了政府发展绿色经济的决心，为低碳经济提供包括资金支付和结算在内的金融服务。

一、信号传递机制

信号传递机制是指金融市场通过价格信号、利率信号等手段，引导企业和投资者的绿色投资行为。这一机制在绿色金融中尤为重要，因为它能够通过金融产品的定价、收益率等信号，传递出绿色项目的价值和风险，鼓励更多的资金流向低碳项目。目前，我国的绿色金融表现出明显的自上而下的顶层设计特征。国家通过发布一系列绿色金融政策，激励绿色企业，惩罚污染企业，在提升绿色企业对社会正外部性的同时，抑制污染企业的负外部性，这表明发展绿色经济是国家坚定不移的战略。

这一信号传递机制推动企业积极调整其发展模式，具体表现为绿色企业会主动增加自身投资，以便更好地符合国家的政策导向和市场需求，从而获得更多的金融支持和市场份额。而污染企业则在面临政策压力和市场惩罚的情况下，主动缩减投资或进行技术和工艺的创新，以减少环境污染和二氧化碳排放。政策的引导作用显著提高了企业对绿色经济的认知度和接受度，推动了全社会低碳发展的步伐。例如，国家出台的绿色债券政策不仅降低了绿色项目的融资成本，还鼓励更多的企业发行绿色债券，募集资金用于环保和低碳项目。这种政策信号不仅提升了绿色企业的融资能力，还在市场中形成了绿色投资的良好氛围，吸引更多的社会资本关注和参与低碳经济发展。信号传递机制通过影响资金流向，使更多的资源投入到低碳产业和绿色项目中，促进了整体碳排放的减少。

二、信息披露机制

信息披露机制指的是企业在其经营活动中公开披露其环境影响、碳排放量和可持续发展措施的信息。这种透明度可以帮助投资者做出更明智的决策，并促使企业自觉地减少碳排放。绿色金融本质上是一套金融机构提供服务时需遵守的制度和规制，它要求金融机构在为企业提供服务时审核其环境信息，衡量其环境绩效，并判断其是否符合国家环保规定，从而促进企业在生产过程中承担环境和社会责任。因此，企业需向金融机构或公众披露环境污染和碳排放等相关信息。

信息披露机制在一定程度上推动企业规范经营，提高环保意识。具体来说，企业在寻求金融支持时，必须向金融机构详细披露其环保措施和碳排放情况，接受金融机构的评估和监督。这种机制不仅提高了企业在环保方面的透明度，还促使企业主动改进生产工艺和技术，减少环境污染和碳排放，以符合国家和金融机构的要求。

信息披露机制还增强了社会公众对企业环保行为的监督力度。金融机构和公众通过对企业环保信息的监督，可以更有效地识别和惩罚环境污染行为，推动企业提高环保标准。例如，上市公司在发布年度报告时，必须详细披露其碳排放和环保措施，这种透明度不仅有助于投资者做出明智的投资决策，还促使企业不断改进其环保措施，减少碳排放。碳信息披露项目（CDP）是全球性的信息披露平台，帮助企业公开其碳排放数据。

此外，信息披露机制还促进了企业之间的良性竞争。企业为了在市场中树立良好的环保形象，吸引更多的投资者和消费者，往往会主动披露其环保措施和成效，展示其在低碳经济中的领先地位。这种良性竞争不仅推动了全社会环保意识的提升，还促进了低碳技术的创新和应用。通过信息披露机制，企业的环保行为和碳排放状况更加透明，投资者和公众可以更好地监督和评价企业的环保绩效，促使企业改进其环境管理措施，从而实现碳减排目标。

三、产业结构绿色升级机制

产业结构绿色升级是指通过绿色金融的引导和支持，促进传统高碳产业向低碳、绿色产业转型升级。具体表现为通过资金的引导和政策支持，推动高污染、高能耗产业的淘汰和绿色产业的发展，从而实现整体产业结构的优化和升级，降低碳排放强度。通过金融支持，鼓励企业进行绿色技术改造和创新，提高产业的环保标准，降低传统高污染产业的比例，整体上降低了碳排放。

绿色信贷和绿色投资是绿色金融的重要工具，能够有效引导资金流向低碳、环保产业。例如，银行通过提供优惠利率贷款，支持企业在节能环保、清洁能源等领域的投资。通过这种方式，金融资源得以向低碳产业倾斜，推动传统高碳产业的转型升级。绿色金融政策对高污染、高能耗企业施加融资约束，提高其融资成本。例如，通过环境风险评估，限制高污染企业的贷款和融资渠道，迫使这些企业加快转型升级，减少环境污染和碳排放。这种政策不仅促进了高污染企业的绿色改造，还加速了其退出市场的进程。

绿色产业基金和绿色债券是推动产业结构绿色升级的重要手段。政府和金融机构设立绿色产业基金，支持低碳技术研发和绿色项目建设。绿色基金投资专门投资于绿色科技和可再生能源项目的基金。绿色债券则为低碳项目提供长期、稳定的资金支持，降低融资成本，吸引更多的社会资本参与绿色产业发展。绿色保险通过提供环境风险保障，降低企业在绿色转型过程中的风险，鼓励企业进行环保投资和技术改造。碳排放权交易等碳金融工具则通过市场机制，引导企业降低碳排放，促进低碳产业的发展。

四、绿色技术创新机制

绿色技术创新机制是指通过绿色金融工具激励企业研发和应用低碳技术、可再生能源技术等绿色技术，从而推动经济向低碳化、绿色化发展。绿色技术创新是实现碳减排的重要途径，绿色金融通过支持绿色技术的研发和应用，促进企业采用低碳技术，提高能源利用效率，减少碳排放。绿色技术创新可以大幅度提高能源利用效率，降低生产过程中的碳排放，并推动可再生能源的应用，从而有效减少整体碳排放。

绿色金融通过提供资金支持，鼓励企业和科研机构进行绿色技术研发。例如，政府和金融机构设立绿色技术创新基金，支持节能减排、清洁能源、资源循环利用等领域的技术研发和产业化应用。这种资金支持不仅降低了企业的研发成本，还加快了绿色技术的推广应用。绿色技术创新离不开知识产权保护，绿色金融通过提供专利贷款、专利保险等金融服务，支持企业进行绿色专利申请和保护，激励企业进行技术创新。同时，政府通过加强知识产权保护，保障企业的技术创新成果，促进绿色技术的快速发展。

绿色金融通过支持绿色技术的市场推广，加速其产业化应用。例如，绿色信贷和绿色投资为企业引进和应用绿色技术提供资金支持，降低其市场推广成本。绿色保险通过风险保障，降低企业在应用新技术过程中的风险，促进绿色技术的推广应用。绿色金融还支持绿色技术的国际合作，促进全球低碳技术的交流和应用。通过国际合作，企业可以引进国外先进的绿色技术，提高自身的技术水平，推动低碳产业的发展。例如，中外合资企业在清洁能源、节能环保等领域的合作，不仅引进了国外先进的技术，还促进了国内绿色技术的创新和发展。

五、能源结构清洁化机制

在全球能源版图中，化石能源依然处于核心主导位置，尤其在中国，其份额更是占据了能源消耗总量的80%以上，这一现状亟待转变以应对环境挑战并推动可持续发展。如今，环保的清洁能源如水力发电、太阳能和风能等不仅有利于维护地球生态，其可持续的能源供应特性也备受瞩目。尽管清洁能源的崛起日新月异，但其发展过程中却遭遇了诸多挑战，特别是资金获取方面的困境格外引人注目。能源结构清洁化是指通过绿色金融工具推动能源结构调整，减少对化石能源的依赖，提高可再生能源在能源消费中的比重。

作为高度技术密集型行业，清洁能源在研发、基础设施建设及日常运营中均需巨额资金支持。从基础科研的深化到技术转化的实现，再到产业化的规模化推进，每一步都离不开资金的坚实后盾。然而，由于上述特性，清洁能源项目往往难以从传统金融渠道获得足够的支持，融资瓶颈凸显。在此背景下，绿色金融的兴起为清洁能源产业的崛起带来了前所未有的战略机遇。绿色金融秉承环保、低碳原则，致力于通过创新金融产品和优化服务路径，引导社会资本流向绿色产业和技术革新项目，推动经济的绿色转型与可持续发展。

在清洁能源领域，绿色金融不仅提供了必要的资金支持，更促进了可持续发展理念的实践。绿色金融通过发行绿色债券、设立绿色投资基金及实施绿色信贷政策等方式，多元化地满足了清洁能源项目的融资需求。这些资金来源不仅覆盖了项目的初期资金需求，还为其长远规划提供了稳定的资金支持。针对清洁能源项目高风险、高投入的特点，绿色金融策略结合政策引导与市场机制，有效降低了融资成本。政府补贴、税收优惠等政策手段，以及金融机构的金融工具创新，共同降低了项目融资的难度和成本，提升了其市场竞争力。绿色金融还通过推出绿色保险等多元化风险管理策略，为清洁能源项目提供了强有力的风险保障。绿色保险不仅覆盖项目运营中的意外风险，减轻经济损失，还通过专业风险管理服务提升项目的抗风险能力。

第三节　我国碳排放测度分析

一、碳排放量测度方法

由于我国没有直接公布二氧化碳排放量，因此必须采用相关方法进行估算。参照 IPCC（2006）和杜立民（2010）的研究方法，本部分估算了我国 30 个省份 2012~2021 年的二氧化碳排放量。为了增加估算的全面性，不仅估算了化石能源燃烧的二氧化碳排放量，而且也估算了水泥生产过程中的二氧化碳排放量。所有化石能源消费数据均来自历年的《中国能源统计年鉴》，水泥生产数据则来自 CSMAR 数据库。

化石能源燃烧的二氧化碳排放量计算公式如下：

$$EC = \sum_{i=1}^{7} EC_i = \sum_{i=1}^{7} E_i \times CF_i \times CC_i \times COF_i \times 3.67 \tag{7-1}$$

式中，EC 表示估算的各类能源消费的二氧化碳排放总量；i 表示能源消费种类，包括煤炭、焦炭、汽油、煤油、柴油、燃料油和天然气 7 种能源；E_i 是第 i 种能源的消费总量；CF_i 是发热值；CC_i 是碳含量；COF_i 是氧化因子；$CF_i \times CC_i \times COF$ 被称为碳排放系数，而 $CF_i \times CC_i \times COF_i \times 3.67$ 被称为二氧化碳排放系数。

水泥生产过程排放的二氧化碳计算公式如下：

$$CC = Q \times EF_c \tag{7-2}$$

式中，CC 表示水泥生产过程中二氧化碳排放总量，Q 表示水泥生产总量，EF_c 表示水泥生产的二氧化碳排放系数。表 7-1 中列出了各类排放源的二氧化碳排放系数。

表 7-1　二氧化碳排放系数

排放源	化石燃料燃烧							工业生产
	煤炭	焦炭	汽油	煤油	柴油	燃料油	天然气	水泥
碳含量	27.28	29.41	18.90	19.60	20.17	21.09	15.32	
热值数据	178.24	284.35	448.00	447.50	433.30	401.90	3893.10	—
碳氧化率	0.923	0.928	0.980	0.986	0.982	0.985	0.990	—
碳排放系数	0.449	0.776	0.830	0.865	0.858	0.835	5.905	—
二氧化碳排放系数	1.647	2.848	3.045	3.174	3.150	3.064	21.670	0.527

资料来源：杜立民（2010）。

二、我国碳排放量总体趋势

表 7-2 呈现了我国各省份 2012~2021 年的二氧化碳排放量估算结果，可以看出近年来我国碳排放量的总体态势呈现出逐年递增现象，这一趋势表明我国在工业化、城镇化浪潮中对于能源资源仍有庞大需求，也反映了经济快速发展与环境保护之间的平衡挑战。自 2012 年起，我国政府深刻意识到二氧化碳等温室气体排放量的持续攀升对全球气候系统稳定及自然生态环境造成了长远且严重的威胁。因此，我国迅速行动起来，通过一系列政策调整与战略部署，力求遏制碳排放的快速增长势头。在这一过程中，我国经济发展策略开始发生根本性转变，从"高速度"向"高质量"迈进，致力于减少对高污染、高能耗产业的依赖，积极探索并实践绿色低碳的发展模式，如清洁能源的广泛应用、能效提升技术的推广以及循环经济体系的构建等，力求在经济增长与环境保护之间找到新的平衡点。同时，随着社会经济的全面进步和人民生活水平的显著提升，公众对于美好生活的追求也日益多元化和深层次化。人们不再仅仅满足于物质条件的丰富，而是更加关注生活品质、环境质量以及个人的健康福祉。这种社会意识的觉醒和环保观

念的普及自下而上地推动了全社会环保意识的显著增强，形成了强大的环保动力。公众积极参与节能减排、绿色消费等环保行动，企业也更加注重社会责任，加大环保投入，共同促进了我国碳排放增速的逐年放缓。

进入 21 世纪以来，随着工业化浪潮的澎湃发展和城市化进程的加速推进，我国碳排放量的增长轨迹发生了翻天覆地的变化。在这一时期，我国不仅成为"世界工厂"，还经历了前所未有的经济飞跃，这一过程中，能源需求急剧增加，尤其是化石燃料的广泛应用，直接推动了碳排放量的爆发式增长。至 2019 年，我国二氧化碳排放量已高达 120.223 亿吨，这一数字不仅标志着我国在全球碳排放版图中的核心地位，也反映了经济快速增长背后环境压力的日益加剧。面对新冠疫情的冲击，我国迅速采取了一系列有效措施，不仅有效控制了疫情传播，还推动了经济的快速复苏。在这一过程中，碳排放量并未因经济活动的暂时放缓而显著下降，反而实现了正增长，达到了 134.845 亿吨，深刻揭示了经济发展与碳排放之间密切的联系。

三、我国碳排放量区域差异

表 7-2 呈现了我国区域碳排放量的估计结果，可以看出 2012~2021 年，中国东部、中部、西部以及东北部地区二氧化碳排放量的变化趋势。在这 10 年间，东部地区虽然经历了经济活动的不断扩张与产业升级，但其二氧化碳排放量并未呈现出剧烈波动的态势，而是相对平稳的前行。这一现象背后，是东部地区在推动经济发展的同时，不断探索和实践绿色低碳发展路径的努力成果。通过技术创新、产业升级以及能源结构的优化调整，东部地区在保持经济增长活力的同时，有效降低了单位产出的碳排放强度，实现了经济发展与环境保护之间的微妙平衡。2020 年全球范围内爆发了新冠疫情，对全球经济活动产生了深远的影响，东部地区也不例外。东部地区在疫情期间积极响应国家号召，实施了一系列严格的环保措施和绿色发展战略，如推动清洁能源的广泛应用、加强工业节能减排管理、鼓励绿色消费等，这些措施在降低碳排放方面发挥了积极作用。此外，东部地区还充分利用疫情带来的"窗口期"，加速推进产业结构的优化升级和绿色低碳技术的研发应用，为未来的可持续发展建立了坚实基础。

表 7-2　我国区域碳排放量估算结果

年份 区域	2012	2013	2014	2015	2016	2017	2018	2019	2020	2021
东部	42.026	41.744	41.707	41.787	42.605	42.569	43.233	43.861	42.046	43.320

续表

年份 区域	2012	2013	2014	2015	2016	2017	2018	2019	2020	2021
中部	26.007	26.083	26.604	26.615	26.539	27.600	28.162	28.705	37.168	39.544
西部	31.239	32.328	33.081	32.474	33.353	34.160	35.249	37.640	41.163	42.048
东北	10.671	10.214	10.262	9.795	9.566	9.782	9.605	10.018	9.710	9.934

资料来源：作者整理计算所得。

中部地区作为连接东部沿海与西部内陆的关键枢纽，在 2017 年和 2020 年这两个关键时间节点上，排放量的显著攀升成为中部地区经济活力与能源需求激增的直观写照。这一现象的背后，是中部地区在多重战略机遇下的蓬勃兴起。随着东部沿海地区产业升级和结构调整的深入，中部地区凭借其优越的地理位置、丰富的自然资源和相对较低的生产成本，成为承接东部产业转移的重要目的地。这一过程中，中部地区的工业化进程加速推进，新兴产业不断涌现，传统产业也通过技术改造实现升级，共同推动了经济活动的蓬勃发展。而经济的快速增长，必然伴随着能源需求的急剧上升，进而导致了二氧化碳排放量的显著增加。然而，中部地区在追求经济发展的同时，并未忽视环境保护的重要性。相反，面对日益严峻的环境压力，中部地区展现出了对绿色转型的强烈意愿和坚定决心。通过一系列政策引导和措施实施，中部地区积极推动能源结构的优化调整，加大对清洁能源的开发利用力度，如风能、太阳能等可再生能源的占比逐年提升。此外，中部地区还注重提升能源使用效率，推广节能减排技术，促进工业、建筑、交通等领域的能源消费模式创新转型，努力在保持经济增长的同时，降低对环境的负面影响。中部地区在推动绿色转型的过程中，并没有简单地放弃传统产业的发展，而是采取了一种更加积极、包容的态度。通过技术改造、产业升级和产业链延伸等方式，中部地区正在逐步摆脱对传统高耗能产业的依赖，转向更加低碳、环保、高效的发展路径。

西部地区在过去 10 年间展现出强大的发展潜力与活力，特别是自 2018 年起西部地区的经济引擎更是加速运转，成为国家经济增长的重要一极。然而，在这经济繁荣的背后，西部地区也面临着前所未有的碳排放管理挑战。西部地区以其得天独厚的自然资源禀赋和广阔无垠的市场空间为依托，近年来在基础设施建设、自然资源深度开发以及特色产业培育等方面取得了令人瞩目的成就。高速公路网日益完善，铁路干线纵横交错，能源基地与产业基地相继崛起，为区域经济的腾飞插上了翅膀。但与此同时，这些建设与发展活动也带来了能源消费量的急剧攀升和碳排放量的快速增长，既推动了经济的繁荣，也给生态环境带来了沉重的负担。面对这一挑战，西部地区必须寻求一条既能保障经济高速增长，又能有效控制碳排放、实现人与自然和谐共生的可持续发展之路。这要求西部地区在推动经济发展的过程中，必须深刻践行绿色发展理念，将生态文明建设置于更加突出的位置。具体而言，西部地区需要加快能源结构的优化升级步伐，大力推动清洁能源和可再生能源的开发利用，减少对煤炭、石油等传统化石能源的依赖，从根本上降低碳排放强度。此外，西部地区还应积极鼓励和支持企业开展技术创新与节能减排活动，通过引进先进技术和设备、改进生产工艺和管理模式等手段，提高资源利用效率，降低能源消耗和碳排放水平。同时，还应大力发展绿色低碳产业，构建以新能源、新材料、节能环保等战略性新兴产业为主导的现代产业体系，为西部地区的可持续发展建立坚实基础。

这 10 年间，东北地区的经济增长呈现出显著的波动特性，经历了从负增长的低谷到正增长高峰的剧烈波动，这背后折射出该地区经济结构的复杂性与转型的艰巨性。作为中国工业文明的摇篮，东北地区长期承载着重工业发展的历史重任，但其经济结构单一且高度依赖资源密集型产业。随着时代的变迁，这种经济结构的局限性也日益凸显，成为制约经济增长潜力与稳定性的重要因素。在国家振兴东北战略的强力推动下，该地区开始了一场深刻的经济结构调整与转型升级之旅。这是一场从依赖传统重工业向多元化、绿色化经济模式转变的艰难跋涉，旨在打破旧有框架，重塑经济生态。在这一过程中，东北地区充分挖掘并利用自身独特的优势资源。其深厚的工业底蕴不仅为高新技术产业的发展提供了坚实的基础，还孕育了丰富的人才资源，成为推动创新的重要力量。同时，东北地区积极发展金融、物流、信息等现代服务业，拓宽经济增长的新领域，降低对资源型产业的过度依赖。此外，东北地区还深刻认识到生态环境保护的重要性，将绿色发展理念贯穿于经济转型的全过程。通过加大生态环境保护力度，推动资源型城市的绿色转型与可持续发展，东北地区努力在经济发展与环境保护之间找到最佳平衡点。

在全球气候治理中，二氧化碳排放的区域性差异既揭示了不同地区经济发展模式的多样性，也凸显了全球在应对气候变化挑战上的共同责任与紧迫性。尽管这种差异源于历史、资源、产业结构及发展阶段等多方面因素，但所有地区都面临着加强碳排放管控与促进绿色低碳发展模式转型的共同挑战。面对全球气候变化的严峻形势和环境保护的迫切需求，各国及地区之间不再是孤立的，而是紧密相连的命运共同体。因此，各地区需基于自身实际情况，量身定制绿色低碳发展的蓝图，既要考虑到经济发展的现实需求，也要考虑到生态环境的承载能力，力求在两者之间找到最佳平衡点。为实现这一目标，政府、企业与社会三大主体需形成合力，共同推动绿色低碳转型的深入实施。政府应发挥引领作用，通过制定科学合理的政策规划、完善法律法规体系、加大财政投入与技术支持等方式，为绿色低碳发展创造良好的外部环境和制度保障。企业应积极响应政府号召，将绿色低碳理念融入企业发展战略，通过技术创新、产业升级、节能减排等措施，不断提升自身绿色竞争力，实现经济效益与环境效益的双赢。同时，社会各界也应广泛参与，积极倡导并推广绿色低碳的生活理念与消费模式，让全社会广泛参与、共同践行。通过政府引导、企业参与、社会共治的方式，构建绿色低碳的生产方式、生活方式与消费模式，为实现环境可持续与绿色发展目标贡献力量。

四、我国碳排放量强度变化趋势

在多数经济体中，碳排放量与 GDP 之间往往呈现出正相关关系，这一现象揭示了经济发展进程中的内在逻辑，即 GDP 的持续稳健增长，背后往往伴随着能源消耗的急剧增加与工业生产活动的全面扩张，共同驱动着碳排放量的显著攀升，尤其是在那些深度依赖化石燃料作为能源支柱的经济体系中，这种趋势更为突出。然而，随着时间的推移，以及科技进步、政策调整、社会意识觉醒等多重因素的交织作用，这一关系开始展现出复杂多变的特性。在某些关键时刻会出现碳排放增长轨迹的显著偏离，它不再简单地遵循传统的线性增长模式，而是出现了减缓甚至在某些情况下逆转的迹象。具体而言，在特定历史阶段，如能源结构向低碳化转型、产业结构优化升级以及政府实施更为严格的环保政策与干预措施的背景下，碳排放的增长轨迹开始偏离传统的线性上升路径。这些积极变化往往能够有效遏制碳排放增速，甚至在特定年份实现碳排放量的绝对减少，而与此同时 GDP 增长依然保持稳健态势，展现出了经济发展与环境保护之间的和谐共生。

表 7-3 展现了我国 2012~2021 年，GDP、碳排放量及碳排放强度的变化趋势，可以看出我国 GDP 的持续稳健增长，彰显了我国经济的蓬勃活力与巨大潜力。然而，经济繁荣的背后是碳排放总量的迅速增加，凸显出我国在资源消耗加剧与温室气体排放方面所面临的严峻挑战。这一现象的根源可追溯至"十五"规划时期及之后的一段较长历史时期内，我国经济发展战略的特定选择。当时，为了迅速提升国家经济实力，发展重心坚定不移地落在了经济建设之上，尤其是工业领域的狂飙突进，特别是重工业的优先发展，成为推动经济增长的重要引

擎。同时，我国在国际舞台上的角色也日益重要，通过深化改革与扩大开放，加速融入全球经济体系，在这一过程中，不可避免地承接了部分发达国家转移的高能耗、高排放产业，从而加剧了我国的碳排放压力。然而，自 2013 年起，我国碳排放总量的增长速度开始显著放缓，这一变化不仅是对过往发展模式的深刻反思，更是我国经济发展理念与策略全面调整的有力证明。随着环境保护意识的提升，我国将绿色发展、低碳发展视为实现可持续发展的必由之路，通过一系列创新性的政策措施，成功抑制了碳排放的快速增长趋势，显著减缓其增速。碳排放强度，即单位 GDP 的碳排放量，作为衡量经济发展与环境保护协调关系的关键指标，从 2012 年的 2.04 吨/亿元下降至 2021 年的 1.18 吨/亿元，这一数字的逐年下滑，不仅体现了我国在节能减排方面取得的显著成效，也预示着我国正逐步向更加低碳、高效的发展模式迈进。碳排放强度的逐年降低不仅意味着在保持经济增长的同时，我国成功降低了单位产出的碳排放量，实现了经济效益与环境效益的双赢，更预示着我国正逐步摆脱对传统高碳发展路径的依赖，向更加绿色、低碳、高效的发展模式转型。

表 7-3　我国碳排放强度变化趋势

年份	碳排放（亿吨）	GDP（万亿元）	碳排放强度（吨/亿元）
2012	109.94	53.86	2.04
2013	110.37	59.3	1.86
2014	111.65	64.36	1.73
2015	110.67	68.89	1.61
2016	112.06	74.64	1.5
2017	114.11	83.2	1.37
2018	116.25	91.93	1.26
2019	120.22	98.65	1.22
2020	130.09	101.36	1.28
2021	134.85	114.37	1.18

资料来源：作者整理计算所得。

在我国，随着经济社会全面进入高质量发展阶段，国家层面展现出高度的前瞻性和责任感，主动引领经济发展模式的深刻变革。通过实施一系列战略调整，国家逐步减少对高污染、高能耗产业的依赖，转而大力扶持和培育绿色低碳产业，这一举措从根本上降低了经济发展的碳排放强度。在能源利用领域，通过引入先进的技术改造与设备升级，将作为碳排放的重要来源之一的燃煤电厂的效率显著提升，大幅降低了单位产出的碳排放量。同时，国家积极推动可再生能源的规模化开发与利用，风能、太阳能等清洁能源的快速发展，不仅为能源结构多元化提供了重要支撑，也为减少碳排放、应对气候变化贡献了力量。此外，社会公众环保意识的普遍觉醒也是推动我国碳排放强度下降不可忽视的力量。随着人们生活水平的提高和环保教育的普及，越来越多的企业和个人开始将节能减排视为自身责任，通过采用绿色生产方式、倡导低碳生活方式等实际行动，共同推动社会向更加绿色、可持续的方向发展。

第四节　基于绿色金融改革创新试验区的准自然实验

一、绿色金融改革创新试验区制度背景

为推进环境治理，多年来我国不断探索通过法律、行政与市场等手段来引导和规范各类主体的行为。2017 年，国务院决定将浙江、广东、江西、贵州和新疆的部分地区作为绿色金融改革创新试验区的首批试点地区，鼓励各试验区金融机构通过绿色金融创新促进企业节能减排。

试点地区在顶层设计、组织体系、产品创新和配套政策的完善等方面进行了大量探索，为后续改革积累了丰富经验。中国人民银行、国家发展改革委、财政部等七部委联合发布《绿色金融改革创新试验区总体方案》，各试验区结合地方实际情况出台了实施细则，从顶层设计层面为绿色金融改革提供了整体规划与目标方向。在组织体系方面，各个试验区都设立了由省、市、县三级联动的绿色金融工作领导小组，对试验区内的绿色金融改革创新试点工作进行统筹协调。在金融产品创新方面，各试验区大力发展绿色信贷、绿色债券、绿色保险与绿色基金，推动绿色融资产品多元化。在绿色金融工作领导小组的协调下，金融机构与环保部门建立企业污染信息共享平台，金融机构根据企业的污染排放情况，对企业进行污染评级。根据企业污染评级情况，金融机构坚持"有保有压"原则，既保绿色产融对接，又压高污染高耗能行业的金融资源（崔惠玉等，2018）。

为了确保绿色金融改革的顺利推行，试验区还制定了有效的约束、激励及保障机制。试验区政府专门出台了涵盖下属行政区及相关部门的试验区建设工作考核办法，根据各县区的任务完成情况来实施奖惩措施。中国人民银行将金融机构

绿色信贷业绩评价结果纳入宏观审慎评估考核、金融机构综合评价等考核体系中，激励金融机构大力发展绿色金融业务，抑制"两高"行业的贷款流入。在财政方面，试验区安排了相应财政资金对绿色信贷和绿色债券进行财政贴息及风险补偿，对绿色保险进行保费补贴，充分调动金融机构发展绿色金融的积极性（崔惠玉等，2018）。

试验区的试点落实情况主要体现在以下三个方面：第一，各试验区结合本地具体发展情况总结出可复制可推广的绿色金融经验，在货币信贷政策、金融监管政策、财税奖补政策和机构内部管理政策方面做出积极探索并取得了不错成效。第二，各试验区依托绿色金融改革创新优势，积极为国家绿色发展战略服务，持续推进地方生态文明建设，充分发挥金融支持实体经济功能，促进地方绿色低碳经济转型，提高生态环境质量。第三，各试验区推动绿色金融产品和服务方式创新发展、不断拓宽绿色金融融资渠道，推动绿色低碳技术的研发和推广应用，为企业加快绿色转型与承担环境责任提供制度激励，促进地方绿色金融市场稳步增长（张振华等，2024）。

二、研究设计

（一）数据说明

至今，我国共设立三批绿色金融改革创新试验区，分别为 2017 年 6 月首批设立的贵安新区（贵阳市与安顺市）、衢州市、湖州市、赣江新区（南昌市与九江市）、广州市、昌吉州、哈密市、克拉玛依市；2019 年 11 月第二批设立的兰州新区（兰州市）；2022 年 8 月第三批设立的重庆市。本书旨在考察首批试验区所涉及的 8 个地级市（昌吉州与哈密市因数据缺失而剔除）的碳减排效应是否能够实现。本书的样本时间跨度为 2011～2022 年，将样本中 2017 年首批设立的试验区涉及的 8 个城市（广州市、湖州市、衢州市、南昌市、九江市、贵阳市、安顺市、克拉玛依市）定义为实验组，将所选取的全国其他地级及以上城市定义为对照组。考虑到兰州市和重庆市分别在样本期内的 2019 年和 2022 年被设为试验区，因此将其从对照组中剔除，并且剔除部分数据缺失严重的城市，最终得到 270 个对照组城市。本部分绿色金融试点政策试验区虚拟变量由笔者手工整理得到，碳排放数据来自中国碳排放核算数据库（CEADs），其他数据主要来自《中国城市统计年鉴》和 CSMAR 数据库，以及各城市的统计年鉴。

（二）模型构建

本书选取 278 个地级及以上城市 2011～2022 年的面板数据，将 2017 年设为政策处理时点，构建如下双重差分回归模型：

$$Carbon_{it} = \alpha + \beta_1 treat_i \times time_t + \beta_2 X_{it} + u_i + v_t + \varepsilon_{it} \tag{7-3}$$

式中，i 和 t 分别表示城市和年份，被解释变量 $Carbon_{it}$ 表示城市的二氧化碳排放情况；核心解释变量 $Policy_{it} = treat_i \times time_t$，用绿色金融试点政策试验区虚拟变量 $treat_i$ 和试点时间虚拟变量 $time_t$ 的交互项来表示；X_{it} 表示控制变量；u_i、v_t、ε_{it} 分别表示城市固定效应、年份固定效应和随机误差项；β_1 表示政策虚拟变量与时间虚拟变量的交互项的系数，即政策效应，如果 β_1 显著为负，则表示试验区政策可以降低碳排放。

（三）变量定义

1. 被解释变量

被解释变量 $Carbon_{it}$ 表示城市 i 在 t 年的二氧化碳排放情况，该指标以该城市二氧化碳排放量与 GDP 比值的对数来表示。

2. 核心解释变量

$Policy_{it} = treat_i \times time_t$ 为本书的核心解释变量，其中，$treat_i$ 表示试验区处理组虚拟变量，试验区城市取值为 1，非试验区城市取值为 0；$time_t$ 表示试验区试点时间虚拟变量，2017 年及之后年份取值为 1，2017 年之前取值为 0。

3. 控制变量

参照吕承超等（2024）的研究方法，本部分选取了一系列可能影响城市二氧化碳排放的城市层面控制变量，具体包括：经济发展水平（$Ecod$），采用各城市人均 GDP 的对数来衡量；人口密度（$Popd$），采用各城市年末总人口与行政区划面积比值的对数来衡量；城市开放程度（$Open$），采用各城市进出口总额与 GDP 的比值来衡量；城镇化水平（$Urban$），采用各城市城镇人口占总人口的比值来衡量；能耗水平（$Ener$），采用各城市用电量与 GDP 比值的对数来衡量。

三、实证结果分析

（一）基准回归结果

对模型进行逐步回归分析，基准回归结果如表 7-4 所示。表中第（1）列仅控制了城市固定效应和年份固定效应，第（2）~第（6）列依次添加了经济发展水平（$Ecod$）、人口密度（$Popd$）、城市开放程度（$Open$）、城镇化水平（$Urban$）和能耗水平（$Ener$）控制变量。结果显示，核心解释变量 $Policy$ 的系数始终为负，并通过了 1% 显著性检验，这表明绿色金融改革创新试验区的设立能够显著降低城市碳排放水平，促进绿色发展。

表 7-4　基准回归结果

变量	(1)	(2)	(3)	(4)	(5)	(6)
Policy	-0.092***	-0.129***	-0.145***	-0.163***	-0.178***	-0.197***
	(3.21)	(3.93)	(4.85)	(5.71)	(6.37)	(7.18)
Ecod		0.231***	0.263***	0.312***	0.338***	0.361***
		(3.07)	(3.92)	(4.51)	(5.12)	(5.69)
Popd			0.127***	0.167***	0.193***	0.218***
			(3.09)	(3.83)	(4.35)	(5.18)
Open				0.097***	0.129***	0.151***
				(3.26)	(3.95)	(4.65)
Urban					0.287***	0.329***
					(3.31)	(3.89)
Ener						0.293***
						(5.36)
Constant	3.786***	3.329***	3.178***	2.891***	2.679***	2.372***
	(6.31)	(5.72)	(5.15)	(4.63)	(4.19)	(3.82)
省份效应	Yes	Yes	Yes	Yes	Yes	Yes
时间效应	Yes	Yes	Yes	Yes	Yes	Yes
N	3336	3336	3336	3336	3336	3336
R^2	0.618	0.717	0.785	0.863	0.892	0.929

（二）稳健性检验

1. 平行趋势检验

双重差分方法的使用需要满足平行趋势假定，即在绿色金融改革创新试验区政策出台之前，试点城市与非试点城市的碳排放情况不应存在系统性差异。因此，本部分借鉴崔惠玉等（2018）的研究方法进行平行趋势检验，以绿色金融改革创新试点政策出台的 2016 年为基期年份，检验试点政策出台前后各年度效应变化，检验结果如图 7-1 所示。结果显示，在绿色金融改革创新试验区政策出台前的年份中，试点城市与非试点城市的碳排放情况并无显著差异，政策出台后试点城市的碳排放情况显著低于非试点城市，平行趋势检验通过。

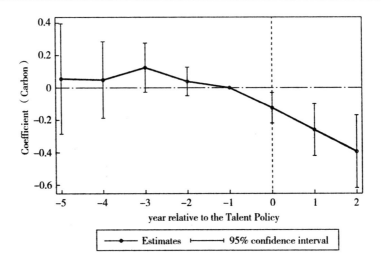

图 7-1　平行趋势检验结果

2. 安慰剂检验

本部分通过安慰剂检验来进一步考察基准回归结果在多大程度上受到随机因素和遗漏变量问题的干扰。具体而言，本部分随机筛选实验组样本重新构造政策虚拟变量，随后将重新构造的虚假政策虚拟变量代入模型中进行回归，并将上述过程重复 1000 次，最后绘制出 1000 次回归过程中核心解释变量 *Policy* 回归系数分布图。由于实验组样本是随机抽取的，因此随机模拟的虚假实验组不应产生显著的减排效应，若随机处理下的估计系数分布在 0 附近，则说明本部分基准分析中的影响效应的确是由绿色金融试点政策导致的。从图 7-2 中可以看出，虚假的回归系数集中分布在 0 附近，表明通过了安慰剂检验，即绿色金融试点政策对城市碳排放的政策效果受到其他政策或不可观测随机因素干扰的可能性较小。

3. PSM-DID 检验

不同城市经济发展水平的差异可能导致基准回归结果存在样本选择偏差问题，为了更好地选择对照组城市，本部分将使用 PSM-DID 模型进行稳健性检验。运用 PSM-DID 模型时，通过政策虚拟变量对控制变量使用 Logit 模型回归，得到各个城市与试验区之间的倾向得分值。倾向得分值最接近的城市即为试点城市的配对城市，通过这种方法可以减少不同城市在碳排放上存在的系统性差异，从而减少 DID 模型估计偏误。本部分借鉴张振华（2024）的研究方法采用逐年匹配的方法，将面板数据中每一年的截面数据进行匹配，最后合并逐年的匹配结果。本书使用 1∶2 最邻近匹配法进行估计，以检验试验区政策的碳减排效应是否稳

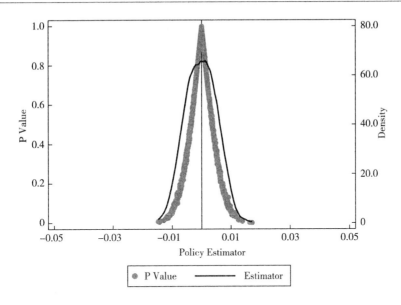

图7-2 安慰剂检验结果

健。表7-5中第（1）和第（2）列汇报了 PSM-DID 模型的回归结果，可以发现进行匹配后核心解释变量 *Policy* 的回归系数与基准回归结果保持一致性，这表明基准回归结果具有稳健性。

4. 排除其他环境治理政策影响

2013年国务院出台并实施的《大气污染防治行动计划》（以下简称"大气十条"）被称为史上最严格的环境规制，"大气十条"可能影响各城市碳排放量。为了排除这一环境政策对基准回归结论的干扰，借鉴崔惠玉等（2018）的研究方法，将位于2013年"大气十条"的57个高目标城市剔除后重新回归。表7-5第（3）和第（4）列结果显示，核心解释变量 *Policy* 的回归系数仍然显著为负，说明"大气十条"对基准回归结论的干扰较小。

2014年环境保护部出台了《环境保护部约谈暂行办法》，对环保职责履行不到位的地方政府负责人进行约谈，通过命令式环境规制手段督促企业减少污染排放。在本书研究区间内，共有73个城市被约谈，为了排除环保约谈对基准回归结论的干扰，将73个约谈城市剔除后重新回归。表7-5中第（5）和第（6）列结果显示，核心解释变量 *Policy* 的回归系数依然显著为负，说明环保约谈政策未对基准回归结论产生过度干扰。

表 7-5　稳健性检验（一）

变量	PSM-DID 回归		排除大气十条影响		排除环保约谈影响	
	（1）	（2）	（3）	（4）	（5）	（6）
Policy	-0.127***	-0.228***	-0.107***	-0.235***	-0.093***	-0.251***
	(3.89)	(7.72)	(3.18)	(6.76)	(3.02)	(6.38)
控制变量	NO	Yes	NO	Yes	NO	Yes
省份效应	Yes	Yes	Yes	Yes	Yes	Yes
时间效应	Yes	Yes	Yes	Yes	Yes	Yes
N	2668	2668	2652	2652	2460	2460
R^2	0.632	0.938	0.576	0.908	0.587	0.912

5. 其他稳健性检验

为了进一步验证基准回归结果的稳健性，本部分另外从以下几个角度开展了稳健性检验。①替换被解释变量。参考金飞和徐长乐（2022）的研究方法，采用人均碳排放量的对数值作为替代被解释变量重新进行估计，回归结果如表 7-6 第（1）列所示。②样本缩尾处理。为了防止样本中的个别异常值对基准回归结果造成较大干扰，对样本进行 1% 左右的缩尾处理并重新回归，回归结果如表 7-6 第（2）列所示。③剔除样本中直辖市、计划单列市。直辖市、计划单列市与其他地级市而言，具有不同的要素禀赋和发展模式，可能会影响到回归结论，因此剔除样本中的直辖市、计划单列市重新进行回归，回归结果如表 7-6 第（3）列所示。④指标滞后检验。考虑到绿色金融试点政策发挥作用需要一定的时间，因此将被解释变量滞后一期重新进行回归，回归结果如表 7-6 第（4）列所示。从表中可以看出，各列的回归结果与基准回归结论保持一致，表明基准回归结果具有较好的稳健性。

表 7-6　稳健性检验（二）

变量	（1）	（2）	（3）	（4）
	替换被解释变量	样本缩尾处理	剔除特殊城市	滞后效应检验
Policy	-0.219***	-0.231***	-0.223***	-0.267***
	(6.71)	(7.39)	(6.83)	(7.63)
控制变量	Yes	Yes	Yes	Yes
省份效应	Yes	Yes	Yes	Yes

续表

变量	（1）替换被解释变量	（2）样本缩尾处理	（3）剔除特殊城市	（4）滞后效应检验
时间效应	Yes	Yes	Yes	Yes
N	3336	3268	3240	3058
R^2	0.918	0.921	0.907	0.938

（三）异质性检验

为了进一步分析绿色金融改革创新示范区政策对城市碳排放的异质性影响，本部分从城市资源禀赋、金融发展水平、环保执法力度等角度开展异质性分析。

1. 城市资源禀赋

借鉴 2013 年国务院《关于印发〈全国资源型城市可持续发展规划（2013—2020 年）〉的通知》，将城市资源禀赋和经济社会可持续发展能力作为评估标准，将所有样本城市划分为资源型城市和非资源型城市分别进行回归分析。表 7-7 中第（1）和第（2）列汇报了两类城市样本的回归结果，结果表明绿色金融试验区政策对非资源型城市碳排放的影响显著大于资源型城市。其原因在于，资源型城市深度依赖大规模化石矿产资源开发与加工业，形成单一产业主导的经济结构，加之对产能扩张与短期经济效益的侧重，导致碳排放强度持续高位，碳减排挑战尤为严峻。因此，绿色金融试验区政策在非资源型城市中产生的碳减排效应明显强于资源型城市。

2. 金融发展水平

本部分利用各省份的城市金融机构存贷款余额占 GDP 的比重来构建金融发展水平指标，按照中位数将样本划分为高金融发展水平和低金融发展水平两类城市样本重新进行回归分析。表 7-7 中第（3）和第（4）列汇报了两类城市样本的回归结果，结果表明绿色金融试验区政策对高金融发展水平城市碳排放的影响显著大于低金融发展水平城市。其原因在于，城市金融发展水平的高低往往与城市金融体系的完备程度相匹配，城市金融体系的完备程度会直接影响金融政策的执行效率。金融发展水平较低的城市对绿色金融改革创新政策的响应能力不强，其金融系统可能无法落实绿色金融试验区的各项规定，进而未能有效抑制城市的碳排放。

3. 环保执法力度

环保执法是地方政府治理环境污染问题的重要工具，地方环保执法力度是影响环境规制效果的重要因素，本部分以各省份环保机构数量作为地区环保执法力度的衡量指标,将各城市划分为执法力度较强城市和执法力度较弱城市两类城市样本重新进行回归分析。表7-7中第(5)和第(6)列汇报了两类城市样本的回归结果,结果表明绿色金融改革创新政策对环保执法力度较弱城市碳排放的影响显著大于环保执法力度较强城市,说明绿色金融改革创新政策是对地方环保执法效果的有益补充。其原因可能在于,在环保执法力度较强的地区,污染排放标准及污染监测制度较为严格,污染企业在污染物控制及治理方面已相对成熟,因此其受绿色金融改革创新政策的影响相对较小。

表 7-7 异质性检验

变量	(1) 资源型 城市	(2) 非资源型 城市	(3) 高金融 发展水平	(4) 低金融 发展水平	(5) 高环保 执法力度	(6) 低环保 执法力度
Policy	-0.137*** (6.32)	-0.245*** (7.68)	-0.236*** (7.56)	-0.172*** (6.67)	-0.167*** (6.19)	-0.228*** (7.38)
控制变量	Yes	Yes	Yes	Yes	Yes	Yes
省份效应	Yes	Yes	Yes	Yes	Yes	Yes
时间效应	Yes	Yes	Yes	Yes	Yes	Yes
N	1020	2316	1668	1668	1668	1668
R^2	0.907	0.936	0.928	0.917	0.909	0.938

第八章　研究结论与政策建议

中国经济在实现跨越式增长的同时，也面临着环境污染加剧和能源过度消耗的严峻挑战，必须在经济增长与环境保护之间找到新的平衡点。中国未来的经济发展需要更加注重可持续发展，将环境保护和资源节约置于与经济增长同等重要的位置，实现从经济高速发展向高质量发展的转变。党的二十大报告强调，推动经济社会绿色化和低碳化发展是实现高质量发展的关键，并强调绿色环保将成为中国经济的新增长引擎。绿色金融作为连接环境保护与经济发展的桥梁，不仅能够引导资金流向环保、节能、清洁能源等绿色产业，促进这些领域的创新与发展，还能通过市场机制优化资源配置，提高资源使用效率，为经济的高质量发展提供强大的金融支撑和动力源泉。因此，本书聚焦于绿色金融体系，以市场化为导向促进经济高质量发展，从理论和实证两方面研究了绿色金融促进经济高质量发展的作用机制及其影响效果，并根据研究结论构建了富有针对性的政策建议。

第一节　研究结论

一、我国绿色金融体系发展日趋完善

在环境保护和节能减排的全球趋势中，我国政府展现出了超前的战略视角和坚定不移的决心。国家环保总局于 1995 年发布的《关于运用绿色信贷促进环保工作的通知》，标志着金融领域与环境保护工作的初次携手，为绿色金融的发展建立了基础。多年来经过起步阶段、初步发展阶段、规模化发展阶段及"双碳"聚焦阶段的发展，自 2022 年起中国绿色金融发展步入了标准化、规范化的快车道，国家不断完善绿色金融标准体系，覆盖从绿色金融产品与服务的标准化设计到绿色项目评估认证的全过程，旨在构建一个更加透明、高效、可信的绿色金融市场环境。

绿色信贷是我国绿色金融产品的主要形式，商业银行作为发展绿色信贷业务的重要角色，不仅是绿色金融体系的基石，更是促进经济转型升级、实现可持续发展的重要驱动力。近年来，中国绿色贷款余额增长势头强劲，这不仅凸显了中国金融机构对支持绿色项目的高度认可和重视，同时也反映了绿色产业本身的强劲发展势头和市场潜力。绿色贷款的显著增加有效满足了节能环保、清洁能源、绿色交通等关键行业领域的资金需求，为中国经济的绿色转型提供了坚实的金融支撑。绿色信贷的兴起深刻体现了我国商业银行积极响应国际绿色金融趋势的决心，而政策层面的持续引导与强化也为商业银行的绿色信贷实践提供了坚实保障，深刻推动了商业银行从传统的营利模式向绿色、可持续的发展模式转变。

　　我国绿色债券的发展起步较晚，2015年国家发展改革委颁布的《绿色债券发行指引》为绿色债券市场的规范发展建立了坚实基础。近年来，我国绿色债券取得了多元化与蓬勃发展，体现在其丰富多样的债券种类及强劲增长的市场规模上，这些绿色债券工具不仅是金融创新的产物，更是推动绿色经济发展和环境保护的重要金融工具。绿色债券作为一种创新的融资工具，其使用领域已经从传统的节能环保项目扩展到了新能源、绿色交通、水资源管理、生态保护等多个与可持续发展密切相关的领域。参与绿色债券发行和投资的主体日益多元化，包括政策性银行、商业银行、企业以及其他金融机构。绿色债券在推动我国经济结构调整、发展方式转变、生态文明建设及可持续发展等方面正发挥着日益重要的作用。

　　绿色保险的概念可追溯至2007年，由国家环保总局与中国保监会共同颁布《关于环境污染责任保险工作的指导意见》，这一文件的颁布旨在通过市场机制激励企业加强环境风险管理，促进环境友好型社会的建设。绿色保险作为一种有效的风险管理工具，正在被更广泛地认可和采用，以应对气候变化带来的影响。我国绿色保险市场正处于快速发展阶段，其在推动绿色经济转型和提升社会环境风险管理能力方面发挥着越来越重要的作用。随着政策的支持和市场需求的增加，绿色保险产品和服务不断创新，涵盖了可再生能源、绿色建筑、生态保护等多个领域。随着中国经济的持续转型和对可持续发展目标的深入实施，绿色保险市场有望继续保持增长势头。

　　2016年，中国政府发布了《关于构建绿色金融体系的指导意见》，这一文件鼓励资本市场为绿色项目提供融资支持，加速绿色技术的研发与应用，为我国绿色投资的兴起建立了坚实的基础。近年来中国的绿色投资市场迎来了快速发展期，这一趋势得益于政府对环保和可持续发展目标的高度重视，以及市场参与者对绿色经济潜力的日益深刻认识。中国政府为了推动绿色投资和可持续发展，采取了一系列政策和措施，这些政策和行动方案展现了中国政府在推动可持续绿色发展、强化环境保护以及应对气候变化方面的坚定承诺。在这一系列综合性的政策扶持下，绿色投资的方向有了显著的进步与延伸，为中国经济的绿色转型与持续性发展提供了稳固的支撑。

2021年7月，全国碳排放权交易市场正式启动，这标志着中国成为全球最大的碳市场之一，为全球碳减排事业注入了新的活力。碳交易是一种创新的市场化的环境政策工具，其核心目标在于运用经济手段减少温室气体排放，碳交易的核心思想是为碳排放设定价格，使减排具有经济价值，从而激励企业和国家采取行动减少碳排放。近年来中国碳排放权交易发展迅速，已经成为全球最大的碳市场之一，并且根据总量控制配额交易和项目减排量交易两种类型，形成了两类碳排放交易产品。碳金融的发展对于推进中国绿色金融结构的进一步完善具有重要意义，它不仅能够促进经济结构向更加环保和节能的方向转型，还能激发市场主体在绿色技术和清洁能源领域的创新活力。

采用熵权法构建的绿色金融发展水平测度方法，综合了我国绿色信贷、债券、保险、投资及碳金融五方面的总体发展情况，测度结果表明中国绿色金融近10年来尽管遭遇了种种波动和挑战，但整体上保持了积极向上的发展态势，展现出了强大的生命力和广阔的发展前景。随着政策的持续优化、市场的不断成熟以及技术创新的推动，中国绿色金融有望在未来实现更加稳健和可持续的发展。东部地区绿色金融发展水平在增速方面经历了一些波动，但总体上显示出强劲的上升趋势，其中北京、上海、浙江和福建在绿色金融的发展上占据了领先地位，而且其绿色信贷、绿色证券、绿色保险和绿色投资等关键指标均呈现出稳定而积极的增长势头，为全国的绿色金融发展树立了标杆。中部地区绿色金融的发展尽管与东部地区相比还有一定的差距，但其进步的迹象和潜力不容忽视。以河南、湖北和湖南这三个具有代表性的中部省份为例，近年来这些地区的绿色金融业务虽然得到了加强和推进，但在规模、深度和广度上仍与东部地区存在一定的差距。西部地区的绿色金融正逐步发展，但其在推动区域经济向低碳转型方面的潜力尚未得到充分释放，尽管如此西部地区的绿色金融仍展现出一种缓慢而稳定的增长态势，以重庆、四川和云南等省市为代表，这些地区在绿色金融领域的发展已显现出明显的改善迹象。

二、我国经济高质量发展水平稳健上升

我国经济发展正经历着一场深刻而全面的转型，这一转型的核心在于从过去过度追求速度与规模的传统发展模式，逐步迈向以低碳、高质量为鲜明特征的现代化经济体系，这一转变并非仅仅局限于经济领域，而是涉及经济、政治、社会、生态环境、文化、共享等多方面的共同协调发展，贯穿了可持续发展理念和创新、协调、绿色、开放、共享五大新发展理念，通过不同阶段的政策实施和战略调整，不断推动经济从高速增长向高质量发展的转变，致力于实现可持续发展和全面协调发展的目标。总体而言，中国经济在高质量发展的道路上已经取得了显著成效，具体体现在经济持续稳定增长、产业结构不断优化、创新驱动成效显著、区域协调发展取得新进展、人民生活质量不断提高、生态环境保护取得积极进展。

　　创新发展作为推动经济迈向高质量发展轨道的核心引擎，其本质在于构建一种深度依赖创新作为核心驱动力的新型发展模式，这一模式不仅重塑了经济增长的内在逻辑，还促进了产业结构优化升级，为经济的持续繁荣注入了不竭活力。科研创新的投入与产出是衡量创新发展成效的两大关键领域，从创新资源的投入到创新成果的产出，中国的科技创新体系正经历着前所未有的快速发展与成熟过程。财政支持的加大、研发队伍的扩充、技术市场的繁荣以及知识产权的积累，这些要素相互交织、相互促进，共同推动了中国科技创新能力的全面跃升。这一系列积极变化不仅为中国经济的高质量发展提供了强大的科技支撑，也显著提升了中国在全球科技竞争中的话语权和影响力，为加速构建人类命运共同体贡献了智慧和力量。

　　协调发展强调的是各个领域间相互依存、相互促进的和谐共生状态，涵盖了城乡结构、产业结构、消费结构及收入结构多个方面。我国城镇化进程稳步推进，不仅促进了基础设施的完善与公共服务水平的提升，还带动了相关产业的集聚与升级，形成了规模经济与范围经济的双重效应，为经济社会的全面发展建立了坚实基础。我国产业结构逐步向高端化、智能化转型，这不仅意味着传统产业的转型升级与新兴产业的蓬勃兴起，更代表着我国经济体系正逐步构建起以创新驱动为核心的发展模式，实现了从"中国制造"向"中国创造"的跨越。我国居民消费水平的稳定提升，反映出我国居民生活水平的持续提升与消费需求的稳步增长，不仅为市场注入了源源不断的活力，更为经济的长期发展提供了坚实的内需支撑。在城镇化与产业结构升级的双重推动下，我国城乡收入差距问题也得到了有效缓解，这一变化不仅彰显了我国经济发展的包容性与普惠性，也为构建和谐社会、推动经济全面高质量发展提供了有力支撑。

　　绿色发展作为引领中国经济迈向可持续增长道路的关键策略，这一理念强调在追求经济增长的同时，必须坚定不移地在节约能源、保护环境、改善空气质量以及提升资源利用效率等方面取得实质性进展。我国森林覆盖率持续维持在一个相对较高的水平上，这是我国在森林资源保护与生态恢复领域取得显著成效的明证，反映了社会各界在促进绿色发展、构建生态文明方面所付出的不懈努力。能源消费弹性系数有所波动，呈下降趋势，这表明我国经济结构正在经历快速转型，正从传统的资源依赖型模式向更加环保、高效、可持续的发展路径迈进。二氧化硫排放量的稳步下降，成为环境保护政策有效实施和技术创新成果的直接体现。化学需氧量排放量也在逐年减少，这归功于环境保护政策的强化执行、环保意识的提升以及废水处理技术的不断进步。

开放发展作为积极响应全球一体化趋势、携手共建人类命运共同体的关键举措，其深远意义在于促进各国间经济互融，共同绘制世界繁荣进步的宏伟蓝图。近年来，我国对外贸易领域展现出了蓬勃的发展活力，进出口总额的增长速度显著加快，这一强劲势头昭示着中国在全球贸易版图中领先地位的日益凸显与巩固。我国利用外资额呈现出跨越式的增长，这不仅彰显了中国作为全球投资热土的吸引力，也反映了中国经济结构的持续优化与升级，为外资提供了更加广阔的投资空间与丰富的合作机遇。面对对外经济交往和外资利用所带来的机遇与挑战，中国以开放包容的姿态迎接世界，同时通过深化改革开放、优化营商环境、推动产业升级与创新发展等措施，不断提升自身在全球经济体系中的竞争力和抗风险能力。

共享发展是经济高质量发展不可或缺的归宿，旨在通过全面提升社会福利水平，推动全体人民迈向共同富裕的康庄大道，教育、医疗、交通及基础设施四大民生领域全面展现了我国在共享发展方面的努力与成就。中国教育发展水平稳步攀升，深刻昭示了中国教育事业持续稳健向前的蓬勃态势，为国民素质的整体跃升建立了坚实基础，促进了劳动生产率的提高，成为驱动经济社会可持续发展的不竭动力。中国医疗卫生事业的发展也取得了令人瞩目的成就，反映了国家在提升医疗服务质量和可及性方面的不懈努力，这有效保障了人民的身心健康，提升了全民生活质量，为社会的和谐稳定与进步注入了强大正能量。人均汽车占有量的显著增长是居民消费升级和汽车消费能力增强的直接体现，汽车产业的蓬勃发展不仅反映了中国经济结构的持续优化和居民生活水平的提高，也预示着未来消费市场的巨大潜力。人均公路里程数的稳步增长不仅极大地便利了人们的日常出行，更促进了商品、信息、技术等资源的快速流动，加强了各地区之间的经济联系与合作，为推动区域经济一体化和共同繁荣提供了坚实的支撑。

采用熵权法构建的经济高质量发展水平测度方法，综合了我国创新、协调、绿色、开放、共享五大新发展理念的总体情况，测度结果表明中国经济高质量发展水平呈现出持续上升的趋势，这表明中国在推动经济高质量发展方面取得了显著成效。然而，尽管整体水平不断提升，而同比增速则显示出显著的波动，这一趋势表明中国在推动经济高质量发展的过程中，不断调整和优化经济结构，应对内外部挑战，逐步实现更高水平的发展目标。东部地区经济高质量发展水平显著超过了全国平均标准，以北京、上海、江苏、浙江为代表的经济强省表现得尤为突出，这显示了东部地区在整个国家经济成长中所拥有的核心身份及强大经济能力，这一成就的背后是多年来东部地区坚持创新驱动发展战略、深化改革开放、优化产业结构与布局的结果。中部地区作为连接东部繁荣地带与西部开发前沿的桥梁，在国家经济版图中占据着举足轻重的地位，其经济发展速度与质量恰如其分地填补了东西部之间的梯度差异。尽管河南、湖南等部分省份在转型升级过程中面临着挑战与压力，但中部地区整体的经济高质量发展势头依然强劲，且呈现出积极向好的发展态势。长期以来，西部地区在经济高质量发展方面在全国区域范围内一直处于较低水平，这一现象反映了该区域在经济发展过程中所面临的深刻挑战，这些挑战主要源自于其自然条件的特殊性以及历史基础的相对薄弱，这使得西部地区在经济发展的初期阶段难以迅速追赶，但这一状况正在逐步改善。

三、我国绿色金融显著促进了经济高质量发展

理论层面上绿色金融能够从创新发展、协调发展、绿色发展、开放发展和共享发展五个维度促进经济高质量发展。绿色金融通过绿色信贷、绿色债券和绿色基金等多样化的金融手段，为绿色技术、产业和项目提供必要的资本注入，这些资金有助于缓解创新发展过程中的融资约束问题，并提供风险管理和风险分散机制，降低创新项目的风险水平，从而促进创新发展。绿色金融通过金融工具和手段，促进经济可持续发展，使社会资源得到合理配置，生态环境得到有效保护，推动经济发展与环境保护的和谐共生，从而促进经济、社会和环境的协调发展。绿色金融根据环保理念对金融服务的价值观、操作流程和管理模式进行优化，运用多种金融手段来保护环境，确保金融资源向绿色领域倾斜，致力于将金融资源导向环保、节能、清洁能源、绿色交通和绿色建筑等项目，从而促进经济的绿色发展。绿色金融已成为国际交流合作的重要领域，中国通过参与国际绿色金融标准的制定、构建跨国绿色项目的合作框架、强化绿色金融监管的国际协调，我国不仅能够吸收国际先进的实践经验，提高本国绿色金融体系的全球竞争力和影响

力，从而促进经济的开放发展。绿色金融通过支持绿色产业和环保项目的发展，推动资源向低碳、环保领域倾斜，有助于缩小不同行业、地区间的资源分配差距，实现资源的公平分配，绿色金融支持的环境治理和生态保护项目，有助于改善环境质量，提高人民的生活品质，从而促进经济的共享发展。

　　绿色金融和经济高质量发展是两个关系错综复杂的耦合交互体，这两个系统相互关联和制约，考虑到我国绿色金融和经济高质量发展多区域、多年份的动态性与非平衡性，有必要构建耦合协调模型以衡量两者的互相影响程度。结果表明我国绿色金融与经济高质量发展耦合协调度总体发展较好，各省份均处于基本协调、中度协调和高度协调阶段，尽管有个别年份的耦合协调度出现了波动，但是总体上仍然呈现出稳步上升的趋势。在地区层面上存在一定的差异，其中东部地区耦合协调度明显高于全国水平，中部地区耦合协调度略低于全国水平，而西部地区耦合协调度则明显低于全国水平。近 10 年来，我国绿色金融与经济高质量发展五个维度的耦合协调度均逐年提升，其中绿色发展和协调发展两个维度的耦合协调度始终高于总体水平，共享发展维度的耦合协调度略低于总体水平，而创新发展和开放发展两个维度的耦合协调度明显低于总体水平。

　　由于各省份经济之间普遍存在着关联和影响，因此空间溢出效应必须加以考虑，由此采用空间计量模型来检验绿色金融与经济高质量发展之间的关系。全局莫兰指数检验表明我国各省份之间的经济高质量发展存在显著的正向空间溢出效应，而局部莫兰指数检验表明我国经济高质量发展水平在空间上呈现明显的集聚效应，具体表现为高水平发展区域趋向于形成紧密的高高聚集，而低水平发展区域则更容易形成松散的低低聚集。基于检验结果，本书选择双向固定效应空间杜宾模型来分析绿色金融对经济高质量发展的影响。检验结果表明我国绿色金融对经济高质量发展有明显的积极作用，为了确保回归结果的真实可信，在经过更换空间权重矩阵、替换计量模型等稳健性检验后，研究结论仍然保持一致，表明我国绿色金融确实促进了经济高质量发展。分地区回归结果表明，绿色金融促进东部地区经济高质量发展的作用强于中西部地区，这得益于东部地区良好的经济基础和丰富的金融资源支持，从最早的经济特区、沿海开放城市到如今的先行示范区，丰富的经济活力为绿色金融和经济质量的相辅相成发展提供了良好的环境。分维度回归结果表明，绿色金融对创新发展和绿色发展的促进作用更加明显，这与中国近年来大力推动绿色金融的政策背景密切相关，政府通过出台绿色信贷、绿色债券等政策措施，为创新发展提供了强有力的资金支持，激励了企业创新行为，同时为环境保护计划和清洁能源行业投入了大量的资金，并大幅度地促进了绿色技术在研发与实践中的发展。

四、我国绿色金融能够通过提升产业结构优化水平而促进经济高质量发展

理论层面上，绿色金融能够通过资金形成、资金导向、信用催化、信息传导和产业整合机制来促进经济高质量发展。资金的形成机制是指资金来源的渠道和方式，以及资金在经济活动中的流动和使用方式。绿色金融作为新兴的金融模式，通过多种资金形成机制，促进了资金的形成和流动，缓解了绿色企业的资金压力，推动了绿色产业的快速发展和传统产业的绿色转型升级。绿色金融的资金导向机制通过多种手段，如设立绿色金融产品、提供优惠金融服务、实施绿色评价和认证等，有效地引导和鼓励资金流向环保和可持续发展领域，这一机制不仅促进了绿色产业和项目的发展壮大，还推动了产业结构的转型升级。绿色金融的信用催化机制是实现产业结构优化的关键工具，它通过提供金融支持和信用保障，鼓励企业投资于环保产业，不仅推动了产业结构的优化，还促进了环保产业的可持续发展。绿色金融的信息传导机制是指通过各种渠道将绿色金融的理念、政策和实践传递给各个产业，从而促进产业结构的优化，这种信息传导机制需要政府、金融机构以及社会组织各方的共同努力才能顺利达成目标。产业整合机制是绿色金融推动产业结构优化的重要手段之一，通过整合不同产业的资源和技术，实现优势互补，提高资源利用效率，推动绿色产业的发展，加快产业结构优化和转型。

从产业结构合理化和高级化两个维度测度分析了我国产业结构优化水平，测度结果表明，近10年来我国各省份的产业结构优化水平整体呈现出一种稳健且持续上升的态势，这不仅是中国经济结构持续优化与升级的有力证明，也深刻映射出各地区在积极响应产业升级号召、致力于实现经济高质量发展上的不懈努力。通过一系列政策引导与实践探索，各地区在推动产业结构向更加合理、高效、绿色方向转变上取得了显著成效，为中国经济的可持续发展建立了坚实的基础。我国东部地区的产业结构优化水平普遍较高，其中北京市和上海市更是脱颖而出，位居全国产业结构优化水平的前列，东部地区作为改革开放和经济发展的前沿示范区，凭借地理位置和资源禀赋等优势，高新技术产业与现代服务业蓬勃发展，展现出极高的产业结构优化水准。相比之下，中西部地区在产业结构优化方面则显得相对滞后，这反映了我国不同地区在经济发展与产业转型升级上的不均衡现状，其原因在于中西部地区承接了来自东部经济带的"双高"产业转移，大量劳动密集型、资源密集型和环境污染型产业向中西部地区转移，影响了产业

结构优化的进程。

通过灰色关联分析，可以从整体上测度出我国绿色金融发展与产业结构之间的关联程度，衡量绿色金融对三次产业结构调整优化的作用，进而对绿色金融影响产业结构有一个全面宏观的把握。灰色关联分析结果表明，绿色金融序列的变动与第三产业占比序列的协同性更高，与第二产业占比的协同性略低，当绿色金融被更广泛地施行时，第三产业占比受益最大，第二产业次之，即实现了三次产业结构的优化调整。考虑到各省份产业结构之间同样可能存在着空间溢出效应，继续采用空间计量模型来检验绿色金融与产业结构优化的关系，全局自相关检验和局部自相关检验均验证了选择空间计量模型的必要性。分别在空间邻接权重矩阵、地理距离权重矩阵和经济距离权重矩阵下，采用双向固定效应空间杜宾模型来实证检验了我国绿色金融对产业结构优化的影响，回归结果表明我国绿色金融确实促进了产业结构优化。将被解释变量更换为产业结构合理化和产业结构高级化指数，核心解释变量更换为绿色信贷，为避免外部冲击调整样本时间，以及考虑滞后效应，进行一系列稳健性检验后，研究结论仍然保持了一致，表明绿色金融确实提升了我国产业结构优化水平。

五、我国绿色金融能够通过降低碳排放水平而促进经济高质量发展

理论层面上，绿色金融能够通过信号传递、信息披露、产业结构绿色升级、绿色技术创新、能源结构清洁化机制来促进经济高质量发展。信号传递机制推动企业积极调整其发展模式，其中绿色企业会主动增加自身投资，以便更好地符合国家的政策导向和市场需求，从而获得更多的金融支持和市场份额，而污染企业则在面临政策压力和市场惩罚的情况下，主动缩减投资或进行技术和工艺的创新，以减少环境污染和二氧化碳排放量。绿色金融本质上是一套金融机构提供服务时需遵守的制度和规制，要求企业向金融机构或公众披露环境污染和碳排放等相关信息，这一信息披露机制推动了企业规范经营，提高了环保意识，加大了社会公众对企业环保行为的监督力度，还促进了企业之间的良性竞争。产业结构绿色升级是指通过绿色金融的引导和支持，金融资源得以向低碳产业倾斜，推动传统高碳产业的转型升级，同时促进高污染企业的绿色改造，以及加速其退出市场的进程，从而实现整体产业结构的优化和升级，以降低碳排放量。绿色技术创新机制是指通过绿色金融工具激励企业研发和应用低碳技术、可再生能源技术等绿色技术，绿色技术可以大幅度提高能源利用效率，降低生产过程中的碳排放，并推动可再生能源的应用，从而推动经济向低碳化、绿色化发展。能源结构清洁化是指通过绿色金融推动能源结构调整，减少对化石能源的依赖，提高可再生能源在能源消费中的比重，清洁能源在研发、基础设施建设及日常运营中均需巨额资金支持，而绿色金融通过绿色信贷、债券及基金等多元化方式，满足了清洁能源项目的融资需求。

由于我国没有直接公布二氧化碳排放量，本书根据能源消费量和水泥生产量估算了我国二氧化碳排放量。估算结果表明，近年来我国碳排放量的总体态势呈现出逐年递增现象，这一趋势表明我国在工业化、城镇化浪潮中对于能源资源仍有庞大需求，也反映了经济快速发展与环境保护之间的平衡挑战。东部地区虽然经历了经济活动的不断扩张与产业升级，但其二氧化碳排放量并未呈现出剧烈波动的态势，而是相对平稳地前行，这是东部地区在推动经济发展的同时不断探索和实践绿色低碳发展路径的努力成果。中部地区个别年份碳排放量显著攀升，这表明中部地区工业化进程加速推进，新兴产业的涌现和传统产业的改造升级共同推动了经济活动的蓬勃发展，进而导致了碳排放量的增加，中部地区正在逐步转向更加低碳、环保、高效的发展路径。近年来西部地区的经济引擎加速运转，但也面临着前所未有的碳排放管理挑战，西部地区需要加快能源结构的优化升级步伐，大力推动清洁能源和可再生能源的开发利用，减少对煤炭、石油等传统化石能源的依赖，从根本上推进低碳经济发展。东北地区长期以来经济结构单一且高度依赖资源密集型产业，制约了经济增长的潜力与稳定性，近年来将绿色发展理念贯穿于经济转型的全过程，推动资源型城市的绿色转型与可持续发展，努力在经济发展与环境保护之间找到最佳平衡点。我国碳排放强度实现了逐年下滑，体现了我国在节能减排方面取得的显著成效，也预示着我国正逐步向更加低碳、高效的发展模式迈进，实现了经济效益与环境效益的双赢，向更加绿色、低碳、高效的发展模式转型。

为推进环境治理，多年来我国不断探索通过法律、行政与市场等手段来引导和规范各类主体的行为。2017 年，国务院决定将浙江、广东、江西、贵州和新疆的部分地区作为绿色金融改革创新试验区的首批试点地区，鼓励各试验区金融机构通过绿色金融创新促进企业节能减排，这为本书研究绿色金融促进经济高质量发展提供了一个准自然实验。将样本中 2017 年首批设立的试验区涉及的 8 个城市定义为实验组，将所选取的全国其他地级及以上城市定义为对照组。双重差分回归分析通过了平行趋势检验和安慰剂检验，结果表明绿色金融改革创新试验区的设立能够显著降低城市碳排放水平而促进绿色发展，且经过匹配倍差、排除其他政策影响等一系列稳健性检验后，研究结论仍然保持一致。异质性分析结果表明绿色金融试验区政策对非资源型城市碳排放的影响显著大于资源型城市，这是由于资源型城市深度依赖大规模化石矿产资源开发与加工业，加之对产能扩张与短期经济效益的侧重，导致碳排放强度持续高位，碳减排挑战尤为严峻。绿色金融试验区政策对高金融发展水平城市碳排放的影响显著大于低金融发展水平城市，这是由于金融发展水平较低的城市，对绿色金融改革创新政策的响应能力不强，其金融系统可能无法落实绿色金融试验区的各项规定，进而未能有效抑制城市的碳排放。绿色金融改革创新政策对环保执法力度较弱城市碳排放的影响显著大于环保执法力度较强城市，这是由于在环保执法力度较强地区，污染排放标准及污染监测制度较为严格，污染企业在污染物控制及治理方面已相对成熟，因此其受绿色金融改革创新政策的影响相对较小。

第二节　政策建议

一、完善政策与法律法规

面对全球气候变迁和环境问题日益突出的现实，绿色金融已经成为驱动经济向绿色发展转型以及达成可持续发展目标的至关重要手段。为了让绿色金融健康有序地前进，必须完善政策结构和相关法律法规，为其打下坚实的制度基础。具体而言，需要从以下几个方面推进和落实：

首先，有必要对目前的法律法规体系进行全面深入审查。随着绿色金融的持续进步，必须仔细鉴别和修正与绿色金融进步有所冲突的规定，以确保绿色金融的各种活动可以在法律体系下无障碍地进行。这项改革涵盖金融、环境保护和产业等多个方面的法律和规章的仔细检查和修订，确保各项法规和规章能够在协同的基础上共同推动绿色金融的持续发展。

其次，有必要出台一部《绿色金融促进法》。这部法律需对绿色金融的定义、目标、基本原则以及监控措施等核心方面做出清晰的阐述，为绿色金融行业的稳定和健康发展提供明确的法律方向。通过实施《绿色金融促进法》，能够将绿色金融的核心理念和原则整合进整个法律框架，使之转化为经济朝向绿色发展的关键法律工具。同时，这项法规也应明确金融机构、商业实体和个人在绿色金融领域的各项职责与义务，清晰界定他们的权益，并激励他们更加积极地参与绿色金融事业。

在推出《绿色金融促进法》的过程中，还需确立针对绿色金融的政策协调体系。绿色金融的壮大涉及众多领域与部门，这要求各部门紧密合作与协同作战。因此，需要构建一个由金融、环境、产业等多个领域组合而成的绿色金融政策协调框架，以增强不同政策间的联系和协同工作。利用这一策略能够实时获取各部门政策的进展和需求，协调解决存在的政策冲突和矛盾，确保政策的连贯性与实际效果。此外，通过这个体系还能够深化与各国和国际机构的合作与交流，借鉴全球的先进经验与技术，共同助力绿色金融的向前迈进。

当然，仅仅出台法律和政策是远远不够的，还必须提高监督及执行力度。为保障政策的有力施行和市场运作的稳健，亟须构建一个完善的监管结构，全面、系统地监督绿色金融业务的进行情况。这也意味着加大对金融机构的监管力度和评估，确保它们严格遵从各项法律、法规及监管规定；加强对绿色项目的审查与评定，确保这些项目满足环境保护标准和可持续发展的目标；为防止市场操纵和不规范行为，必须增强对市场参与者的监督和制约力度。同时，还需要进一步增强执法力量，针对违反法律、法规和监管规定的行为施以严厉的打击与处罚，以确保市场的公正运行和竞争的公平性。进一步来看，建立健全的政策和法律法规框架还包括以下几方面的具体措施：

在绿色金融快速发展的背景下，现行法律法规中可能存在一些不适应或滞后的条文，需要进行全面的评估和修订。政府应组织专门的法律评估小组，对现有的法律体系进行系统性审查，识别出不符合绿色金融发展需求的条款，并进行相应的修订和完善，以确保法律体系的现代化和适应性。制定专门的《绿色金融促进法》，这一法律应对绿色金融的各个方面进行详细规定，包括绿色金融的定义、目标、基本原则、运作机制、监管措施等。通过明确法律的责任和义务，确保金融机构和企业在参与绿色金融活动时有法可依，有章可循。

绿色金融涉及多个领域和部门，需要建立跨部门的政策协调机制，确保各项政策措施相互配合、相互支持。可以成立由金融监管部门、环境保护部门、产业发展部门等组成的绿色金融政策协调委员会，定期召开会议，协调各部门的政策行动，解决政策实施中遇到的问题。监管部门应制定严格的监管标准和措施，对金融机构的绿色金融业务进行严格监管。通过设立专门的绿色金融监管机构或部门，确保监管的专业性和有效性。同时，执法机构应加强对违规行为的打击力度，对违反绿色金融法律法规的行为进行严厉处罚，以维护市场的公平和秩序。

绿色金融的发展不仅需要国内的努力，还需要国际间的合作与交流。政府应积极参与国际绿色金融领域的合作，吸收和学习国际先进经验，促进我国绿色金融行业的全球拓展和国际竞争力提升。通过与国际组织、外国政府、跨国企业的合作，促进绿色金融标准的全球化统一，增强我国在绿色金融市场中的竞争力。政府可设立专项绿色金融基金，专注于资助和推动绿色金融相关项目的创新。通过财政支持，引导社会资本投向绿色金融领域，推动绿色金融项目的实施和推广。专项基金应重点支持技术创新、示范项目、产业链建设等方面，发挥财政资金的引导作用。金融机构应加大绿色金融产品的创新力度，开发更多适应市场需求的绿色金融产品。通过创新产品设计，满足不同类型企业和项目的融资需求，推动绿色金融业务的多元化和市场化发展。

总之，构建和完善政策框架以及法律法规是推动绿色金融业向前发展的基本步骤。需对现行的法律法规进行彻底的审查，出台专门针对绿色金融的促进法，并建立一个绿色金融政策的协调机构，同时增强对相关政策的监管和执行力度，确保绿色金融行业的健全与持续成长。通过这些措施，可以在应对全球气候变迁及环境危机所面临的问题上取得更为显著的进展，推动经济社会的可持续发展。

二、推动绿色金融产品创新

在绿色金融领域，推动创新是促进其长远发展的关键动力。为了激发这一领域的创新能力，必须从多个维度加强努力，确保绿色金融产品和服务能够与时代并进，满足快速增长的需求。金融机构作为推动绿色金融市场发展的核心力量，应当受到激励，积极致力于各种绿色金融产品的研发与推广。涵盖但不限于绿色信贷、绿色债券和绿色基金。绿色信贷通过优化贷款环境和降低贷款利率，助力企业推进节能减排、清洁能源等环保项目。绿色债券为投资者提供了参与绿色项目的平台，通过购买这些债券，投资者有机会将资本投入到符合环保要求的公司和计划中。绿色基金会集众多的投资参与者，由经验丰富的投资管理团队对绿色项目进行筛选和资助，确保资金得到有效使用。

为了促进绿色金融产品的进一步创新，需要进一步加强与先进的绿色技术公司之间的合作关系。这些企业具备尖端的环保技术以及深厚的项目经验，它们成为绿色金融产品和服务创新的关键合作伙伴。金融机构有机会与绿色技术行业的公司合作，以开发新型的绿色金融服务策略，比如绿色供应链金融或绿色资产证券化等。绿色供应链金融能通过为绿色产业链上下游企业提供全面的金融支持，助力整个产业链走向绿色方向发展。通过绿色资产证券化，可以将绿色项目未来的收益转变为可交易的金融工具，进而为投资者创造更多的投资选择。这不仅可以帮助企业获得更多的资金支持，还能为投资者提供更多的投资机会和更高的投资回报。

　　除了对产品创新的投入，应当更深入地推广和宣传绿色金融产品。尽管大众已经对绿色金融的基本概念已有一定的了解，但对特定的绿色金融商品和服务了解尚不充分。为了增强公众对绿色金融产品的了解和接受，我们必须采取多种宣传途径，例如，媒体推广、在线教育和在线讲座等。只有当公众深刻地理解并认同绿色金融产品的实际价值时，这一市场才可能真正地繁荣和发展。

　　为了减少绿色项目的资金成本，可以实施相关支持策略。绿色贷款贴息政策是行之有效的策略之一，通过为绿色贷款项目提供利息补贴，企业能有效降低其融资成本，并因此增强对绿色项目的投资兴趣。此外，为了增强绿色债券的市场吸引力，可以构建一个专门的绿色债券发行保障体系，以确保绿色债券发行过程中的担保服务，并减轻投资者面临的投资风险。

　　必须创造一个有利于创新的环境。这意味着为环保金融创新提供政策支持和资金支持，激励金融机构与绿色技术公司之间深化合作，并加大绿色金融行业在国际上的互动和合作力度。实施这些方案能赋予绿色金融领域更多的创新可能性和机会，促进绿色金融行业的持续健康发展。

　　为了进一步推动绿色金融的健康发展，需要从以下几方面进行详细探讨和实施：首先，促进绿色技术与金融的深度融合。金融机构应积极与绿色技术公司合作，开发新型的绿色金融产品和服务。通过引入先进的绿色技术，增强绿色金融产品的创新性和市场竞争力，以迎合市场对这类金融产品日益增长的需求。同时，绿色技术公司也可以通过与金融机构的合作，获得更多的资金支持，推动绿色技术的研发和应用，实现技术和金融的双赢。

　　其次，金融机构应加大绿色金融产品的研发力度，设计并推出一系列符合市场需求的绿色金融产品。在现有绿色信贷、绿色债券和绿色基金的基础上，进一步探索绿色保险、绿色租赁和绿色投资信托等多元化金融工具，以丰富绿色金融产品线。通过丰富绿色金融产品的种类，满足不同类型企业和项目的融资需求，推动绿色金融业务的多元化和市场化发展。

　　为了降低绿色项目的融资成本，可以构建一个全面的绿色金融支撑框架。政府可通过成立专门的绿色金融基金，向绿色项目注入必要的资金支持。同时，实施绿色贷款贴息政策，为绿色项目提供利息补贴，降低企业的融资成本。此外，还可以建立绿色债券发行保障体系，为绿色债券的发行提供担保服务，降低投资者的投资风险，提升绿色债券的市场吸引力。

　　绿色金融的发展需要国内的努力，且国际合作与交流至关重要。政府应主动参与国际绿色金融协作，学习国际成熟做法，促进我国绿色金融向国际标准看齐并实现全球化发展。通过与国际组织、外国政府、跨国企业的合作，推动绿色金融标准的国际化，提高我国绿色金融的全球竞争力。同时，通过国际合作，可以引进更多的国际资金和技术，支持我国绿色金融项目的实施和推广。

必须营造一个促进绿色金融创新的生态。这涉及制定支持性政策和提供资金援助，以鼓励金融机构与绿色科技公司之间的协作。增强绿色金融行业的国际交流与合作等。通过建立一个支持创新的环境，赋予绿色金融更多的创新可能性和机会，推动绿色金融行业的持续健康发展。

总的来说，推动绿色金融的创新发展需要政府、金融机构、绿色技术公司及公众的共同努力。通过政策支持、产品创新、市场推广和国际合作等多种手段，构建完善的绿色金融体系，推动我国经济社会向可持续发展方向迈进。只有在各方的共同努力下，绿色金融才能在全球气候变化和环境问题的多重挑战中发挥其应有的作用，推动经济与环保双重目标的实现。

三、优化绿色金融资源配置

在绿色金融发展的宏伟规划中，合理分配资源是至关重要的环节。为了确保绿色金融的资金能够更具准确性和高效率地注入最需要的市场，并推动绿色产业的快速发展，应从多个维度出发，全方位地优化绿色金融资源的整合和配置。

首要任务是确定绿色信贷应支持的领域及其实施条件。作为主要的绿色金融资金来源，金融机构需要明确指导如何将信贷资金投向绿色行业及项目。涵盖但不仅限于清洁能源的应用、节能减排、环境保护等多个领域。为了确保资金能够被有效地运用，需要构建一个详尽的绿色信贷方针目录，明确列出要支持的项目种类、相关技术准则以及对环境的益处要求。金融机构在审批绿色信贷时必须考虑项目的风险级别、技术的成熟度等多种因素，从而合理设定信贷的上限和利率，确保资金的安全使用及收益潜力。此外，金融机构还应建立严格的风险评估和监控机制，确保绿色信贷项目能够按计划实施并达到预期的环保效果。

创建绿色债券发行机制是优化绿色金融资源配置的关键步骤。绿色债券作为主要的绿色融资途径，能够为各种企业创造低成本经济的资金渠道，从而助力绿色项目的推进和实施。必须强化绿色债券的发行和交易机制，为企业创造更加便捷的绿色债券发行环境。为了减少绿色项目的金融开支，可以建立绿色债券的发行担保程序，为符合标准的绿色债券提供信贷提升服务。这样不仅能降低发行成本，还能提高投资者的信心和市场吸引力。同时，为了保证市场公平、公正和透明，我们需要深化绿色债券市场的严格监管工作，确保每一笔交易的合法性和合规性。

除了推动绿色信贷和绿色债券，建立绿色产业投资基金也是优化绿色金融资源分配的重要手段。绿色产业投资基金有助于引导社会投资者更多地投向绿色产业领域，促进该产业进一步壮大，还应积极倡导并支持各种机构建立绿色产业投资基金，并特地激励社会性投资者参与其成立和运作。为了确保绿色产业投资基金的投资收益，需要对这些基金的投资取向、政策策略及其投资成果进行深入的监督和评价。通过建立严格的绩效评估体系和透明的运作机制，可以提高投资者的信任度，吸引更多的资金流入绿色产业。

为了更好地分配绿色金融资源，还需要深化绿色金融市场的建立与完善。一个健全且健康的绿色金融市场能够为绿色金融资金注入充足的流动性，并创造更多交易机会，从而减少市场交易成本。为此，应该重视其核心设施的完善，包括市场交易平台的加强、提升市场的透明性以及加大市场风险管理力度。

同时，应促进绿色金融市场向全球化扩展，加深与全球绿色金融市场的联系与合作，努力吸引更多国际投资者支持我国绿色金融市场的建设与发展。通过与国际市场接轨，我们可以学习先进经验，引进更多资金和技术资源，进一步提升我国绿色金融市场的竞争力和影响力。在追求绿色金融资源最佳配置时，国际合作和交流是关键环节。应积极投身于国际绿色金融的合作与交流，吸收国际先进经验和技术，助力我国绿色金融市场的国际化进程。

此外，还需要与其他国家在绿色金融策略上强化合作，加强监管，共同加速全球绿色金融市场的兴盛和增长。通过参与国际标准的制定和推广，可以确保我国的绿色金融实践与国际接轨，提升我国在国际绿色金融领域的影响力。同时，通过引进国际资金和技术，推动国内绿色金融市场的发展。政府应为国际合作提供支持，如建立绿色金融合作基金，鼓励国际投资者参与我国的绿色项目。

为了确保绿色金融的健康发展，教育与培训是重要环节。需要加强对金融从业人员的培训，提高其对绿色金融的理解和操作能力。通过开展绿色金融培训课程和研讨会，提升金融从业人员的专业素质和绿色金融意识。同时，政府和金融机构应加强对公众的绿色金融教育，提高社会各界对绿色金融的认识和参与度。通过宣传和推广绿色金融理念，增强公众的环保意识和绿色消费观念，为绿色金融的发展营造良好的社会氛围。

科技创新在推动绿色金融与实体经济的深度融合中扮演着至关重要的角色。金融机构应积极投身于科技创新，特别是在绿色金融领域的实践与推广，以促进新技术在实现碳排放有效削减中的广泛应用。例如，区块链技术，凭借其独特的去中心化和全程可追踪特性，为推动绿色金融的发展带来了前所未有的安全保障与高效运营方式。金融机构应积极探索将绿色金融与前沿的区块链技术深度融合，以区块链技术为工具，显著提升绿色金融的透明度和审计追踪能力，有效减少绿色信贷和绿色债券的发行及交易成本。同时，人工智能技术在绿色金融领域的应用范围也在不断扩展。金融机构可以广泛应用人工智能科技，提高其在绿色金融领域的风险评估与预测效能，为筛选和评价环保项目提供更加科学和精确的支持。

合理分配绿色金融资源是促进绿色金融进展的核心手段。我们的目标是明确绿色信贷的支持领域和条件、构建绿色债券的发行机制、创建绿色产业投资基金、深化绿色金融市场的建设与完善以及增进国际间的合作与沟通。通过这些措施，不仅可以优化和整合绿色金融资源的配置，还能确保绿色金融资金有效、准确地流向最需要的区域，从而促进绿色产业的持续壮大。

四、加强绿色金融风险管理

随着绿色金融行业的迅速拓展，风险控制与监控变得越来越关键。绿色金融通常与环境保护和可持续发展紧密相关，这种关联导致其风险控制和监督面临较大的挑战。为确保绿色金融能够健康而稳健地进行，必须从多个维度进一步强化绿色金融的风险控制和监督。

首先，构建绿色金融风险的评估体系是一项极其关键的步骤。该体系的构成应全面包括环境风险评价在内，还需要对绿色项目和绿色金融业务中存在的潜在风险进行精确的识别、量化评估以及监督。利用科学的方法进行风险评价，能够更加深入地探索绿色项目的环境益处及其风险状态，为金融组织提供重要的决策参考，进而确保其业务风险是可以管控的。为了有效评估绿色金融风险，需要整合多种数据源，包括环境影响评估报告、项目技术评估以及财务状况分析等。这些数据将帮助我们建立一个全面而精确的风险评估模型，从而更好地指导绿色金融业务的发展。

其次，对绿色金融行业的监督增强力度也是关键步骤。对于金融机构的绿色金融业务，监管机关必须建立严苛的监督准则和要求，并定期进行检查与评估。这也意味着对绿色信贷、绿色债券等金融产品的合规性、真实度和实效性进行细致审查，以确保金融实体在绿色金融领域的所有操作都与法律和政策规定一致。同时，监管部门也应该构建一个绿色金融业务的早期风险预警体系，以便及时识别并处理可能的风险，从而确保金融市场的持续稳健与安全性。为了保障市场的有序运作与公平的市场竞争态势，还应加强对绿色金融相关违法行为的惩罚力度。对于违反绿色金融准则和规章的金融机构及个人，法律应进行严格处罚，以提升违法行为的成本，从而产生有力的社会威慑。这样做不仅有助于保持绿色金融市场的有序运作，还能维持市场的健康发展。

再次，提高绿色金融的风险管理与监控能力同样非常关键。需要强化相关机构的培训与教育，以提升绿色金融领域的风险管理技巧。这涉及加强对绿色金融的各项政策、规章和市场趋势的深入学习与研究，同时提升风险识别能力和评估手段。还需要加大风险管理技术的采纳力度，提升风险监控和早期警告功能。通过引入先进的技术手段，如利用大数据分析和人工智能，可以更加精准地识别和评估潜在风险，从而制定更为有效的风险管理策略。为了进一步提升风险管理能力，应当定期开展绿色金融风险管理的专题培训和研讨会，邀请国内外专家分享最新的研究成果和实践经验，从而不断提高专业水平。

最后，还需要深化与国际组织之间的协作与沟通，以共同促进绿色金融的风险管理技能得到提升。在绿色金融领域，国际组织拥有丰厚的实践知识和资源，与它们合作研究绿色金融风险管理的新方法和新技巧是我们的责任。通过与国际组织的合作，可以分享我们的成功经验和实例，进而促进全球绿色金融市场的稳健向前。具体而言，可以通过参与国际绿色金融会议、加入国际绿色金融组织以及开展跨国合作项目等方式，增强与国际社会的互动和合作。同时，也应当积极学习借鉴国际先进的绿色金融风险管理方法和技术，结合本国实际情况，创新和完善我们的风险管理体系。

为了更好地实现上述目标，需要制定和实施一系列支持性政策和法律法规。这些政策和法律法规应明确规定绿色金融风险管理的基本原则和具体操作规范，确保各项风险管理措施能够落到实处。通过建立健全的政策和法律框架，可以为绿色金融风险管理提供坚实的制度保障，从而促进绿色金融的健康发展。

信息披露也是确保绿色金融风险管理的重要手段。金融机构和企业应加强对绿色项目的信息披露，向投资者和公众透明公开项目的环境效益和风险情况。通过信息披露，可以增强市场的透明度，提升投资者的信心，促进绿色金融市场的健康发展。为了进一步推动信息披露的落实，我们可以制定专门的绿色金融信息披露标准和指南，明确信息披露的内容、形式和频率，确保信息披露的规范性和及时性。

在技术支持方面，应加大对绿色金融科技的投入和应用。金融科技在绿色金融风险管理中具有重要作用，可以提高风险管理的效率和精准度。通过大数据、人工智能等技术手段，金融机构可以更准确地评估绿色项目的风险和收益，优化风险管理决策。同时，金融科技还可以促进绿色金融产品的创新，提升金融服务的智能化水平。

教育和培训也是确保绿色金融风险管理的重要环节。需要加强对金融机构和企业的培训，提高从业人员的专业素质和绿色金融意识。通过教育和培训，可以提升金融机构和企业对绿色金融风险管理的理解和操作能力，促进绿色金融风险管理的高效实施。

总之，强化对绿色金融风险的管理和监管机制是促进其健康和稳定成长至关重要的因素。为了提高绿色金融的风险管理与监督效率并保证绿色金融的持续进步，必须从多个角度出发，包括构建绿色金融的风险评估系统、强化监管、增加惩罚措施、提升能力和深化国际合作及交流。只有这样，我们才能在全球气候变化和环境问题的多重挑战中，确保绿色金融行业的稳健发展。

五、融合实体经济绿色化

随着绿色金融行业的迅速拓展，确保资金精确且高效地导向绿色经济领域成为推动生态文明建设的核心目标。绿色信贷作为关键的金融工具，在构建金融与环保产业的重要联结中扮演着决定性角色。金融机构必须深刻认识到绿色信贷在驱动清洁能源发展、推动节能减排等环保项目中的不可估量的作用，通过精细调整信贷策略，优化资金分配结构，积极而主动地增强对绿色经济领域的金融扶持。

绿色信贷不仅是简单的资金注入，更是对环保产业可持续、长久发展的坚实金融支持。金融机构在审批绿色信贷申请时，务必强化对项目的全面可持续性评估，深度考虑其环境影响和经济效益，以确保资金切实支持绿色产业的茁壮成长。金融机构应积极推行创新的绿色金融产品，以适应各类绿色项目多元化的资金需求，从而全方位、高效率地推动绿色产业的繁荣发展。

绿色信贷的全面实施需要一套完善的评估体系。评估体系应涵盖环境影响评估、技术成熟度评估、经济效益分析等多个维度。金融机构可以引入第三方专业评估机构，对项目进行独立评估，确保评估结果的客观性和科学性。通过严格的评估和筛选，才能保证资金真正流向那些对环境友好、经济效益显著的项目，确保绿色信贷的实施效果。

绿色信贷和绿色债券双管齐下，共同驱动资金大规模流向环保与可持续发展项目。绿色债券的发行策略有效地吸引了投资者的目光，其核心在于激发市场活力，通过金融市场的力量促进资金向环保和可持续发展项目大规模流动。政府有鉴于此，积极推动并实施相关政策，积极倡导企业发行绿色债券，以此大力资助和促进各类环保项目的发展。政府应积极与金融机构和企业建立紧密合作关系，共同努力促进绿色债券市场的稳定与繁荣发展。

为了促进绿色债券市场的健康发展，政府和监管机构需要制定并完善相关法规和政策。通过明确绿色债券的定义、标准和发行流程，可以为市场参与者提供清晰的指导。同时，政府可以通过税收优惠、信贷支持等措施，降低企业发行绿色债券的成本，增强其市场吸引力。此外，政府还应加强对绿色债券的监管，确保其资金用途符合绿色标准。

为了实现经济与环保的双重目标，应积极引导资金流向绿色产业，并激励企业积极参与绿色投资活动。企业扮演着绿色发展的重要角色，其对绿色项目的投入力度不仅深刻影响着绿色产业的扩张速度，而且关乎其实现高质量发展的关键因素。政府可采取多元化策略，如制定详尽的绿色投资指南、创立绿色专项投资基金，积极激励企业提升其在环保领域的投资力度。政府部门可以实施一系列创新政策，如提供绿色税收优惠和绿色信贷支持，旨在有效地减轻企业采纳环保措施的经济负担，减少潜在风险，并借此大幅增强绿色投资项目的市场诱惑力。

企业在推进绿色转型的过程中应积极调整发展理念，将绿色投资视为塑造企业可持续竞争优势的核心战略导向。这不仅是为了企业的自我提升，更是对企业履行社会责任的深度认知和积极实践。企业若采取绿色投资策略，能有效促进产业结构的绿色转型与低碳升级，从而积极推动可持续发展目标的实现。通过绿色投资策略，企业既能履行环保责任，又能塑造积极的社会形象，从而增强在竞争激烈的市场中的竞争优势。

科技创新在绿色金融与实体经济深度融合中扮演着至关重要的角色。金融机构应积极投身于科技创新，特别是在绿色金融领域的实践与推广，以促进新技术在实现碳排放有效削减中的广泛应用。例如，区块链技术凭借其独特的去中心化和全程可追踪特性，为推动绿色金融的发展带来了前所未有的安全保障与高效运营方式。金融机构现今积极探索将绿色金融与前沿的区块链技术深度融合，以显著提升绿色金融的透明度和审计追踪能力，有效削减绿色信贷和绿色债券的发行及交易过程中的成本负担。

人工智能技术在绿色金融领域的应用范围也在不断扩展。金融机构如今广泛应用人工智能科技，以提升在绿色金融领域的风险评估与预测效能，为筛选和评价环保项目提供了前所未有的科学性和精确性。金融机构积极寻求与科技企业的协同创新，联手开发环保型金融产品与服务，以促进绿色金融的持续深化和革新。

国际合作在绿色金融的发展中同样不可或缺。通过与国际组织和其他国家的合作，可以分享和学习全球范围内的成功经验和先进技术，从而提升绿色金融水平。参与国际绿色金融会议、加入国际绿色金融组织以及开展跨国合作项目，可以增强与国际社会的互动和合作，促进全球绿色金融市场的稳定发展。同时，政府和金融机构应深化公众对绿色金融的理解和参与，通过教育和宣传活动提升社会对绿色金融的认知度，激发公众的环境保护意识和绿色消费观念，为绿色金融的发展营造良好的社会氛围。

推动绿色金融与实体经济的深度融合，是实现可持续发展和生态文明建设的重要路径。通过构建完善的绿色金融体系，优化资金配置结构，强化政策法规和监管机制，加强国际合作与交流，可以有效推动绿色金融的健康发展。只有在各方的共同努力下，绿色金融才能在全球气候变化和环境问题的多重挑战中，发挥其应有的作用，推动经济与环保的双重目标实现。

六、实施因地制宜策略

在深入探讨绿色金融在不同地区的发展时，必须认识到，由于地理位置、资源禀赋、产业基础以及经济发展水平的差异，绿色金融的推进策略必须因地制宜。通过制定并实施一系列有针对性的策略，能够实现产业结构向生态友好的方向转型，并推动我国经济社会的可持续发展。

不同地区在推进绿色金融时需要根据各自的资源禀赋和产业基础制定差异化的策略。例如，资源丰富的地区可以重点发展清洁能源产业，如风能、太阳能和水能；而工业基础较为雄厚的地区则可以侧重于工业节能减排技术的研发和推广。此外，经济较为发达的地区可以率先试点绿色金融创新项目，为其他地区提供经验和示范作用。通过这种因地制宜的策略，不仅能够有效利用各地区的优势资源，还能避免"一刀切"的政策实施带来的资源浪费和效率低下。

从长远的视角来看，绿色金融体系的构建不仅是一项经济任务，更是推动我国经济社会可持续发展的重要战略。通过构建绿色金融体系，可以有效引导资金流向绿色产业，推动绿色技术创新，促进绿色经济发展，为我国的可持续发展建立坚实基础。绿色金融不仅是资本市场的一部分，更是整个金融体系转型的重要组成部分。因此，必须从政策、法律、技术和市场等多方面入手，全面推进绿色金融体系的建设。

为了实现这一目标，必须整合区域内的绿色金融市场资源。这不仅需要打破地域壁垒，促进绿色资金在不同区域之间的自由流动，还需要确保绿色资金的高效利用，从而促进能源转型、经济增长以及民生保障的平衡发展。具体来说，可以通过建立区域性绿色金融合作平台，促进各地区在绿色金融方面的信息交流和资源共享。例如，东部沿海地区可以与中西部地区合作，共同开发绿色金融产品，分享绿色技术经验，从而实现区域间的协同发展。

在绿色金融发展的过程中，整合区域内的绿色金融资源至关重要。通过建立跨区域的合作机制，可以促进绿色资金在不同地区间的自由流动和合理配置。这不仅能提高资金的利用效率，还能促进区域间的绿色产业协同发展。政府可以通过制定鼓励政策，推动各地区之间的绿色金融合作，搭建共享平台，促进信息交流和资源共享。通过这种方式，可以充分发挥各地区的比较优势，实现资源的最优配置，推动绿色经济的全面发展。

在推动绿色金融发展的过程中，还需要注重高品质的区域试验项目。这些项目将提供宝贵的实践经验，有利于探寻符合中国特色的绿色金融发展路径。通过这些项目，可以了解不同地区在绿色金融发展中的优势和不足，为未来的绿色金融发展提供参考和借鉴。为此，政府应大力支持和推广绿色金融试验项目，鼓励各地区积极参与，并及时总结和推广成功经验。例如，可以在资源丰富的西部地区试点新能源项目，在工业发达的东部地区试点节能减排项目，从而形成一批可复制、可推广的绿色金融模式。

为了积极推进可持续发展，可以进一步强化绿色金融改革实验区的构建，将实验区的覆盖面积进一步扩大，以覆盖更多具备条件的地区。这不仅能加速绿色金融的推广应用，还能为全国范围内的绿色金融发展提供更加丰富的案例和数据支持。通过扩大绿色金融改革实验区的覆盖范围，可以推动更多的地区参与绿色金融的试点工作，积累更多的实践经验，为全国推广提供坚实基础。

为了确保绿色金融的健康发展，还需要制定和完善地方性的绿色金融法规。地方政府应根据自身的实际情况，制定切实可行的绿色金融政策和法规，为绿色金融的发展提供法律保障。这不仅能规范绿色金融市场的运作，还能增强市场主体的信心和积极性，促进绿色金融的持续健康发展。例如，地方政府可以制定鼓励绿色金融产品创新的政策，支持金融机构开发符合本地实际需求的绿色金融产品，从而推动绿色金融的多样化发展。

推动绿色金融与实体经济的深度融合，是实现可持续发展和生态文明建设的重要路径。不同地区通过构建差异性的绿色金融体系，优化资金配置结构，强化政策法规和监管机制，加强国际合作与交流，可以有效推动绿色金融的健康发展。绿色金融的发展不仅依赖于国内的努力，还需要加强国际合作与交流，学习借鉴国际先进经验，推动全球范围内的绿色金融发展。例如，可以通过参与国际绿色金融组织和论坛，加强与其他国家在绿色金融领域的合作，共同应对全球气候变化和环境问题。

　　总之，绿色金融的发展是一个系统工程，需要各方面的共同努力。通过制定和实施有针对性的策略，整合区域资源，推动绿色金融创新，完善政策法规，加强国际合作与交流，可以实现绿色金融的健康可持续发展，为我国的生态文明建设和经济社会的可持续发展贡献力量。只有在各方的共同努力下，绿色金融才能在全球气候变化和环境问题的多重挑战中，发挥其应有的作用，进而推动经济与环保的双重目标实现。

参考文献

［1］安伟．绿色金融的内涵、机理和实践初探［J］．经济经纬，2008（5）：156-158.

［2］曹明弟．论"一带一路"绿色金融相关主体行为要领［J］．环境保护，2017，45（16）：12-18.

［3］陈国庆，龙云安．绿色金融发展与产业结构优化升级研究——基于江西省的实证［J］．当代金融研究，2018（1）：120-128.

［4］陈艳，李浩．双碳背景下绿色金融助力碳减排的路径研究［J］．中国商论，2024（1）：114-117.

［5］陈诗一，陈登科．雾霾污染、政府治理与经济高质量发展［J］．经济研究，2018，53（2）：20-34.

［6］陈智莲，高辉，张志勇．绿色金融发展与区域产业结构优化升级——以西部地区为例［J］．西南金融，2018（11）：70-76.

［7］巢清尘．"碳达峰和碳中和"的科学内涵及我国的政策措施［J］．环境与可持续发展，2021，46（2）：14-19.

［8］程恩富．要坚持中国特色社会主义政治经济学的八个重大原则［J］．经济纵横，2016（3）：1-6.

［9］崔惠玉，王宝珠，徐颖．绿色金融创新、金融资源配置与企业污染减排［J］．中国工业经济，2023（10）：118-136.

［10］蔡海亚，徐盈之．贸易开放是否影响了中国产业结构升级？［J］．数量经济技术经济研究，2017，34（10）：3-22.

［11］邓平平．对外贸易、贸易结构与产业结构优化［J］．工业技术经济，2018，37（8）：27-34.

［12］丁攀，金为华，陈楠．绿色金融发展、产业结构升级与经济可持续增长［J］．南方金融，2021（2）：13-24.

［13］丁任重．关于供给侧结构性改革的政治经济学分析［J］．经济学家，

2016，207（3）：13-15.

[14] 董晓红，富勇．绿色金融和绿色经济耦合发展空间动态演变分析 [J]．工业技术经济，2018，37（12）：94-101.

[15] 杜立民．我国二氧化碳排放的影响因素：基于省级面板数据的研究 [J]．南方经济，2010（11）：20-33.

[16] 杜莉，郑立纯．中国绿色金融政策的质量与效应评价 [M]．中国社会科学出版社，2022.

[17] 付凌晖．我国产业结构高级化与经济增长关系的实证研究 [J]．统计研究，2010，27（8）：79-81.

[18] 方国斌，邓耀洵，张俊．绿色信贷政策能助力城市碳减排吗？——基于《绿色信贷指引》实施的准自然实验 [J]．合肥工业大学学报（社会科学版），2024，38（1）：82-94.

[19] 高远东，张卫国，阳琴．中国产业结构高级化的影响因素研究 [J]．经济地理，2015，35（6）：96-101+108.

[20] 高雨萌．绿色金融体系政策概述 [J]．冶金财会，2021，40（2）：9-19.

[21] 高建良．实施"绿色金融"的战略思考 [J]．金融教学与研究，1998（1）：56-57.

[22] 高锦杰，张伟伟．绿色金融对我国产业结构生态化的影响研究——基于系统 GMM 模型的实证检验 [J]．经济纵横，2021（2）：105-115.

[23] 顾庆康，林乐芬．"双碳"目标下制造业碳减排成效、影响因素与达峰路径——基于制造业大省的面板数据分析 [J]．经济问题，2024（2）：57-63.

[24] 郭俊杰，方颖．绿色信贷、融资结构与企业环境投资 [J]．世界经济，2022，45（8）：57-80.

[25] 关耳．社会主义市场经济理论形成与发展的历史考察 [J]．安徽史学，2011（6）：117-121.

[26] 韩桂兰，马雯．空间视角下绿色金融对低碳经济的影响研究 [J/OL]．兰州财经大学学报，2019：1-12.

[27] 韩叙，柳潇明，刘文婷，等．黄河流域绿色金融与经济高质量发展耦合协调时空特征及驱动因素 [J]．经济地理，2023，43（9）：121-130.

[28] 韩永辉，黄亮雄，王贤彬．产业政策推动地方产业结构升级了吗？——基于发展型地方政府的理论解释与实证检验 [J]．经济研究，2017，

52 (8)：33-48.

[29] 韩刚, 卓思佳. 空间溢出视角下绿色金融对制造业转型升级的影响 [J]. 沈阳大学学报 (社会科学版), 2024, 26 (1)：44-53+112.

[30] 和秀星. 实施 "绿色金融" 政策是金融业面向 21 世纪的战略选择 [J]. 南京金专学报, 1998 (4)：22-25.

[31] 何建奎, 江通, 王稳利. "绿色金融" 与经济的可持续发展 [J]. 生态经济, 2006 (7)：78-81.

[32] 何凌云, 吴晨, 钟章奇, 等. 绿色信贷、内外部政策及商业银行竞争力——基于 9 家上市商业银行的实证研究 [J]. 金融经济学研究, 2018, 33 (1)：91-103.

[33] 何德旭, 程贵. 绿色金融 [J]. 经济研究, 2022, 57 (10)：10-17.

[34] 黄建欢, 吕海龙, 王良健. 金融发展影响区域绿色发展的机理——基于生态效率和空间计量的研究 [J]. 地理研究, 2014, 33 (3)：532-545.

[35] 黄群慧. 改革开放 40 年经济高速增长的成就与转向高质量发展的战略举措 [J]. 经济论坛, 2018 (7)：12-15.

[36] 黄馨郁, 李军军. "双碳" 背景下数字经济发展水平的碳减排效应研究 [J/OL]. 兰州财经大学学报, 2018：1-15.

[37] 黄顺春, 邓文德. 高质量发展评价指标体系研究述评 [J]. 统计与决策, 2020, 36 (13)：26-29.

[38] 胡文涛, 孙俊娜, 陈亮. 绿色金融、产业结构生态化与地区绿色发展 [J]. 当代经济管理, 2023, 45 (5)：88-96.

[39] 胡剑波, 陈行. 绿色财政会增强绿色金融的减排效果吗？——基于减污降碳视角 [J]. 财经论丛, 2023 (10)：25-35.

[40] 胡天杨. "双碳" 目标下绿色金融助推绿色发展的理论、机制与评价 [M]. 武汉大学出版社, 2022.

[41] 侯晓娜, 崔雅冰. 中国碳排放强度影响因素的统计测度 [J]. 当代经济, 2023, 40 (12)：48-54.

[42] 季立刚, 张天行. "双碳" 背景下我国绿色证券市场 ESG 责任投资原则构建论 [J]. 财经法学, 2022 (4)：3-20.

[43] 蒋正云, 刘庆芳, 程依婷, 等. 京津冀协同发展的城市碳减排效应评估及机制分析 [J/OL]. 软科学, 2020：1-17.

[44] 金碚. 关于 "高质量发展" 的经济学研究 [J]. 中国工业经济, 2018

（4）：5-18.

[45] 姜泽华，白艳．产业结构升级的内涵与影响因素分析［J］．当代经济研究，2006（10）：53-56.

[46] 金祥义，张文菲，施炳展．绿色金融促进了中国出口贸易发展吗？［J］．金融研究，2022（5）：38-56.

[47] 李光勤．绿色金融、经济的绿色化与高质量发展研究［M］．经济科学出版社，2021.

[48] 李成刚．绿色金融对经济高质量发展的影响［J］．中南财经政法大学学报，2023（2）：65-77.

[49] 李朋林，张肖东．"双碳"战略下绿色金融对我国碳排放强度的影响研究［J］．生态经济，2024，40（3）：13-21.

[50] 李平，付一夫，张艳芳．生产性服务业能成为中国经济高质量增长新动能吗［J］．中国工业经济，2017（12）：5-21.

[51] 李治国，车帅，王杰．数字经济发展与产业结构转型升级——基于中国 275 个城市的异质性检验［J］．广东财经大学学报，2021，36（5）：27-40.

[52] 李海奇，张晶．金融科技对我国产业结构优化与产业升级的影响［J］．统计研究，2022，39（10）：102-118.

[53] 李江涛，黄海燕．绿色金融的生态环境效应——双碳目标下粤港澳大湾区的实践检验［J］．广东财经大学学报，2022，37（1）：87-95.

[54] 李毓，胡海亚，李浩．绿色信贷对中国产业结构升级影响的实证分析——基于中国省级面板数据［J］．经济问题，2020（1）：37-43.

[55] 李朋林，张肖东．"双碳"战略下绿色金融对我国碳排放强度的影响研究［J］．生态经济，2024，40（3）：13-21.

[56] 李戎，刘璐茜．绿色金融与企业绿色创新［J］．武汉大学学报（哲学社会科学版），2021，74（6）：126-140.

[57] 李晓西，刘一萌，宋涛．人类绿色发展指数的测算［J］．中国社会科学，2014（6）：69-95+207-208.

[58] 林昌华．金融发展对中国经济高质量发展的影响路径机制［J］．征信，2020，38（2）：77-84.

[59] 林毅夫，李永军．比较优势、竞争优势与发展中国家的经济发展［J］．管理世界，2003（7）：21-28+66-155.

[60] 廖倩凯．绿色金融对经济高质量发展的影响研究［D］．江西理工大

学，2023.

[61] 刘海英，王殿武，尚晶. 绿色信贷是否有助于促进经济可持续增长——基于绿色低碳技术进步视角 [J]. 吉林大学社会科学学报，2020，60（3）：96-105+237.

[62] 刘钒，马成龙. 绿色金融影响区域经济高质量发展的耦合协调研究 [J]. 江西社会科学，2022，42（6）：42-52.

[63] 刘吉智. 绿色金融对产业结构优化的影响 [D]. 山东大学，2023.

[64] 刘亦文，赵丽可，胡宗义. 中国碳排放的省域差异及影响因素的实证研究 [J]. 经济数学，2014，31（4）：75-80.

[65] 刘金科，刘霁萱，晁颖. 绿色信贷与低碳转型：资本整合还是技术创新？——来自准自然实验的证据 [J]. 数量经济技术经济研究，2024，41（6）：151-171.

[66] 刘战豫，张伞伞. "双碳"目标下制造业碳减排的数字技术实现路径研究 [J]. 资源开发与市场，2024，40（4）：511-520.

[67] 刘亚雪，田成诗，程立燕. 世界经济高质量发展水平的测度及比较 [J]. 经济学家，2020（5）：69-78.

[68] 刘淑茹. 产业结构合理化评价指标体系构建研究 [J]. 科技管理研究，2011，31（5）：66-69.

[69] 刘宇. 外商直接投资对我国产业结构影响的实证分析——基于面板数据模型的研究 [J]. 南开经济研究，2007（1）：125-134.

[70] 刘璐，王家瑶，张剑. 中国碳金融、绿色信贷与绿色保险关联性研究——基于绿色金融体系内部协调性的视角 [J]. 财经论丛，2024（4）：46-59.

[71] 刘华军，张一辰. 新时代10年中国绿色金融发展之路：历程回顾、成效评估与路径展望 [J]. 中国软科学，2023（12）：16-27.

[72] 娄雪莹. 绿色金融对经济高质量发展的空间效应研究 [D]. 兰州财经大学，2024.

[73] 陆菁，鄢云，王韬璇. 绿色信贷政策的微观效应研究——基于技术创新与资源再配置的视角 [J]. 中国工业经济，2021（1）：174-192.

[74] 鲁政委，方琦，钱立华. 促进绿色信贷资产证券化发展的制度研究 [J]. 西安交通大学学报（社会科学版），2020，40（3）：1-6.

[75] 马茹，罗晖，王宏伟，等. 中国区域经济高质量发展评价指标体系及测度研究 [J]. 中国软科学，2019（7）：60-67.

［76］马骏．论构建中国绿色金融体系［J］．金融论坛，2015，20（5）：18-27.

［77］孟维福，刘婧涵．绿色金融促进经济高质量发展的效应与异质性分析——基于技术创新与产业结构升级视角［J］．经济纵横，2023（7）：100-110.

［78］孟佳佳．黄河流域九个省（区）绿色金融发展水平测度研究［J］．山西农经，2024（2）：200-204.

［79］梅超．绿色金融发展水平测度研究［J］．财富生活，2019（2）：44-45.

［80］宁伟，佘金花．绿色金融与宏观经济增长动态关系实证研究［J］．求索，2014（8）：62-66.

［81］牛海鹏，张夏羿，张平淡．我国绿色金融政策的制度变迁与效果评价——以绿色信贷的实证研究为例［J］．管理评论，2020，32（8）：3-12.

［82］庞加兰，王薇，袁翠翠．双碳目标下绿色金融的能源结构优化效应研究［J］．金融经济学研究，2023，38（1）：129-145.

［83］裴育，徐炜锋，杨国桥．绿色信贷投入、绿色产业发展与地区经济增长——以浙江省湖州市为例［J］．浙江社会科学，2018（3）：45-53+157.

［84］彭森．中国改革开放40年的回顾与总结［C］．中国经济体制改革研究会，2018年宏观经济与改革走势座谈会会议材料，2018.

［85］钱水土，王文中，方海光．绿色信贷对我国产业结构优化效应的实证分析［J］．金融理论与实践，2019（1）：1-8.

［86］钱立华．中国绿色金融的演进与发展［J］．中国银行业，2018（2）：54-56.

［87］干春晖，郑若谷，余典范．中国产业结构变迁对经济增长和波动的影响［J］．经济研究，2011，46（5）：4-16+31.

［88］任亚运，余坚，张广来．政策融合视角下绿色金融的碳减排效应研究——来自改进合成控制法的证据［J］．烟台大学学报（哲学社会科学版），2023，36（6）：60-77.

［89］时省，张亚．绿色金融政策对绿色技术创新的影响及机制研究——基于绿色金融改革创新试验区的准自然实验［J］．管理评论，2024，36（1）：107-118.

［90］邵川．绿色信贷、风险管理与产业结构调整优化［J］．江汉论坛，2020（10）：12-19.

［91］史代敏，施晓燕．绿色金融与经济高质量发展：机理、特征与实证研究［J］．统计研究，2022，39（1）：31-48.

［92］沈运红，黄桁．数字经济水平对制造业产业结构优化升级的影响研究——基于浙江省 2008~2017 年面板数据［J］．科技管理研究，2020，40（3）：147-154.

［93］田虹，秦喜亮．绿色技术创新对城市碳减排影响的区域差异和收敛性——来自地级市层面的经验证据［J］．财经理论与实践，2024，45（1）：97-103.

［94］田丹，丁宝．企业高质量发展的测度及作用机制研究：基于组织韧性的视角［J］．中国软科学，2023（9）：154-170.

［95］田秋生．高质量发展的理论内涵和实践要求［J］．山东大学学报（哲学社会科学版），2018（6）：1-8.

［96］王军华．论金融业的"绿色革命"［J］．生态经济，2000（10）：45-48.

［97］王遥，任玉洁．"双碳"目标下的中国绿色金融体系构建［J］．当代经济科学，2022，44（5）：1-13+139.

［98］王伟．中国经济高质量发展的测度与评估［J］．华东经济管理，2020，34（6）：1-9.

［99］王仁曾，詹姝珂．数字普惠金融与绿色金融对经济高质量发展的协同影响研究［J］．现代经济探讨，2023（7）：59-70.

［100］王馨，王营．绿色信贷政策增进绿色创新研究［J］．管理世界，2021，37（6）：173-188+11.

［101］王林生，梅洪常．产业结构合理化评价体系研究［J］．工业技术经济，2011，30（4）：77-83.

［102］王遥，潘冬阳，张笑．绿色金融对中国经济发展的贡献研究［J］．经济社会体制比较，2016（6）：33-42.

［103］王志强，王一凡．绿色金融助推经济高质量发展：主要路径与对策建议［J］．农林经济管理学报，2020，19（3）：389-396.

［104］王伟光．当代中国马克思主义的最新理论成果——习近平新时代中国特色社会主义思想学习体会［J］．中国社会科学，2017（12）：4-30+205.

［105］汪昱衡．我国绿色保险发展现状与创新路径分析［J］．科技资讯，2022，20（22）：124-127.

［106］温茵茵，郑文志，郑丽琳．绿色金融对碳排放的影响效应研究［J］．西南林业大学学报（社会科学版），2023，7（5）：63-71．

［107］文书洋，林则夫，刘锡良．绿色金融与经济增长质量：带有资源环境约束的一般均衡模型构建与实证检验［J］．中国管理科学，2022，30（3）：55-65．

［108］魏敏，李书昊．新时代中国经济高质量发展水平的测度研究［J］．数量经济技术经济研究，2018，35（11）：3-20．

［109］翁智雄，葛察忠，段显明，等．国内外绿色金融产品对比研究［J］．中国人口·资源与环境，2015，25（6）：17-22．

［110］吴晟，赵湘莲，武良鹏．绿色信贷制度创新研究——以推动企业生态创新为视角［J］．经济体制改革，2020（1）：36-42．

［111］邬晓霞，时晨，高见．资源型经济高质量发展的科学内涵与机制创新［J］．经济问题，2020（12）：11-17．

［112］西南财经大学发展研究院，环保部环境与经济政策研究中心课题组，李晓西，等．绿色金融与可持续发展［J］．金融论坛，2015，20（10）：30-40．

［113］肖晓军，胡明琪．绿色金融的碳减排效应研究——兼论碳排放的促进效应与抑制效应［J］．区域金融研究，2023（5）：74-83．

［114］肖黎明，李秀清．绿色证券对企业绿色投资效率的影响——基于六大高耗能行业上市企业的检验［J］．金融监管研究，2020（12）：78-97．

［115］徐学敏．发展经济重在质量［J］．财经问题研究，1998（12）：10-12．

［116］徐胜，赵欣欣，姚双．绿色信贷对产业结构升级的影响效应分析［J］．上海财经大学学报，2018，20（2）：59-72．

［117］徐胜，张超．我国海洋产业与海洋经济低碳化水平关联度研究［J］．经济与管理评论，2012，28（5）：135-140．

［118］姚益家．"双碳"目标下绿色金融的碳减排效应研究［J］．中国管理信息化，2023，26（9）：114-117．

［119］杨刚强，王海森，范恒山，等．数字经济的碳减排效应：理论分析与经验证据［J］．中国工业经济，2023（5）：80-98．

［120］杨金朋，朱聪浩．绿色金融发展的碳减排效应及机制路径研究［J］．当代金融研究，2023，6（6）：14-28．

［121］杨梅．绿色金融的碳减排效应及机制研究［D］．赣南师范大

学，2023.

[122] 杨沫，朱美丽，尹婷婷．中国省域经济高质量发展评价及不平衡测算研究 [J]．产业经济评论，2021（5）：5-21.

[123] 杨仁发，李娜娜．环境规制与中国工业绿色发展：理论分析与经验证据 [J]．中国地质大学学报（社会科学版），2019，19（5）：79-91.

[124] 袁媛．中国数字经济对经济高质量发展的影响研究 [D]．安徽财经大学，2023.

[125] 袁冲．基于熵权法的江苏省各市经济高质量发展评价分析 [J]．商业经济，2022（4）：19-20+42.

[126] 易晓娜．绿色金融对经济高质量发展的影响研究 [D]．黑龙江大学，2022.

[127] 姚战琪．数字贸易、产业结构升级与出口技术复杂度——基于结构方程模型的多重中介效应 [J]．改革，2021（1）：50-64.

[128] 殷久勇．绿色金融发展的认识与实践 [J]．中国金融，2021（2）：38-39.

[129] 喻平，张敬佩．区域绿色金融与高质量发展的耦合协调评价 [J]．统计与决策，2021，37（24）：142-146.

[130] 尤毅．对绿色金融定义的一些认识和思考 [J]．海南金融，2022（4）：25-28+74.

[131] 余坤莲，钟贤谦，罗爱华．绿色金融发展促进碳减排效果研究——基于 2012—2022 年省际面板数据的实证分析 [J]．黑龙江金融，2024（2）：50-56.

[132] 俞岚．绿色金融发展与创新研究 [J]．经济问题，2016（1）：78-81.

[133] 曾学文，刘永强，满明俊，等．中国绿色金融发展程度的测度分析 [J]．中国延安干部学院学报，2014，7（6）：112-121+105.

[134] 张桂文，孙亚南．人力资本与产业结构演进耦合关系的实证研究 [J]．中国人口科学，2014（6）：96-106+128.

[135] 张婷，李泽辉，崔婕．绿色金融、环境规制与产业结构优化 [J]．山西财经大学学报，2022，44（6）：84-98.

[136] 张振华，陈曦，汪京，等．绿色金融改革创新试验区政策对碳排放的影响效应——基于 282 个城市面板数据的准实验研究 [J]．中国人口·资源与环境，2024，34（2）：32-45.

［137］张振华，汪京，冯严超，等．绿色金融改革创新试验区对臭氧污染的影响效应［J］．中国人口·资源与环境，2022，32（12）：52-65.

［138］张叶东．"双碳"目标背景下碳金融制度建设：现状、问题与建议［J］．南方金融，2021（11）：65-74.

［139］张浩楠，申融容，张兴平，等．中国碳中和目标内涵与实现路径综述［J］．气候变化研究进展，2022，18（2）：240-252.

［140］张科，熊子怡，黄细嘉．绿色债券、碳减排效应与经济高质量发展［J］．财经研究，2023，49（6）：64-78.

［141］张璐，刘西川，徐胜，等．数字普惠金融是否可以优化就业结构？——基于空间计量模型的视角［J］．经济问题探索，2023（12）：175-190.

［142］张亚萍，马博文，张露．淮安市绿色金融发展情况的调查与分析：基于淮河生态经济带建设背景［J］．经济研究导刊，2021（1）：48-50.

［143］赵朝霞，陈红英，熊萍．高质量发展背景下绿色金融发展研究［M］．西南财经大学出版社，2022.

［144］赵领娣，张磊，徐乐，等．人力资本、产业结构调整与绿色发展效率的作用机制［J］．中国人口·资源与环境，2016，26（11）：106-114.

［145］赵云鹏，叶娇．对外直接投资对中国产业结构影响研究［J］．数量经济技术经济研究，2018，35（3）：78-95.

［146］朱琳，朱火弟，段中强．绿色金融改革创新对碳减排的影响及作用机制［J］．河北金融，2023（6）：10-16+30.

［147］周琛影，田发，周腾．绿色金融对经济高质量发展的影响效应研究［J］．重庆大学学报（社会科学版），2022，28（6）：1-13.

［148］周少甫，王伟，董登新．人力资本与产业结构转化对经济增长的效应分析——来自中国省级面板数据的经验证据［J］．数量经济技术经济研究，2013，30（8）：65-77+123.

［149］周稳海，武晓敏，赵桂玲．双碳目标下绿色金融碳减排效应的实证研究［J］．河北经贸大学学报，2024，45（1）：47-58.

［150］朱佳峻，黎鹏．绿色金融改革创新试验区成效测度：基于城市绿色创新的视角［J］．区域金融研究，2024（4）：57-67.

［151］Poveda A C. Economic development and growth in colombia：An empirical analysis with super-efficiency DEA and panel data models［J］．Socio-Economic Planning Sciences，2011，45（4）：154-164.

[152] Barbier E B, Markandya A. A new blueprint for a green economy [M]. Routledge, 2013.

[153] Barro R J. Mc Cleary R M. Religion and economic growth across countries [J]. America Sociological Review, 2003, 68 (5): 760-781.

[154] Clark R, Reed J, Sunderland T. Bridging funding gaps for climate and sustainable development: Pitfalls, progress and potential of private finance [J]. Land Use Policy, 2018 (71): 335-346.

[155] Climent F, Soriano P. Green and good? The investment performance of US environmental mutual funds [J]. Journal of Business Ethics, 2011, 103 (2): 275-287.

[156] Cowan E. Topical issues in environmental finance [J]. Research Paper was Commissioned by the Asia Branch of the Canadian International Development Agency (CIDA), 1999 (1): 1-20.

[157] Franklin R, Poon W. The impact of green finance on small and medium enterprises' growth [J]. Journal of Financial Management, 2020, 36 (4): 301-320.

[158] Galetti M, Lanza A. Pauli F. Reassessing the environmental Kuznets curve for CO_2 emissions: A robustness exercise [J]. Ecological Economics, 2006, 57 (1): 152-163.

[159] Green J, Harris P. Adapting to global economic changes: The role of sustainable finance [J]. Global Economic Review, 2022, 15 (4): 205-220.

[160] Jeucken J. Sustainable finance and banking [M]. USA: The Earths Can Publication, 2006.

[161] Johnson R, Li W. The role of environmental policies and green finance in high-quality economic development [J]. Environmental Economics and Policy Studies, 2020, 15 (2): 200-215.

[162] Jones R, Williams M. Green finance: Definitions, policies, and implications for sustainable development [J]. Journal of Financial Stability, 2013, 7 (3): 201-215.

[163] Klioutchnikov I, Kliuchnikov O. Green finance: Pandemic and climate change [A] //E3S web of conferences [C]. EDP Sciences, 2021, 234: 00042.

[164] Krugman P. Increasing returns and economic geography [J]. Journal of Po-

litical Economy, 1991, 99 (3): 483-499.

[165] Labatt S, White R R. Environmental finance: A guide to environmental risk assessment and financial products [M]. John Wiley & Sons, 2002.

[166] Li W, Hu M. An overview of the environmental finance policies in China: retrofitting an integrated mechanism for environmental management [J]. Frontiers of Environmental Science & Engineering, 2014, 8 (3): 316-328.

[167] Martinez-Conesa I, Soto-Acosta P, Palacios-Manzano M. Environmental, social and governance (ESG) transparency for sustainable development: The case of green bonds [J]. Sustainability, 2020, 12 (1): 1004.

[168] Miháovits Z, Tapaszti A. Green bond, the financial instrument that supports sustainable development [J]. Public Finance Quarterly, 2018, 63 (3): 303.

[169] Schmid-Schonbein O. Arthur Braunschweig E2 Management Consulting AG. Switzerland Environmental Performance Indicators for the Financial [R]. WBCSD, 2000.

[170] Peterson D. Regulatory frameworks for green finance [J]. Journal of Financial Regulation, 2021, 7 (3): 412-432.

[171] Rokhim R, Wahyuni S, Wulandari P, et al. Analyzing key Success factors of local economic development in several remote areas in indonesia [J]. Journal of Enterprising Communities: People and Places in the Global Economy, 2017, 11 (4): 438-455.

[172] Romano L, Traù F. The nature of industrial development and the speed of structure change [J]. Structure Change and Economic Dynamics, 2017, 42 (5): 26-37.

[173] Sachs J D, Woo W T, Yoshino N, Taghizadeh-Hesary F. Handbook of Green Finance: Energy Security and Sustainable Development [M]. Springer, 2019.

[174] Salazar J. Environmental finance: Linking two world [Z]. Presented at a Workshop on Financial Innovations for Biodiversity Bratislava, 1998 (1): 2-18.

[175] Scholtens B. Why finance should care about ecology [J]. Trends in Ecology & Evolution, 2017, 32 (7): 500-505.

[176] Shahbaz M, Solarin S A, Mahmood H. Does financial development reduce CO_2 emissionsin malaysian economy? A time series analysis [J]. Economic Modelling, 2013, 35 (5): 145-152.

[177] Smith J. The principles and implications of green finance [J]. International Journal of Sustainable Finance, 2010, 5 (2): 123-145.

[178] Smith J, Zhang X. Technological progress and economic high-quality development [J]. Journal of Economic Development, 2019, 32 (3): 100-115.

[179] Taghizadeh-Hesary F, Yoshino N. Sustainable solutions for green finance and the green economy [M]. Springer, 2019.

[180] Taylor M, Brown S. The social dimension of economic growth: A critical factor for high-quality development [J]. Social Policy Review, 2021, 22 (4): 300-320.

[181] Thompson P, Cowton C. Bringing the environment into bank lending: Implications for environmental reporting [J]. Business Strategy and the Environment, 2017, 26 (8): 1214-1231.

[182] Von Schirnding Y, World Health Organization. Health in sustainable development planning: The role of indicators [C]. World Health Organization, 2012.

[183] Vinod Thomas, Ramon Lopez, Yan Wang. 增长的质量 [M]. 北京: 中国财政经济出版社, 2001.

[184] Weber O, Scholz R W, Michalik G. Incorporating Sustainability Criteria into Credit Risk management [J]. Business Strategy and the Environment, 2010, 19 (1): 39-50.

[185] Zakari A, Khan I. The introduction of green finance: A curse or a benefit to environmental sustainability? [J]. Energy Research Letters, 2021 (3): 29977.

[186] Zerbib O D. The Effect of Pro-environmental Preferences on Bond Prices: Evidence from Green Bonds [J]. Journal of Bank-ing and Finance, 2019 (98): 39-60.

[187] Zhang D, Li J, Liu C. Green finance in China: Characteristics and policy recommendations [J]. China Financial Review, 2019, 11 (1): 40-62.

[188] Zhou X, Tang X, Zhang R. Impact of green finance on economic development and environmental quality: A study based on provincial panel data from China [J]. Environmental Science and Pollution Research, 2020, 27 (16).